Unterricht mit Inklusion in der Sekundarstufe II

Sonderpädagogische Hilfen

Manfred Hinz

Verlag Handwerk und Technik • Hamburg

Manfred Hinz: Studienrat für Metalltechnik und Sport mit Ergänzungsstudium Sonderpädagogik an der Annedore-Leber-Oberschule Berlin (Berufsschule mit sonderpädagogischer Aufgabe; Lernortverbund mit gleichnamigem Berufsbildungswerk). Seit 1995 Leiter des Fachseminars „Sonderpädagogische Fachrichtungen". Seit 2000 tätig in der Lehrerausbildung zur Integration/Inklusion. Seit 2005 Mitarbeit im Bereich Schulentwicklung (Systematik zur Förderdiagnostik u.a.). Seit 2009 Leiter von Lehrerweiterbildungen zur Verbesserung der sonderpädagogischen Handlungskompetenz.

ISBN 978-3-582-**04795**-3

Verlag Handwerk und Technik GmbH,
Lademannbogen 135, 22339 Hamburg; Postfach 63 05 00, 22331 Hamburg – 2012
E-Mail: info@handwerk-technik.de – Internet: www.handwerk-technik.de

Satz und Layout: Jesse Konzept & Text GmbH, 30179 Hannover
Druck: DZA Druckerei zu Altenburg GmbH, 04600 Altenburg

Inhaltsverzeichnis

1 Einleitung

Dieses Buch richtet sich an Menschen, die der realen Unterrichtssituation nahe stehen und entsprechende konkrete Fragestellungen zur **Inklusion im Unterricht** haben. Theoretische Abhandlungen darüber, wie Inklusion interpretiert werden könnte, bieten andere Veröffentlichungen auf dem Markt.

2006 wurde die „UN-Konvention über die Rechte von Menschen mit Behinderungen" verabschiedet und seither von 100 Staaten und der EU unterzeichnet. Deutschland hat sich nun auch auf den Weg zur darin festgeschriebenen Inklusion gemacht. Es werden z.T. die parallel zu den Regelschulen existierenden Förderschulen abgebaut. Die Maßnahmen, die sich bisher unter der Bezeichnung „Integration" in der Primarstufe und in der Sekundarstufe I an einzelnen Schulen entwickeln, sollen dadurch intensiviert und beschleunigt werden. Auch in der Sekundarstufe II wird es vermehrt zu Schülern[1] mit einem sonderpädagogischen Förderbedarf in allen Schulformen kommen.

Sie sind skeptisch? Das sind viele, aber dem Gedanken der Inklusion sollten Sie sich trotzdem nicht verschließen. Vielleicht können wir uns auf Folgendes einigen: Eine schöne Utopie!

---

1 **Geschlechteransprache in diesem Buch**
Es wird im Buch ausschließlich die männliche Form berücksichtigt, um die Lesbarkeit zu erleichtern. Gemeint sind selbstverständlich beide Geschlechter.

Wir alle werden daran mitarbeiten, dieser Utopie näher zu kommen. Pragmatisch betrachtet bedeutet dies für viele Lehrkräfte in der Sekundarstufe II, dass sie sich plötzlich in der Sonderpädagogik auskennen sollen:

- Wie äußert sich die Behinderung X?
- Was bedeutet dies für meinen Unterricht?
- Welche methodischen Maßnahmen lassen sich daraus ableiten?

Diese grundlegenden Fragen beantwortet das Buch. Jedes Kapitel kann unabhängig von den anderen gelesen werden. In den Kapiteln „8 Förderschwerpunkt körperliche und motorische Entwicklung" und „10 Psychische Störungen" empfiehlt es sich, auch die Einführungen zu lesen, da dort übergreifende Hinweise gegeben werden.

Alle Förderschwerpunkte und viele relevante Themen werden angesprochen, können jedoch nur kurz dargestellt werden, um das Wichtigste für einen Einstieg in die Thematik in einem Buch bieten zu können.

Mit Eintritt in die Sekundarstufe II intensivieren sich Überlegungen zur zukünftigen beruflichen Orientierung. Diese Herausforderung besteht auch für Jugendliche mit einem sonderpädagogischen Förderbedarf. Es finden sich daher in der Mehrzahl der Kapitel Hinweise zur beruflichen Eingliederung.

Inklusion will noch mehr: Zum Beispiel eine optimale, individualisierte Förderung für jeden Schüler. Dies bedeutet für die Schulen, sich Gedanken zu machen, wie dies systematisch (für alle Schüler!) und effektiv zu leisten sein könnte. Auch hier passt der Arbeitsbegriff der Utopie recht gut. In diesem Buch wird kurz erläutert, was man unter einem Förderplan versteht und welche Schwierigkeiten bei der Umsetzung auftreten werden. Natürlich gibt es auch Vorschläge, mit dieser Problematik umzugehen.

Sie werden als Lehrkraft zukünftig Kontakt mit zahlreichen neuen Berufsgruppen haben: Gebärdensprachlehrkräften, Schulhelfern, Sonderpädagogen, Psychologen, Fachärzten, Psychotherapeuten usw. Sie sind und bleiben Lehrkraft, aber mit erweiterter Kompetenz! Sie sollen auf Augenhöhe gemeinsam mit den Beteiligten die **Förderkette** erfolgreich fortführen. Dies bedeutet, dass Sie tiefer in die Materie einsteigen.

In diesem Buch gibt es daher zu jedem Förderschwerpunkt **zunächst eine fachliche Einführung**, einschließlich Fachbegriffen, die in dem Metier üblich sind. Alle werden verständlich und kurz erläutert. Die Abschnitte **„Auswirkungen auf den Unterricht"** bereiten Sie auf grundsätzliche Veränderungen im Unterricht vor. Den Abschluss bilden jeweils **„methodische Hinweise"**, die direkt im Unterricht umgesetzt werden können.

Schüler, die in die Sekundarstufe II kommen, haben bereits jahrelange Förderung erfahren. Aufgrund des fortgeschrittenen Lebensalters sind andere Maßnahmen und Methoden angezeigt als z. B. noch in der Primarstufe. Sie als Lehrkraft müssen nicht alles wissen, was diesbezüglich vor allem die Sonderpädagogik an Erfahrungen gesammelt hat. Gleichzeitig ist auch nicht jeder Vortrag, jedes Buch zu einem Einzelthema für Sie sehr ergiebig, da häufig nur am Rande auf Ihre Zielgruppe eingegangen wird. Hier ist es umgekehrt: Ihre Zielgruppe steht im Mittelpunkt. Wenn Sie dieses Buch in den Händen haben, ist der Anfang getan und ich bin sicher: **Sie werden in die neue Aufgabe hineinwachsen.**

Manfred Hinz, Berlin 2012

Querverweise
Der Pfeil ▸ verweist darauf, dass ein Begriff an anderer Stelle im Buch genauer erläutert wird oder dem Sachverhalt ein eigenes Unterkapitel gewidmet ist.

2

Förderschwerpunkt emotionale und soziale Entwicklung (Verhaltensstörungen)

2 Förderschwerpunkt emotionale und soziale Entwicklung (Verhaltensstörungen)

Kinder und Jugendliche mit Verhaltensstörungen sind auf allen Schulstufen und in allen Schulformen vertreten, auch in psychiatrischen Einrichtungen und im Jugendstrafvollzug. Im Rahmen dieses Kapitels sind Jugendliche gemeint, bei denen eine pädagogische Förderung im Mittelpunkt steht. Wenn eine psychiatrische Erkrankung zugrunde liegt, so sind andere Maßnahmen erforderlich, siehe Kap. 10.8 ▸ Psychische Störungen/Störungen des Sozialverhaltens.

Grundsätzlich werden Verhaltensstörungen als besonders belastend erlebt, weil sich die Jugendlichen der Fremdsteuerung verstärkt widersetzen. Auch darum wird das Thema hier aufgegriffen. Eine Schule muss dieses Problem in den Griff bekommen, wenn sie erfolgreich sein will. Hier gibt es die Möglichkeit, sich darüber zu informieren, wie die sonderpädagogische Lesart des Problems klingt und welche Konzepte zur Lösung sich bewährt haben. Es werden zwei vorgestellt:

- der pädagogisch–therapeutische Ansatz[1]
- die Entwicklungstherapie / Entwicklungspädagogik (ETEP)

2.1 Überblick

Als verhaltensgestört werden Kinder und Jugendliche bezeichnet, die in ihren sozialen Beziehungen erhöht auffällig werden. Sie erscheinen entweder als stark gehemmte Personen, die schüchtern und unsicher wirken, oder als „ausagierende" Personen, deren aggressive Konfliktbewältigung als bedrohlich empfunden wird. Die gestörten Beziehungen dieser jungen Menschen führen sie zunehmend in eine Isolation. Durch ein sozial nicht statthaftes Verhalten hoffen sie unbewusst, sich daraus befreien zu können (zum Beispiel durch aggressive Reaktionsbereitschaft, delinquentes Verhalten, Vermeiden von Leistungsanforderungen). Auf Mitschüler können diese Jugendlichen aber auch einen besonderen Reiz ausüben, sie dienen als Vorbild für das eigene Verhalten und sind häufig Wortführer in den Klassen. Dieses Verhalten zu ändern ist Aufgabe sonderpädagogischer Bemühungen.

Ob Verhaltensstörungen im beschriebenen Sinn als Behinderung anzusehen sind, ist in der wissenschaftlichen Diskussion strittig.

Trotz vielfältiger Anstrengungen ist es bisher **nicht gelungen, ein verbindliches Klassifikationsraster** und valide Verfahren zu entwickeln, die verlässliche Auskunft geben, ob eine Person als verhaltensgestört zu bezeichnen ist oder nicht. Empirische Klassifikationsbemühungen zum Beispiel haben 4 Faktoren herausgestellt:

1 Nach Myschker: Verhaltensstörungen bei Kindern und Jugendlichen, 2008

Gruppierung	Symptomatik
Externalisierendes, aggressiv-ausagierendes Verhalten	Aggressiv, überaktiv, impulsiv, exzessiv streitend, aufsässig, tyrannisierend, regelverletzend, Aufmerksamkeitsstörungen
Internalisierendes, ängstlich-gehemmtes Verhalten	Ängstlich, traurig, interesselos, zurückgezogen, freudlos, kränkelnd, Schlafstörungen, Minderwertigkeitsgefühle, somatische Störungen
Sozial-unreifes Verhalten	Nicht altersentsprechend, leicht ermüdbar, konzentrationsschwach, leistungsschwach, Sprach- und Sprechstörungen
Sozialisiert-delinquentes Verhalten	Verantwortungslos, reizbar, aggressiv-gewalttätig, leicht erregt, leicht frustriert, reuelos, Normen missachtend, risikobereit, niedrige Hemmschwellen, Beziehungsstörungen

(Myschker, 2008)

Da Verhaltensstörungen jedoch nie rein deskriptiv (= beschreibend) zu erfassen sind, weil soziale Einstellungen und kulturelle Präferenzen eine bedeutende Rolle spielen, entscheiden letztlich subjektive Einstellungen der Interaktionspartner und der beurteilenden Instanzen (Diagnostiker, Lehrer, Heimerzieher, Berufsberater, Arbeitgeber) darüber, ob das Verhalten eines jungen Menschen als gestört anzusehen ist.

Für klassifikatorische Maßnahmen (= Diagnosen) sowie für die Verständigung unter Fachleuten über psychosoziale Störungen der verschiedenen Erscheinungsformen und Schweregrade haben 2 Systeme an Bedeutung gewonnen: DSM-IV[2] und ICD-10[3].

Regelwidriges und normabweichendes Verhalten ist nicht an sich bereits als Verhaltensstörung zu werten, sondern gehört zum menschlichen Verhalten überhaupt. Gerade Jugendliche, die auf der Suche nach einer Lebensperspektive sind, geraten gelegentlich in Situationen, in denen sie bestehende Werte und Normen nicht fraglos akzeptieren, sondern dagegen aufbegehren, um sie zu verändern. **Insofern sind Verhaltensauffälligkeiten im Jugendalter geradezu normal**. Wenn man dies berücksichtigt, wird deutlich, dass eine trennscharfe Unterscheidung von Jugendlichen mit und ohne Verhaltensstörungen nicht möglich ist.

Erscheint das wahrgenommene regelwidrige Verhalten den Beurteilern als so schwerwiegend, dass eine besondere erzieherische Hilfe zur sozialen Rehabilitation und Integration angezeigt ist, spricht man im pädagogischen Sinn von einer Verhaltensstörung. Angaben zur **Verbreitung** sind sehr unterschiedlich: Nach Myschker legen zusammenfassende Betrachtungen der Forschung nahe, dass **15–20%** der Kinder und Jugendlichen während ihrer Entwicklung länger oder kürzer unter starken Verhaltensstörungen zu leiden haben. Hinsichtlich der Geschlechtsverteilung herrscht weitgehende Übereinstimmung. Jungen werden 5- bis 10-mal häufiger mit dem Etikett „verhaltensgestört“ bedacht als Mädchen. Dabei ist allerdings zu bedenken, dass überwiegend die aggressiven und delinquenten Verhaltensweisen auffallen. Diese Reaktionsweisen haben einen größeren Bedrohungsgehalt und werden deshalb auch eher wahrgenommen als gegen das eigene Selbst gerichtete Verhaltensweisen in Form von ängstlichen, depressiven oder gar selbstverletzenden Reaktionsformen.

2 DSM-IV: Klassifikationssystem, das in Nordamerika speziell in der Forschung dominiert.

3 ICD-10: Weit verbreitetes Klassifikationsschema der WHO (Weltgesundheitsorganisation) für kinder- und jugendpsychiatrische Störungen. Nach diesem Schema rechnen z. B. Krankenkassen ärztliche Leistungen ab.

Ursachen

Verhaltensstörungen können auf verschiedene, komplexe Ursachen zurückgehen. Im organischen Bereich werden anlagebedingte Risikofaktoren angenommen. Sie zeigen sich zum Beispiel in einer zu niedrigen oder einer zu hohen Reizbarkeit, in motorischer Hyperaktivität und Impulsivität. Darüber hinaus spielen erworbene Risikofaktoren eine Rolle: So können lang andauernde Erkrankungen, Allergien, Stoffwechsel- und Ernährungsstörungen sowie hormonelle Störungen Verhaltensauffälligkeiten zur Folge haben. Häufig werden in diesem Zusammenhang auch frühkindlich entstandene Hirnfunktionsstörungen (HFS) erwähnt, die sich aufgrund von Schädigungen oder Störungen vor, während oder nach der Geburt (prä-, peri-, postnatal) entwickeln können. Diese Beeinträchtigungen finden ihren Niederschlag zum Beispiel in Koordinationsstörungen, sensorischer oder motorischer Hyperaktivität, Gestaltgliederungsschwäche[4], Aufmerksamkeitsstörungen sowie in Distanz- und Kommunikationsmängeln. Auch Anfallsleiden (▸ Epilepsien) sowie psychische Erkrankungen (▸ Depressionen; Hebephrenie[5]) können Verhaltensstörungen nach sich ziehen.

Ungünstige Entwicklungsbedingungen und Beziehungskonstellationen in der frühen Kindheit werden als Faktoren für sozio-emotionale Entwicklungsstörungen benannt. Der Aufbau tragfähiger personaler Beziehungen wird durch eine misslungene frühkindliche Sozialisation erheblich beeinträchtigt. Das kann bis in das Jugend- und Erwachsenenalter hineinwirken, zumal **konfliktreiche Familienkonstellationen** oft über die frühe Kindheit hinaus fortdauern. Ökonomisch, sozial oder emotional zerrüttete Familienverhältnisse lassen sich häufig bei Jugendlichen mit ausgeprägten Verhaltensstörungen finden. Hier haben Jugendliche selten Vertrauen aufbauen, befriedigende Beziehungen entwickeln und zielorientiertes Arbeiten lernen können. Die mangelnde Unterstützung in belasteten Familien lässt die Jugendlichen unsicher, orientierungslos, beziehungsgestört und misstrauisch werden.

Oft stammen Jugendliche mit Verhaltensstörungen **aus benachteiligten sozialen Schichten** (geringes Einkommen, repressive Arbeitsbedingungen, Arbeitslosigkeit und die damit verbundenen psychosozialen Probleme, schlechte Wohnverhältnisse, Rigidität in den Sozialbeziehungen). Diese Lebensbedingungen wirken sich generell belastend auf die Sozialisation aus. Hinzu kommt, dass die Jugendlichen von ihren Eltern vergleichsweise weniger intensiv gefördert werden als Jugendliche aus bildungsbewussten Sozialschichten. Infolgedessen besteht oft ein Defizit bei Verhaltensmerkmalen wie Leistungsorientierung, Zielstrebigkeit, angemessenem Denk- und Arbeitsstil, Rationalität oder Beziehungsfähigkeit – alles Haltungen, die für Ausbildung und Beruf von großer Bedeutung sind.

Ein weiterer Faktor ist in **erzieherischem Fehlverhalten** zu suchen: Verwöhnung oder Überbehütung, lieblose, vernachlässigende oder inkonsequente Erziehung können die altersgemäße kognitive, emotionale oder soziale Entwicklung von Menschen so ungünstig beeinflussen, dass sie sozial auffällig werden. Empirische Untersuchungen zum elterlichen Erziehungsstil haben immer wieder belegt, dass eine übermäßig behütende, eine vernachlässigende, eine indifferente sowie eine autoritäre Erziehung sich ungünstig auf das Sozialverhalten von Kindern und Jugendlichen auswirken.

Extrem autokratisches Lehrerverhalten, stark ausgeprägte Lenkung sowie geringschätzende, emotional kalte Behandlung können Verhaltensstörungen in der Schule verstärken oder auch auslösen. Weiter sind **Misserfolgserlebnisse** in der Auseinandersetzung mit schulischen Lerninhalten zu nennen, die oft nicht den Bedürfnissen des einzelnen Schülers angepasst sind (Über- oder Unterforderung). Da sich Verhaltensstörung und Leistungsversagen oft wechselseitig bedingen, lässt sich nicht immer deutlich ausmachen, was als primäre und was als sekundäre Beeinträchtigung anzusehen ist. Als weitere, auslösende oder verstärkende Merkmale gelten häufige Wechsel und ungünstige Zusammensetzung von

4 Gestaltgliederungsschwäche: Schwäche in der optischen Wahrnehmung und Verarbeitung

5 Hebephrenie: Form der Schizophrenie, die in der Pubertät auftritt

Lerngruppen, mangelnde Berücksichtigung der individuellen Lernvoraussetzungen sowie der individuellen Lebenslage.

Pädagogische Konsequenzen

Mangelnde Lebensorientierung im Hinblick auf Normen und Werte und unsichere Perspektiven machen junge Menschen anfällig für Manipulationen durch Jugendsekten und radikale Gruppierungen. Drogengefährdung, Alkoholismus, Selbstmordgedanken sowie kriminelle Gefährdung sind mögliche Folgen einer kulturellen Umgebung, in der kurzfristige Bedürfnisbefriedigung und Konsum von erhöhter Bedeutung sind. Jugendliche mit Verhaltensstörungen erliegen diesen Verführungen besonders leicht, weil sie vertrauensvolle und persönliche Bindungen, die Rückhalt und Stabilität bieten würden, meist nicht aufbauen konnten.

Deshalb brauchen diese Jugendlichen besondere Hilfe und Zuwendung vonseiten der Gesellschaft, der Lehrkräfte, der Berufsberatung und der Arbeitswelt, damit sie die Chance erhalten, sich eine persönliche Zukunft aufzubauen. Dies kann nur gelingen, wenn durch gemeinsame Anstrengungen eine **Erziehung zur Autonomie** verwirklicht wird.

Abgrenzung zu anderen Förderschwerpunkten bzw. Erkrankungen

Verhaltensstörungen treten nicht selten in Kombination mit anderen Behinderungen wie ▸ Lernbehinderungen (Kap. 3), ▸ Körperbehinderungen (Kap. 8) und ▸ Sprachbehinderungen (Kap. 7) auf (= Mehrfachbehinderung[6]). Bedeutsam ist es, Jugendliche mit ▸ ADHS deutlich abzugrenzen, da hier pädagogisch ein anderer Ansatz verfolgt werden muss (Verhaltensmanagement u. a., ▸ Kap. 10.19). Ähnlich verhält es sich mit Autismus: Vermutlich sind in der Vergangenheit auch Kinder und Jugendliche mit Asperger-Syndrom unzutreffend als verhaltensgestört eingeschätzt worden. Hier sind spezifische pädagogische Maßnahmen erforderlich (▸ Autismus Kap. 10.18).

6 Man unterscheidet zwischen primären Behinderungen, z. B. einer Verhaltensstörung, die sich zuerst geäußert hat, und sekundären Behinderungen, z.B. einer Lernbeeinträchtigung, die sich daraus entwickelt hat.

Praxistipp

Der Jugendliche, der gerade massiv Ihren Unterricht stört, wurde nicht geboren, um Ihnen den letzten Nerv zu rauben. Es sollte deutlich geworden sein, dass er vielmehr überwiegend Opfer der Verhältnisse ist, in denen er heranwachsen musste. Eine professionelle Lehrerhaltung ist geprägt von **Akzeptanz des Jugendlichen,** aber **Kritik an seinem Verhalten.**

Diese Jugendlichen haben in ihrem Leben vielfältige Erfahrungen mit Problemen und Ablehnung gemacht. Versetzen Sie sich selbst und die Institution, in der Sie arbeiten, in die Lage, diese Jugendlichen glaubwürdig willkommen zu heißen[7]. „Wir wollen keinen verlieren", lautet die Devise in finnischen Schulen.

Erst an zweiter Stelle machen Sie deutlich, dass hier natürlich Regeln beachtet werden müssen, um erfolgreich lernen zu können. Erklären Sie nicht im Detail, wie sich nach mehreren Regelverstößen die amtliche Entfernung des Schülers aus der Schule vollzieht, sondern seien Sie neugierig auf den Jugendlichen. Versuchen Sie ihn kennenzulernen, auch seine Hobbys und Stärken. Die erste Unterrichtsstunde ist sehr bedeutsam, hier können Sie die Weichen stellen.

7 Betrachtet man erfolgreiche Schulversuche/-projekte, so gewinnt man den Eindruck, dass es im Gunde weniger wichtig ist, welches spezielle Konzept verfolgt wird. Gemeinsam ist allen, dass eine begrenzte Anzahl von Lehrern mit besonderem Engagement mit einer begrenzten Anzahl von Schülern arbeitet.

2.2 Der pädagogisch-therapeutische Ansatz

Ein wichtiges kuratives Interventionskonzept ist der pädagogisch-therapeutische (oder integrative) Ansatz nach Myschker. Dieser Ansatz versucht die Erkenntnisse verschiedener humanwissenschaftlicher Disziplinen miteinander zu verknüpfen und den Menschen in seiner Ganzheit zu sehen. Der Ansatz unterscheidet zwischen 5 Phasen mit fließenden Übergängen; auch Vor- und Rückgriffe sind je nach individuellen Bedingungen möglich:

1. Phase der Leistungsentlastung

Konsequente Zuwendung und bedingungsloses Akzeptieren des Jugendlichen (nicht der Verhaltensstörung), eine positive Beziehung wird aufgebaut, Ängste und Verunsicherungen des Jugendlichen werden abgebaut, Minimalregeln für den sozialen Umgang werden entwickelt und eingefordert, (schulische) Leistungsentlastung, pädagogisch-therapeutische Verfahren (z. B. Verhaltensmodifikation, Wahrnehmungstraining, Rollenspiel, permanente Ermutigung), Verbesserung der Selbststeuerung

▼

2. Phase der Leistungsmotivation

Aufbau eines Vertrauensverhältnisses, Bearbeitung von Übertragungen[8], Ausweitung der Lernangebote und der pädagogisch-therapeutischen Verfahren

▼

3. Phase der Leistungsbereitschaft

Identifikation mit dem Lehrer, Übernahme höherer Werte und Normen, Selbstbeobachtung, Selbstverstärkung, Selbstmodifikation, systematische Reduzierung schulischer Leistungsdefizite

▼

4. Phase der Selbstständigkeit

Partnerschaftliches Verhältnis zwischen dem Jugendlichen und dem Lehrer, adäquate kognitive Selbstorganisation des Jugendlichen, Ausblendung der Interventionen, Ablösung

▼

5. Phase der Bewährung

Nachbetreuung, Intervention bei Krisen

In der Verhaltensgestörtenpädagogik ist dies ein Ansatz, der Jahrzehnte des Experimentierens mit verschiedenen Konzepten ablöst. Häufig musste man feststellen, dass die Persönlichkeit der Betreuer auf den Erfolg einen größeren Einfluss hatte als das jeweilige Konzept. Insofern stellt der vorgestellte integrative Ansatz einen Fortschritt in einer wissenschaftlich schwer zu validierenden Umgebung dar.

Vermutlich wird dieses Konzept Bestand haben, weil es die übliche menschliche Beziehungsentwicklung zwischen ungleichen Partnern zugrunde legt. Die genannten 5 Phasen können mit der Entwicklung eines Kindes zu seinen Eltern verglichen werden:

1. Phase: Die Eltern sind vom neuen Nachwuchs begeistert, konsequente Zuwendung und bedingungsloses Akzeptieren sind vorherrschend.
2. Phase: Aufbau eines Vertrauensverhältnisses
3. Phase: Das Kind identifiziert sich mit den Eltern und übernimmt deren Werte.
4. Phase: Partnerschaftliches Verhältnis zwischen dem Jugendlichen und den Eltern.
5. Phase: Nachbetreuung, Intervention bei Krisen

8 Übertragung: z. B. die gestörte Kommunikation mit dem Vater führt zu gestörter Kommunikation mit dem Lehrer

Das pädagogisch-therapeutische Lehrerverhalten

Die meisten Kinder und Jugendlichen mit sozialemotionalen Störungen haben negative, schmerzliche Bindungserfahrungen und ein unsicheres oder desorientiertes/desorganisiertes Bindungsmuster entwickelt und müssen neue, positive Bindungserfahrungen machen, um die belastenden Bindungsmuster zu verändern und somit ihre Störungen überwinden zu können. **Ein enges Vertrauensverhältnis ist eine unbedingt notwendige Voraussetzung**.

Es ist notwendig, sich auf die aktuellen Möglichkeiten des Jugendlichen einzustellen oder daran anzupassen. Der Lehrer übernimmt eine zweifache Funktion: Erziehung und Fortführung der psychosozialen Therapie. Im Verlauf sinkt der Anteil an Therapie und es steigt der Anteil an Erziehung. Erwünscht ist ein responsives Lehrerverhalten, d. h., der Lehrer richtet sich auf den Schüler aus, passt sich an die Perspektive des Schülers an, sodass unrealistische Ziele vermieden werden. **Ich-Botschaften** (ich kann nicht verstehen, was X gesagt hat) statt Du-Botschaften (du musst leiser sein)[9] herrschen vor. Klare Unterrichtsstrukturen geben notwendige Orientierungshilfe. Günstige Gesprächsgrundhaltungen sind Echtheit, emotionale Wärme, Empathie, aktives Bemühen, Konfrontation im Sinne einer Hinführung zur Konfliktbearbeitung. Der Lehrer unterstützt bei Konflikten und bei der Übernahme gesellschaftlicher Normen. Verhaltensänderungen sollen durch neue Erfahrungen ermöglicht werden. Die Anforderungen an Lehrer sind hier sehr hoch. Wichtig ist es, im Team zu arbeiten und auch auf der Ebene der Schule Konzepte zu entwickeln.

Das spezifisch strukturierte Lebens- und Lernfeld

Das Lebens- und Lernfeld muss in der äußeren und inneren Organisation spezifisch organisiert sein. Kennzeichnend sind folgende Aspekte:

- **personeller Aspekt:** personelle Konstanz, kleine Gruppen (6–10 Schüler), ein Lehrer für mehrere Jahre, wenige Fachlehrer
- **didaktischer Aspekt:** lebensbedeutsame Inhalte, Angebot pädagogisch-therapeutischer Verfahren, Märchen, Sagen, Dilemma-Geschichten zur moralischen Erziehung bzw. Entwicklung von Normen und Werten (vgl. Kohlbergs 6-Stufen-Modell der moralischen Erziehung)
- **methodischer Aspekt:** Learning-by-Doing, wechselnde Aktivitäten, angepasste Einheiten, z.B. individualisiertes Lernen (Freinet- und Montessori-Pädagogik), Hinführung zu Projektunterricht, offenen Unterrichtsformen, lernfeldorientiertem Unterricht
- **zeitlicher Aspekt:** Regelmäßigkeit, Kontinuität, aber auch Flexibilität, angepasste Zeiteinheiten
- **Raumaspekt:** Möglichkeiten für Einzel-, Kleinstgruppen- und Gesamtgruppenlernen, Einheiten für unterschiedliche Aktivitäten

Die pädagogisch-therapeutischen Verfahren

Nicht alles ist immer und für jeden anwendbar.

■ Die pädagogische Verhaltensmodifikation. Sie hat eine herausgehobene Funktion, weil sie den Rahmen für unterrichtliche und andere Maßnahmen bildet. Zunächst werden Handlungen strukturiert, dann wird falsches Verhalten systematisch ausgeblendet. Endphase: Selbststeuerung. Es gibt zahlreiche Verfahren – Anwendung finden diese vor allem im Jugendstrafvollzug.

■ Die pädagogisch-therapeutische Gesprächsführung (hilfreiche Gesprächsführung). Sie hat idealtypisch 4 Phasen:

1. Kontaktaufnahme und Schaffung eines angenehmen Gesprächsklimas

2. Problemerfassung

3. Problemanalyse

4. Problemlösung(en)

9 Durch Ich-Botschaften spiegelt man das Verhalten anstatt das Gegenüber persönlich anzugreifen.

Gruppengespräche haben sich in der Pädagogik bei Verhaltensstörungen als effektiv erwiesen. Gute Erfahrungen gibt es mit dem Interview zur Lebensplanung (Life Space Intervention, LSI). Eine Form der pädagogisch-therapeutischen Gesprächsführung ist Gordons Konzept des hilfreichen Gruppengesprächs. Man unterscheidet 6 Phasen:

1. Definition des Problems
2. Sammlung möglicher Lösungen
3. Wertung der Lösungsvorschläge
4. Entscheidung für die beste Lösung
5. Realisierung der Entscheidung
6. Bewertung der Effektivität der Lösung

■ **Rollenspiel als Methode der Verhaltensänderung.** Rollenspiele können bei der Entwicklung von Fremd- und Selbstwahrnehmung, von Einfühlungsvermögen, von Rollendistanz und Identität unterstützten. In einem geschützten Rahmen können unterschiedliche Versuche zur Lösung eines Problems gemacht werden, alternative Entscheidungen können überprüft und schließlich ein Weg für den Umgang mit diesem Problem gefunden werden. Für den Pädagogen sind hier 3 Formen des Rollenspiels von Bedeutung: siehe Schaubild unten.

■ **Konsequenzen für die pädagogische Praxis.** Es wird deutlich, dass die üblichen schulischen Bedingungen mit einzelnen Fachunterrichtsstunden, zahlreichen Lehrern, großen Lerngruppen sich deutlich von den Bedingungen unterscheiden, die notwendig sind. Für eine erfolgreiche Inklusion müssen sich die institutionellen Bedingungen an die pädagogischen Erfordernisse anpassen.

Rollenspiel

1. **Das didaktische Rollenspiel.** Z.B. im Sprachenunterricht lassen sich Situationen nachspielen, Redewendungen einüben, geschichtliche oder aktuelle Ereignisse nachspielen.
2. **Das soziale Rollenspiel.** Unterschiedliche soziale Situationen können durchgespielt, sozialadäquate Verhaltensweisen eingeübt werden, z. B. Vorstellungsgespräch, Konflikte mit Mitschülern, Umgang mit dem anderen Geschlecht.
3. **Pädagogisch-therapeutische Rollenspiele.** Sie können beim Aufbau von Frustrationstoleranz und Abbau von Vorurteilen hilfreich sein. Sie bieten für die Bewältigung von konkreten Situationen die Möglichkeit des Probehandelns. Aktuelle/zukünftige Problemlagen und Konflikte sowie belastende Erlebnisse, Ängste, Aufgabenstellungen werden dargestellt, um sie zu bewältigen. Über fiktive und reale Ereignisse werden sukzessive Emotionen stimuliert und ihre Beherrschung wird eingeübt.

2.3 ETEP – Entwicklungstherapie/Entwicklungspädagogik

Es handelt sich um ein Fördermodell für Kinder und Jugendliche mit Verhaltensauffälligkeiten, in dem **Diagnose, Unterricht bzw. Förderung und Evaluation miteinander verzahnt** sind. Man kann auch präventiv am Aufbau sozial-emotionaler Fähigkeiten arbeiten. Im Zentrum steht ein Curriculum, das für den Altersbereich 0–16 Jahre entwickelt wurde und sich in 5 Stufen gliedert, die sich bestimmten Lebensaltersstufen zuordnen lassen, siehe unten.

Ein Grundgedanke von ETEP ist, dass der normale Prozess der verhaltensbezogenen Entwicklung einen vorhersagbaren und geordneten Verlauf nimmt. Verhaltensauffälligkeiten werden als **Entwicklungsverzögerungen** aufgefasst. Der jeweilige Entwicklungsstand auf einer Stufe in den Curriculumsbereichen wird durch zahlreiche Merkmale mithilfe eines Diagnosebogens (ELDiB[10]) systematisch eingeschätzt. Aus der nun schriftlich vorliegenden differenzierten Diagnose des Entwicklungsstands lassen sich Entwicklungsziele ableiten. Der Blick liegt besonders auf den Stärken des Kindes/Jugendlichen und befördert so die Identifikation mit den Persönlichkeitsaspekten, die als „normal" angesehen werden und nicht mit denen, die als „auffällig" angesehen werden (= **Entfaltungsansatz statt Defizitansatz**).

➜ Praxistipp

Das Erlernen der fachgerechten Anwendung von ETEP ist sehr aufwendig (komplex), aber vielversprechend. Wenn Sie sicher sind, dass Sie zusammen mit einigen Kollegen für diese Jugendlichen ein Experte an Ihrer Schule sein wollen, dann ist eine Schulung sinnvoll.

Stufe			Merkmale
Stufe I: Auf die Umwelt mit Freude reagieren	Verhalten Sozialisation	Kommunikation Kognition	ca. 182 Merkmale
Stufe II: Auf die Umwelt mit Erfolg reagieren	Verhalten Sozialisation	Kommunikation Kognition	
Stufe III: Fähigkeiten zur erfolgreichen Gruppenteilnahme erwerben	Verhalten Sozialisation	Kommunikation Kognition	
Stufe IV: Sich in Gruppenprozesse einbringen	Verhalten Sozialisation	Kommunikation Kognition	
Stufe V: Individuelle/gruppenbezogene Fähigkeiten in neuen Situationen anwenden	Verhalten Sozialisation	Kommunikation Kognition	

10 ELDiB: Entwicklungstherapeutischer/entwicklungspädagogischer Lernziel-Diagnose-Bogen mit ca. 182 Items

2.4 Andere pädagogisch-therapeutische Verfahren

Die folgenden pädagogisch-therapeutischen Verfahren sind **hauptsächlich für Kinder** konzipiert. Um entsprechende Hinweise in Schulakten einschätzen und Förderpläne fachgerecht fortschreiben zu können, werden sie hier kurz vorgestellt:

- **Therapeutisches Spielen** macht sich zunutze, dass spielende Kinder viele Hinweise geben, die diagnostisch bedeutsam sind. Spiel ist Aktivität, handelndes Tun und Reflexion und somit Aneignung. Spiel erbringt Veränderungen, ist Verhaltensänderung, ist Lernen in fast allen Bereichen menschlichen Lebens.

- **Pädagogische Kunsttherapie** hat eine hilfreiche Funktion in Prävention und Rehabilitation bei psychosozialen Problemstellungen. Mithilfe einer komplexen Methodik werden mehrere Wirkkomplexe aktiviert: Es entsteht ein persönlicher Bezug zwischen Lehrer und Schüler, Entlastung von Leistungsanforderungen, Ermutigung, nonverbale Kommunikation, Probehandeln, grob- und feinmotorisches Agieren, belastende Inhalte können überwunden werden, Katharsis, in Kombination mit Musik wird die rechte Gehirnhälfte angesprochen, Aktivierung der psychischen Selbstheilungstendenzen.

- **Pädagogische Musiktherapie** beruht auf alten Erfahrungen. Musik stimuliert körperliche Veränderungen. Komplexe Erklärungsmodelle werden aus tiefenpsychologischer, lerntheoretischer und kommunikationstheoretischer Sicht vorgelegt. Es ist ein mit der Fakultas für Musik ausgewiesener Sonderpädagoge erforderlich.

- **Entspannung und Meditation** helfen den Kreislauf von sich verstärkender Anspannung, Verspannung und Verkrampfung zu unterbrechen. Die bekanntesten Entspannungsverfahren sind Autogenes Training nach Schultz und Progressive Muskelentspannung nach Jacobson. Bei den Meditationsverfahren unterscheidet man zwischen konzentrativen Verfahren (z. B. Hatha-Yoga) und kontemplativen (z. B. Mantra-Meditation). Häufige Anwendung finden Mischformen aus Entspannungs- und Meditationsverfahren.

- **Pädagogische Mototherapie** ist mehr ein Ermutigungsprogramm und weniger an Leistungsverbesserungen orientiert. Indiziert bei rezeptiv-motorischen Störungen (z. B. Körperkoordinationsstörungen, Schreibmotorik), anwendbar eher bei Kindern als bei Jugendlichen.

- **Die sensorisch-integrative Therapie (Jean Ayres)** ist ein Konzept zur Erklärung und Behandlung von cerebralen Funktionsstörungen auf neuropsychologischer Grundlage. Sensorische Integration ist der Prozess des Ordnens und Verarbeitens sinnlicher Eindrücke, mit dem Ziel von brauchbaren Körperreaktionen, sinnvoller Wahrnehmung, Gefühlsreaktionen und Gedanken.

- **Wahrnehmungs- und Bewegungstraining (Marianne Frostig)** ist vornehmlich auf Kinder ausgerichtet und folgt den entwicklungspsychologischen Erkenntnissen Piagets.

- **Förderung der Perzeptionsorganisation (Felicie Affolter)** ist ein Wahrnehmungsentwicklungstraining hauptsächlich für Kinder.

- **Neurolinguistisches Programmieren (NLP):** Es geht darum, die Bedeutungen, welche Lebensereignisse für den Betroffenen jetzt haben (häufig in einem einschränkend erlebten Sinn), dadurch zu relativieren, dass neue Ausgangsmöglichkeiten für diese Erlebnisse hypothetisch und doch sinnlich konkret durchgespielt werden.

2.5 Auswirkungen auf den Unterricht

Verhaltensstörungen sind im engeren Sinne so definiert, dass die Jugendlichen hinsichtlich der intellektuellen Potenz – gemessen mit einem Intelligenztest – keine bedeutsamen kognitiven Ausfälle aufweisen. Dennoch kommt es – gemessen an den Schulleistungen – oftmals zu **partiellen oder gar generalisierten Ausfällen**, die sich bis zu ▸ Lernbehinderungen auswachsen können. Forschungen zur Metakognition legen nahe, dass Schüler mit Verhaltensstörungen vornehmlich Schwierigkeiten in den exekutiven Komponenten ihres Verhaltens zeigen: Defizite im Planen, Regulieren und Kontrollieren der eigenen kognitiven Vorgänge führen vielfach zu Aufmerksamkeitsstörungen oder impulsivem Verhalten.

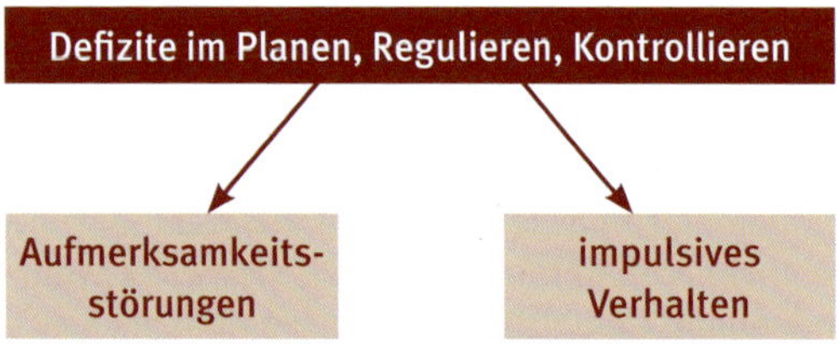

Unterricht an berufsbildenden Schulen

Jugendliche mit Verhaltensstörungen werden oft misstrauisch beobachtet und sind vielfältigen Kontrollen ausgesetzt. Vielfach hoffen sie, sich beim Übergang von der Schule in die Arbeitswelt der permanenten Kontrolle zu entledigen. Sie haben ein starkes Bedürfnis, auf eigenen Beinen zu stehen und für sich selbst verantwortlich zu sein. Da ihnen jedoch Selbstverantwortlichkeit und der Umgang mit Freiheit selten zugetraut wurden, konnten diese Jugendlichen ihre Selbststeuerungsfähigkeit oft auch nur unzureichend ausbilden. Deshalb geraten sie während des Prozesses der beruflichen Eingliederung nicht selten in Schwierigkeiten und **sie bedürfen der sensiblen Hilfestellung** und Orientierung – die jedoch nicht mit Bevormundung und Steuerung verwechselt werden darf.

Der Unterricht an der Berufsschule fällt Jugendlichen mit Verhaltensstörungen häufig schwer. Bei der beruflichen Eingliederung müssen sie spezifisch gefördert werden. Diese Förderung ist – je nach individueller Ausgangssituation – im Rahmen der beruflichen Rehabilitation oder der Förderung für Benachteiligte möglich.

Aufgrund ihrer Schulmüdigkeit sind sie wenig motiviert, sich mit theoretischen Fragen auseinanderzusetzen. Hier bieten ausbildungsbegleitende Hilfen[11] eine Unterstützung. Außerdem hat es sich als günstig erwiesen, wenn in der Berufsschule spezielle Förderkurse und -klassen eingerichtet werden können. Viele junge Menschen mit Verhaltensstörungen sind bei der beruflichen Eingliederung auf eine vorbereitende Phase angewiesen. Sie besuchen zum Beispiel ein Berufsvorbereitungsjahr (BVJ) oder berufsvorbereitende Bildungsmaßnahmen der Berufsberatung (Förderlehrgänge). Generell sollte die Ausbildung so organisiert sein, dass der **Praxisanteil hoch** angesetzt wird und dass zu **theoretischen Fragen induktiv** (= ausgehend von konkreten Problemen) hingeführt wird. Besondere Probleme bereiten mangelndes Durchhalte- und Anpassungsvermögen, sodass es häufiger zu einem Ausbildungsabbruch kommt als bei anderen Jugendlichen.

Erfahrungsgemäß gute Bedingungen bietet die **Stufenausbildung**, weil sie bereits in der ersten Stufe zu einem beruflichen Abschluss führt. Zugleich wird ermöglicht, die Ausbildung bei entsprechender Leistung und Motivation auf der nächsten Stufe fortzusetzen.

11 abH = ausbildungsbegleitende Hilfen: nur in einer dualen Ausbildung möglich, d.h. Ausbildungsverhältnisse mit einem Bildungsträger sind ausgeschlossen. Der finanzielle Unterstützungsrahmen ist von ca. 300 DM auf etwa 40 € pro Person und Monat gesunken.

2.6 Methodische Hinweise für den Unterricht

Maßnahmen außerhalb des eigenen Unterrichts

- Verhaltensauffälligkeiten müssen im Team der beteiligten Lehrer angesprochen werden: In der Regel haben die Kollegen ähnliche Probleme. Wenn Sie das Problem nicht innerhalb des Teams erfolgreich bearbeiten können, müssen Sie Unterstützung von außen einfordern. Eine sonderpädagogische Begründung, um Ressourcen einzufordern, müsste gelingen.
- Innerhalb der Schule ist auch ein Austausch über veränderte Klassenzusammensetzungen sinnvoll, wenn es Parallelklassen gibt.
- Wenn es überall an der Schule erhebliche Probleme mit verhaltensauffälligen Schülern gibt, dann muss sich die ganze Schule auf den Weg begeben, etwas dagegen zu unternehmen. Verhalten ist vielschichtig begründet und darum helfen meist nicht einzelne Maßnahmen, sondern nur mehrere im Sinne eines Netzwerkes. Die spezifische Situation der Schule bezogen auf Verhaltensprobleme muss zunächst analysiert werden, um anschließend Maßnahmen zu entwickeln. Vergleicht man Schulen, die an diesem Problem – mit unterschiedlichen Maßnahmen – erfolgreich gearbeitet haben, so finden sich Gemeinsamkeiten: Wenn der Leidensdruck (möglichst) des ganzen Kollegiums groß ist und unter professioneller Anleitung die gesamte Schule an Veränderungen arbeitet, dann gelingt dies auch.

Literarturtipp

Anregungen bietet z. B. das Werk „Starke Lehrer – starke Schule“ aus dem Raabe-Verlag. Obwohl konzipiert für die Sek. I (Fallbeispiele), sind die Materialien auch in der Sek. II verwendbar. Zielgruppen sind Lehrer und Schulleiter. Man erhält Unterstützung zu Themen wie „Verhaltensentwicklung diagnostizieren und fördern“, „Psychohygiene“, „Elternarbeit“, „Team- und Projektleitung“.

Maßnahmen innerhalb des eigenen Unterrichts

Die folgenden Vorschläge sind als gemischte Sammlung zu verstehen. Kausalketten (wenn der Schüler x macht, dann sollte der Lehrer y machen) sind nicht möglich, denn Verhalten ist vielschichtig begründet und wird subjektiv unterschiedlich wahrgenommen.

- Störungsreduzierend wirkt, wenn Schüler die Möglichkeit haben, zu folgenden Aspekten positive Erfahrungen zu machen:
  - Liebenswürdigkeit: die Erfahrung würdig, wert zu sein und geliebt zu werden ist für das Selbstwertgefühl notwendig.
  - Kompetenzerfahrung: etwas können/bewirken, die Kontrolle über Situationen zu haben reduziert Verweigerungshaltungen.
  - Selbstorganisation: die Erfahrung selbstbestimmte Ziele zu finden, zu verfolgen, eigene Pläne zu entwerfen oder zu verwerfen verringert Boykottabsichten gegen andere Vorhaben. Entwicklung und Selbstvertrauen werden durch bedeutsame, freudvolle, befriedigende Erfahrungen und handelnden Umgang gefördert. Fehlende Erfahrungen und Entwicklungen müssen nachgeholt werden. Sogenannte Leitgedanken bei ▸ ETEP: Richten Sie den Blick auf Stärken; Folgen Sie der Entwicklungslogik; Gewährleisten Sie Freude und Erfolg; Sorgen Sie für bedeutsame Erfahrungen.
- Erfahrungen der Schüler sollten als Ausgangspunkt für Lernprozesse genutzt werden. Günstig sind lebensbedeutsame Kenntnisse, Fertigkeiten und Handlungsmöglichkeiten (also auch handelndes Tun). Dies kann durch ansatzweise offene Unterrichtsformen, z. B. Projektunterricht mit selbstständigen Aneignungsprozessen, geschehen. Unstrukturierte und sehr offene Arbeitsanweisungen können eine Überforderung darstellen.

- Unterrichtsklima: offenes Auseinandersetzen mit dem eigenen Erleben, Achtung, Wärme, Rücksichtnahme, einfühlendes und nicht wertendes Verstehen, Echtheit und Selbstkongruenz, fördernde, nicht dirigierende Einzeltätigkeiten
- Den häufig erhöhten Bewegungsdrang berücksichtigen.
- Überstimulation vermeiden, allgemeine Reizreduzierung (Ablenkung im Klassenraum) und spezifische Reizerhöhung (Unterrichtsmaterialien bunt, groß). Bei zunehmender Leistungsfähigkeit verringert sich die Reizanreicherung.
- Verhaltensmodifikation mit systematischer Verstärkung des erwünschten und Löschung des unerwünschten Verhaltens.
- Kooperation:
  - Unvoreingenommen zuhören
  - Deutlich Stellung nehmen zu den Botschaften des anderen
  - Sachinhalte und Gefühle vermitteln
  - Kooperative Diagnose des sozialen Verhaltens, kooperative Planung
  - Durchführung der Intervention
- Desinteresse und Unsicherheiten werden schnell von den Schülern erspürt. Am Anfang ist es daher ratsam, dass der Lehrer Ziele (Unterrichtsinhalte) verfolgt, von denen er überzeugt/begeistert ist. Er bietet ständig kontextbezogene Lern- und Verhaltenshilfen.
- In kleinen, überschaubaren Einheiten bei angepasstem Lerntempo vom Konkreten zum Abstrakten kommen (Lehrer sollte ein Thema auf verschiedene Weise erklären können).
- Motivierende Medien und Methodenwechsel wirken unterstützend, Spaß und Freude nicht vergessen!
- Möglichst alle „Wahrnehmungskanäle" einbeziehen; beide Hemisphären des Gehirns beim Lernen ansprechen, d.h. verbale Informationen und musische Inhalte, bildhafte Darstellungen, nonverbale Markierungen (Mimik, Gestik).
- Lernhilfen erfinden und benutzen: Fingerhilfe beim Lesen und Rechnen, Betonung von Elementen durch Farbe und Form. Als Ergänzung zu diesen Hinweisen: ▸ methodische Hinweise bei Lernbehinderungen (Kap. 3.4).
- Vermeidung von plötzlichen Situationsänderungen. Kleine Lerngruppen und personelle Konstanz von Lehrer und Schülern über viele Jahre sind notwendig.
- Bei ungeklärten, spezifischen Lernproblemen sind besondere medizinische Untersuchungen erforderlich.
- Für die Gewalt- und Krisenintervention muss man sich Unterstützung bei der zuständigen schulpsychologischen Instanz holen.

➔ Praxistipp

Manchmal scheint es, als spielte ein Schüler eine langjährig erprobte Schülerrolle, bei der es zur ureigensten Aufgabe gehört, hinter der Schulbank, möglichst noch hinter Taschen in Deckung zu gehen und den Unterricht zu boykottieren. Dieses Verhalten ist manchmal an die Situation im Klassenraum gekoppelt, d.h., vor dem Klassenraum kann man sich ganz normal mit ihm unterhalten. In diesem Fall sollte man den Schüler darauf außerhalb des Klassenraums ansprechen und sein Verhalten reflektieren.

Grundlagen waren

H. Neukäter/M. Wittrock: Verhaltensstörungen, in: Teilhabe durch berufliche Rehabilitation. Handbuch für Beratung, Förderung, Aus- und Weiterbildung. Bundesanstalt für Arbeit, Nürnberg 2002

N. Myschker: Verhaltensstörungen bei Kindern und Jugendlichen, Erscheinungsformen – Ursachen – Hilfreiche Maßnahmen. Stuttgart 2008

ETEP Europe (Hrsg.) www.etep.org: Materialien des Instituts für Entwicklungstherapie/Entwicklungspädagogik e.V.

www.rehadat.de

www.foerderschwerpunkt.de

Fachseminar „Sonderpädagogische Fachrichtungen" (Arbeitsergebnisse), Berlin

Erfahrungen des Kollegiums der Annedore-Leber-Oberschule, Berlin

3

Förderschwerpunkt Lernen (Lernbehinderung)

3 Förderschwerpunkt Lernen (Lernbehinderung)

Bei Lernbehinderungen handelt sich um keine eindeutig umrissene, definierte Behinderungsform wie etwa Sinnes- oder Körperbehinderungen, für die bestimmte physische oder psychische Ursachen zu benennen sind (kausaler Behinderungsbegriff). Vielmehr handelt es sich um einen Arbeitsbegriff, durch den ein Anspruch auf spezifische Hilfestellung für junge Menschen signalisiert wird, die längerfristig erheblichen Beeinträchtigungen in ihren Entwicklungs-, Lern- und Bildungsmöglichkeiten unterliegen (funktionaler Behinderungsbegriff). Dabei wird sowohl im schulischen als auch im beruflichen Bereich in einem Feststellungsverfahren stets im Einzelfall entschieden werden müssen, ob und in welcher Weise besondere Hilfe zu leisten ist. Schwierigkeiten ergeben sich dabei oft im näheren Abklärungsprozess, zum Beispiel in den Übergangsbereichen und Randzonen des individuellen Bedarfs an Förderung und Hilfe, bei der Auswahl und Strukturierung der Maßnahmen sowie der Bestimmung der Förderungsorte. *(nach: Kanter/Scharff, 2002)*

3.1 Überblick

Kanter und Scharff erläutern, dass der Begriff „Lernbehinderung" dem Bereich der allgemeinbildenden Schulen entstammt. In den 1960er-Jahren nannte man im Zuge der Neuordnung des Sonderschulwesens die damaligen „Hilfsschulen" in „Schulen für Lernbehinderte" um. Damit verbunden waren eine neue Sicht von Schülern mit Lernbehinderungen und ein verändertes Konzept zu ihrer pädagogischen Förderung. Heute ist klar und unbestritten, dass sogenannte Lernbehinderungen ebenso wie Leistungs- und Intelligenzrückstände durch vielerlei Einflüsse zustandekommen und im Verlauf der einzelmenschlichen Entwicklung verstärkt, aber auch über gezielte Hilfe teilweise kompensiert werden können.

Begriffe wie Lernbehinderung oder auch Lernbeeinträchtigung betreffen Aussagen auf funktionaler, nicht auf kausaler Ebene. Wenn man also von einem Jugendlichen sagt, er sei lernbehindert, so will man zum Ausdruck bringen, dass der Betreffende

- umfänglich und langdauernd im schulischen und berufsbezogenen Lernen beeinträchtigt ist,
- deutlich von der Altersnorm abweichende Leistungs- und Verhaltensformen aufweist und
- trotz des Angebots besonderer vorbereitender Maßnahmen in anerkannten Ausbildungsberufen auf dem üblichen Weg keinen qualifizierten Abschluss erreichen kann.

Der Begriff der **Lernbeeinträchtigung** als Oberbegriff ist dabei weiter gefasst als der der Lernbehinderung. Er betrifft auch die Gruppe der **Lernstörungen**, das heißt temporäre, partielle und leichtere Formen der Lernerschwernis. Die Übergänge sind jedoch fließend und die verschiedenen Bezeichnungen werden im Alltagsverständnis oft undifferenziert verwendet.

Mögliche Ursachen (kausale Ebene) für dieses Erscheinungsbild beziehungsweise diese Situation sind einzelfallbezogen abzuklären.

Damit steht im Vordergrund derzeitiger pädagogischer und rehabilitativer Bemühungen der **Aspekt der Fördermöglichkeiten**. Notwendige diagnostische Abklärungen sowie kategoriale Zuordnungen erfolgen allein im Dienst dieser Zielsetzung. Die individuelle Problemlage des Kindes und Jugendlichen an unterschiedlichen Lern- und Tätigkeitsorten steht im Zentrum der pädagogisch-rehabilitativen Intentionen. Deshalb sind die meisten Bundesländer dazu übergegangen, nicht mehr von „Schulen für Lernbehinderte" zu sprechen, sondern von „Förderschulen" oder „Schulen mit Förderschwerpunkt Lernen". Ebenso wird eingeräumt, dass hier Schüler mit sonderpädagogischem Förderbedarf zu unterrichten sind, d.h. Kinder und Jugendliche, die spezifischer Unterstützung bedürfen, um ihren Bildungsmöglichkeiten gerecht werden zu können.

Die Anzahl der integrativ geförderten Schülerinnen und Schüler steigt. Im Zuge der Inklusion ist mit einem sprunghaften Anstieg zu rechnen, wenn Förderschulen geschlossen werden. Die der Förderschule heute überwiesenen Schüler zeigen im Vergleich zu früheren Jahrzehnten **größere Rückstände, vermehrte Erziehungsschwierigkeiten und oft Mehrfachbehinderungen**[1], sodass sich auch im Blick auf eine spätere berufliche und soziale Eingliederung zusätzliche sonderpädagogische Aufgabenstellungen ergeben.

Soziales Umfeld

Die Voraussetzungen des Sozialisationsumfelds wirken oft erschwerend. Die Daten zum **Milieuhintergrund** sind hinreichend bekannt: Bei 60–90% der lernbehinderten Förderschüler muss mit häuslichen Gegebenheiten und Umweltvoraussetzungen gerechnet werden, die nicht das gleiche Maß an Unterstützung für den beruflichen Werdegang bieten können, wie sie beispielsweise für Mitglieder der bildungsbewussten Mittelschichten mit ihren stark motivierenden und fördernden Einwirkungen gegeben sind. Dies betrifft eine Vielzahl von Sozialisationsfaktoren, die für das berufliche Fortkommen wichtig sind, wie Leistungsorientierung, Zuwendungsbereitschaft, Stetigkeit, Sprachverhalten, Denk- und Arbeitsstil, Rationalität, individuell geprägte Interessen, Dynamik, Kreativität.

Zudem wird lernbehinderten jungen Menschen in der Öffentlichkeit im Vergleich zu anderen Menschen mit Behinderung ein großes Ausmaß an **Vorurteilen** entgegengebracht und damit ihre soziale und berufliche Eingliederung unnötig gehemmt. Während bei anderen Behinderungsformen wie Blindheit, Körperbehinderung oder geistiger Behinderung überwiegend Rücksicht auf die schweren und erkennbaren Beeinträchtigungen des Menschen genommen wird, ist dies bei Lernbehinderten kaum der Fall.

Vielmehr werden Besonderheiten des Sozialverhaltens (z.B. langsamer ablaufende Lernprozesse und kognitive Minderleistungen) den Betroffenen als Eigenschaften angelastet, an denen sie selbst schuld seien. Sie gelten in der Öffentlichkeit oft als „dumm, frech und faul" - Merkmale, die mit negativen Sanktionen durch die Umwelt belegt werden. Die Notlage der Jugendlichen, die sich nicht selten in Aggression, Regression oder insgesamt in einem Kontrastverhalten zur Durchschnittsnorm äußert, wird nicht erkannt, sondern durch die Umweltreaktionen verstärkt.

1 Förderzentren berichten von einer zunehmenden Anzahl von Kindern mit einer Kombination aus Sprach-, Lern- und Verhaltensauffälligkeiten.

3.2 Berufliche Eingliederung

Nach Ableistung der allgemeinen Schulpflicht endet die Betreuung durch die Förderzentren. Bei der Agentur für Arbeit wird erneut geprüft, ob ein sonderpädagogischer Förderbedarf vorliegt. (In Berlin gibt es sogenannte **Berufsschulen mit sonderpädagogischer Aufgabe**, die spezielle Angebote machen.)

Im Berufsbildungsbereich ist der schulische Begriff der Lernbehinderung erst später und mit manchen Vorbehalten übernommen worden. Auch ist er in die einschlägige Gesetzgebung (Sozialgesetze, Berufsbildungsgesetz) erst im Jahr 2001 (Sozialgesetzbuch SGB IX) eingegangen. Lernbehinderung ist im Zusammenhang mit dem allgemeinen Begriff der Behinderung (gesetzliche Definition) bestimmt und gilt als Sammelbezeichnung für Rehabilitanden aus Schulen für Lernbehinderte/Förderschulen, teilweise für Absolventen ohne Hauptschulabschluss.

Gleichwohl spielt der Sachverhalt, der mit dem Begriff Lernbehinderung umschrieben wird, im Ausbildungsbereich und Arbeitsleben eine erhebliche Rolle: Es wird heute eher vermieden, Absolventen der Schule für Lernbehinderte im Berufsbildungsbereich als „Lernbehinderte" zu bezeichnen und auch Hauptschüler ohne Abschluss unter diese Kategorie zu fassen. Stattdessen wird häufiger von **lernbeeinträchtigten** (teilweise auch undifferenziert, weil Förderschüler hier nur eine Teilgruppe bilden) oder von **benachteiligten Jugendlichen** gesprochen. Die Verwendung der Bezeichnung „Lernbehinderte" in Berufsbildung und Arbeitswelt ist deshalb umstritten, weil mit dem Begriff „Behinderung" weitreichende gesellschaftliche, soziale, rechtliche und berufliche Konsequenzen für die Betroffenen verbunden sind: Die **Zuerkennung des Rehabilitandenstatus** ist auf der einen Seite mit dem Anrecht auf besondere Hilfen, auf der anderen Seite aber mit einer ganzen Reihe von gesellschaftlichen Reaktionen, Zuschreibungen und Erwartungshaltungen verbunden, die von den Betroffenen oft negativ erlebt werden und bei den Arbeitgebern zu Abwehr führen können. Bei der beruflichen Eingliederung wird deshalb erst dann von Rehabilitanden gesprochen und eine entsprechende Förderung vorgesehen, wenn tatsächlich langwierige Beeinträchtigungen vorliegen und spezifische Hilfen daher unbedingt notwendig sind.

Die für die gesamte Berufs- und Erwachsenenwelt bedeutsame und mit dem Recht auf besondere Sozialleistungen verbundene **Anerkennung als Schwerbehinderter** nach dem Schwerbehindertengesetz erfolgt über ein Feststellungsverfahren, in dem ein spezieller Nachweis für den Grad der Behinderung (GdB, Angaben in %) zu führen ist. Dieses Verfahren, das vorwiegend anhand medizinisch-ätiologischer Kriterien (= medizinisch begründeter Kriterien) erfolgt, ist insbesondere in Fällen von Lernbehinderung **sehr problematisch.** Wenn zusätzliche andere Beeinträchtigungen festgestellt werden, so bilden diese die Grundlage.

Neben einer Förderung der beruflichen Rehabilitation kommen für junge Menschen mit Lernbehinderung bei der Berufsausbildung im Einzelfall auch Fördermaßnahmen für Benachteiligte infrage (vgl. Neues Fachkonzept der Bundesagentur für Arbeit für die Berufsausbildungsvorbereitung, 2004). Grundsätzlich lässt sich sagen, dass **lernbehinderte Jugendliche in der Regel auch „Benachteiligte"** sind. Das heißt aber keineswegs, dass alle Benachteiligten auch als (Lern-)Behinderte einzuordnen wären. Vielmehr können durch lebensgeschichtlich bedingte Beeinträchtigungen (z. B. Milieueinwirkungen, Drogenmissbrauch) durchaus erhebliche Lern- und Leistungsausfälle entstehen, die allerdings im Prinzip kurz- oder mittelfristig ausgleichbar sind. Hier wäre es nicht zweckmäßig, im engeren Sinne von „Behinderung" zu sprechen.

Lernbehinderung ist veränderbar

Wäre es unter rehabilitativer Zielsetzung schon im Erwachsenenalter falsch, Behinderung als unveränderbare Gegebenheit hinzunehmen, so gilt für Kinder und Jugendliche noch mehr, dass Behinderung – insbesondere Lernbehinderung – eine von vielen Faktoren abhängige und in Grenzen veränderbare Größe darstellt. Gerade weil heute von einem **dynamischen Begriff der Behinderung** ausgegangen werden muss, haben rehabilitative und präventive Maßnahmen einen weit höheren Stellenwert als früher. Lernbehinderung ist das exemplarische Beispiel für eine Behinderungsform, bei der durch geeignete Maßnahmen im Sinne der Rehabilitation berufliche und gesellschaftliche Eingliederung sowie personale Selbstbestimmung und Verantwortlichkeit im Erwachsenenalter oft erreichbar sind.

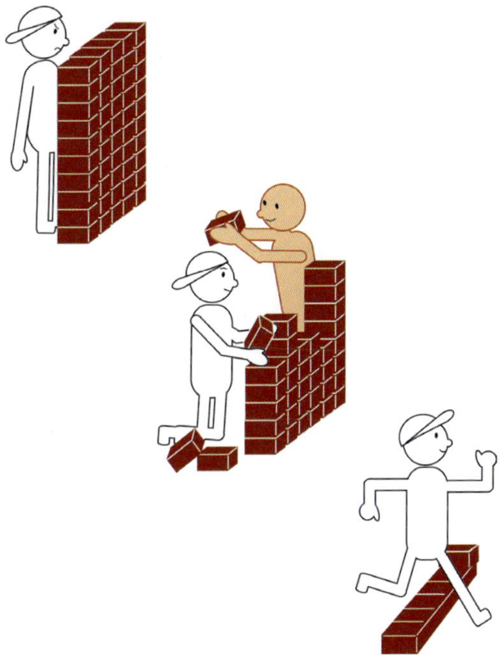

Andererseits darf nicht übersehen werden, dass junge Menschen mit Beeinträchtigungen des Lernens die höchste Quote bei Ausbildungsabbrüchen aufweisen, oft nur einen niedrigen Ausbildungsstatus erreichen und in starkem Maße von Arbeitslosigkeit betroffen sind, besonders wenn gezielte Hilfen fehlen. Sie sind folglich – auch auf das Berufsleben bezogen – nicht selten im Sinne der Sozialgesetzgebung Behinderte und in jedem Fall von Behinderung Bedrohte.

3.3 Auswirkungen auf den Unterricht

Das Lern- und Leistungsprofil von jungen Menschen mit Lernbehinderung ist oft **sehr uneinheitlich**. Diese Tatsache ist für den Unterricht und die berufliche Ausbildung von großer Bedeutung und hat auch unmittelbar praktische Konsequenzen: zum Beispiel für Prüfungsmodifikationen, eine Verlängerung der Ausbildungszeit, eine Berufsausbildung nach besonderen Ausbildungsregelungen für Behinderte. Viele junge Menschen mit Lernbehinderung sind langsamer als andere Jugendliche im Lernen und Erfassen vor allem verbaler und abstrakter Inhalte, sodass viele Schul- und Berufsabschlüsse zunächst unerreichbar bleiben.

Motivation, Arbeitsverhalten, Soziabilität (Umgänglichkeit), Belastungsfähigkeit genügen oft den Anforderungen nicht. Dennoch sind einige junge Menschen mit Lernbehinderung in manchen Bereichen in der Lage, den Erwartungen vor allem dann zu entsprechen, wenn gezielte Fördermaßnahmen und eine Verlängerung der Lern- und Trainingsperioden angeboten werden. Manche haben durch den Besuch der Schule für Lernbehinderte/Förderschule eine solch weitgehende Rehabilitation erfahren, teilweise auch den Hauptschulabschluss erworben, dass sie nach dem Schulabschluss ohne oder mit relativ geringen Hilfen (z.B. ausbildungsbegleitende Hilfen – abH) eine betriebliche Berufsausbildung durchlaufen können. In solchen Fällen wäre es nicht mehr sinnvoll, noch von Lernbehinderung zu sprechen.

Andere Absolventen der Schule für Lernbehinderte/Förderschule sind beruflich zwar eingliederungsfähig, aber sie vermögen aufgrund der Schwere und des Umfangs ihrer Lernbeeinträchtigung kaum, qualifizierte Ausbildungsabschlüsse zu erreichen.

3.4 Methodische Hinweise für den Unterricht

Planung des Unterrichts

- Vom Konkreten zum Allgemeinen. Anknüpfen an Erfahrungen und Kenntnisse z.B. aus der Lebenswelt der Schüler, Exkursionen, Experimente, aus Praktika bzw. der praktischen Ausbildung.
- Ziele kleinschrittig formulieren, eventuell hierarchischen Aufbau beachten und entsprechend realisieren.
- Veranschaulichungen sind wichtig, das Tafelbild soll die Sachstruktur wiedergeben.
- Misserfolgserlebnisse vermeiden durch Aufgaben mit angepasstem Schwierigkeitsgrad. Z.B. im Rahmen einer Lerntheke Aufgaben mit unterschiedlichem Anspruchsniveau anbieten.
- Die Phase der (Lehrer-)Darbietung ist der geringen Konzentrationsfähigkeit anzupassen.
- Fördern von Schüleraktivitäten, Prinzip der abnehmenden Hilfe.
- Kontinuierliche Maßnahmen zur Verbesserung der Schülerselbstständigkeit innerhalb der Lernprozesse sind bedeutsam, weil sie zu höheren Lern- und Transferleistungen führen.
- Bereitstellen von Hilfsmitteln zum Lernen (Zeichnungen, Eselsbrücken, Modelle, Notizen in Fachbüchern, ect.). Auch Medien in Schülerhänden sind hilfreich. Der Medieneinsatz ist der Schülerleistungsfähigkeit anzupassen.
- Phasen- bzw. Methodenwechsel (Frontal- und Gruppenarbeit, Entspannungsphasen) sind einzuplanen. Günstig ist ein Unterrichtsablauf, der die Möglichkeit offen lässt, dass einzelne Inhalte individuell erneut erklärt werden können (siehe auch ▸ Differenzierung).
- Ausgedehnte Übungs-, Anwendungs-, und Wiederholungsphasen sind erforderlich.
- Optimierung der Förderung durch Individualisierung und individualisierende Unterrichtsarten (eventuell Einzelunterricht – grundsätzlich bleibt es jedoch beim Unterricht im Klassenverband).
- Handlungsorientierte bzw. lernfeldorientierte Unterrichtsgestaltungen erscheinen grundsätzlich ein geeigneter Ansatz zu sein. Zum Teil sind erhebliche Anpassungen an das Lernvermögen, Lernverhalten und an die beruflichen Handlungsfelder erforderlich. Die Verknüpfung von Einzelthemen hin zu einer Kompetenzentwicklung muss vom Lehrer mit Ausdauer verfolgt werden, denn sie erfolgt nicht selbstständig durch die Schüler. In der Schule Gelerntes kann sonst nicht angewendet werden.
- Entdeckendes Lernen mit entsprechend offenen Angeboten erweist sich auch hier langfristig als effektive Methode wegen einer höheren Behaltensquote.
- Motivierend sind spielerische Übungsformen mit Abwandlungen von Memory-, Domino-Spielen und Kreuzworträtseln (z.B. selbst entwickeln mit käuflicher Software).
- Integrierte Sprachförderung: Der Aufbau konzeptioneller schriftlicher und mündlicher Fähigkeiten muss langfristig entwickelt werden; Exkurse direkt beim Auftreten von Fragen im Fachunterricht führen eher zu nachhaltigem Lernerfolg.

Sprachförderung als konzeptionelle Aufgabe: Die Notwendigkeit einer besonderen sprachlichen Förderung setzt sich zunehmend durch. Hier sind Konzepte gefordert, die in der gesamten Schule Anwendung finden müssen und entsprechend zu verankern sind. Pragmatisch muss zunächst an dem aktuellen Kompetenzstand der Schüler angesetzt werden. Der Lehrer hat die Aufgabe, das gesamte sprachgebundene Material für die Schüler gut verständlich aufzubereiten.

Vergleichbare Probleme gibt es bei ▸ Gehörlosen, wobei insbesondere die schriftliche Prüfung zum Berufsabschluss eine sprachliche Hürde darstellt. In diesem Rahmen wurde die Handreichung „Textoptimierung von Prüfungsaufgaben“ von Fr. Schlenker-Schulte und Fr. Wagner an der Uni Halle-Wittenberg entwickelt (Forschungsstelle zur Rehabilitation von Menschen mit kommunikativer Behinderung, http://www.fst.uni-halle.de). Es werden hier kurze, klare Vorgaben auf Satz-, Text- und Wortebene gemacht, die auch allgemein bei der Erstellung von Unterrichtsmaterialien hilfreich sind. Anhand von Beispielen werden die Aussagen jeweils erläutert.

Durchführung des Unterrichts

- Ein förderliches Lernklima kann vom Lehrer gegenüber dem Schüler durch eine gewisse besonnene Einstellung realisiert werden. Es passt das chinesische Sprichwort: „Wir begegnen uns Tag für Tag und treffen uns doch keinen Augenblick."
- Ein deutlich strukturierter Unterricht mit Einführung und Transparenz des Stundenablaufs ist erforderlich.
- Eine klare und deutliche Aussprache des Lehrers erleichtert die Kommunikation. Vorsicht bei Fremdwörtern und Fachausdrücken: Diese sind meist unbekannt.
- Komplexe soziale Situationen werden eventuell nicht vollständig oder falsch verstanden. Missverständnisse führen schnell zu Spannungen zwischen Lerngruppe und Lehrer. Das Trainieren der Kritikfähigkeit durch Aufstellen von Kriterien und deren Anwendung (positive und negative Kritik) zunächst unter Anleitung ist ein richtiger Schritt.
- Wenn das geplante Hauptlernziel der Unterrichtsstunde nicht erreicht werden kann, sind die Voraussetzungen zu schaffen, um es später zu erreichen (Wiederholung und Festigung von vorangehenden Inhalten).

➔ Praxistipp

Die Wahrnehmung der Lerngruppe kann durchaus von der des Lehrers abweichen.

Beispiel: Als Klassenlehrer einer Gruppe von sogenannten Lernbehinderten nahm ich mir vor, endlich verschiedene Dinge anzusprechen, bevor der eigentliche Unterricht beginnen sollte. Dies teilte ich den Schülern mit und zu jedem Thema schrieb ich ein Schlagwort an die Tafel. Etwa wie folgt:

Verspätungen
Entschuldigungen
Geplanter Besuch von xy
Missverständnisse im Unterricht
Thema der Stunde

Die Themen wurden ruhig der Reihe nach abgearbeitet und durchgestrichen. Das eigentliche Thema der Stunde wurde entsprechend kürzer bearbeitet und nicht abgeschlossen. Ich war der Meinung, gut strukturiert einige Schwierigkeiten ausgeräumt zu haben. In einer Reflexionsphase am Ende der Stunde erklärten mir die Schüler jedoch ihr Unbehagen: Heute sei alles so durcheinander gewesen ...
Besser also nur einen Schwerpunkt pro Unterrichtseinheit setzen.

➔ Praxistipp

Manchmal gibt es besondere Schwierigkeiten beim Verstehen von neuen Inhalten. Es hat den Anschein, als ob die Schüler es gewohnt wären, nichts von dem zu verstehen, was der Lehrer erklärt und somit auch nicht konzentriert zuhören. Wenn man denselben Sachverhalt im Einzelgespräch mit den gleichen Worten erklärt, dann wird alles gut verstanden.
In diesem Fall ist die Lehrerdarbietung weiter zu verkürzen, da sie nicht effektiv ist. Zusammenfassende Darstellungen vor der Klasse sollten von Schülern übernommen werden.

Grundlagen waren

G.O. Kanter/G. Scharff: Lernbehinderung. in: Teilhabe durch berufliche Rehabilitation. Handbuch für Beratung, Förderung, Aus- und Weiterbildung. Bundesanstalt für Arbeit, Nürnberg 2002

Erfahrungen des Kollegiums der Annedore-Leber-Oberschule, Berlin

Fachseminar „Sonderpädagogische Fachrichtungen“ (Arbeitsergebnisse), Berlin

www.rehadat.de

www.foerderschwerpunkt.de

4

Förderschwerpunkt geistige Entwicklung (geistige Behinderung – Gb)

4 Förderschwerpunkt geistige Entwicklung (geistige Behinderung – Gb)

Die heterogene Gruppe der Jugendlichen mit geistiger Behinderung hat Gemeinsamkeiten, nämlich

- ein verringertes Intelligenzniveau (verringerte Problemlösefertigkeiten),
- geringere Möglichkeiten zur Adaption (z. B. praktische Lebensbewältigung und sozial-kommunikative Fähigkeiten) und
- einen Zeitpunkt in der Entwicklung, in der die geistige Behinderung entstanden ist.

Wird ein neuer Schüler „mit geistiger Behinderung" einer Klasse zugewiesen, gibt diese Kategorie eine erste Orientierung. Sie genügt aber nicht, um Unterricht vorzubereiten.

4.1 Überblick

Man unterscheidet verschiedene Gruppen, z. B. unterscheidet man nach dem Grad der Intelligenzminderung. Die folgende Übersicht verdeutlicht dies:

	Intelligenzquotient (etwa)	Anteil an Personen mit Gb	Möglichkeiten der Teilhabe	Vergleichbares Entwicklungsalter
Mittelwert	IQ 100	–	–	–
Lernbehinderte (s. Kap. 3)	IQ 85–70	–	Nach angemessener Ausbildung Berufstätigkeit in einfachen Tätigkeitsfeldern.	–
Leichte Geistigbehinderung (Gb)	IQ 70–50	80 %	Bei sozialer und materieller Unterstützung ist Berufstätigkeit mit sehr einfachen Tätigkeiten in beschützender Einrichtung möglich.	etwa 15 Jahre
Mittelgradige Gb	IQ 49–35	12 %	Ständige Fürsorge erforderlich, wenige soziale Kontakte, unter Anleitung sind Selbsthilfe und Selbstversorgung möglich.	etwa 6 Jahre
Schwere Gb	IQ 34–20	7 %	Konstante Betreuung (Überwachung) notwendig, wenig eigenständiges Verhalten, erhebliche Kommunikationsmängel.	etwa 6 Jahre
Schwerste Gb	IQ 19–0	unter 1 %	Überwiegend Pflegefälle mit begrenzter motorischer Entwicklung.	etwa 1,5 Jahre

Beachte: Für schulische Belange ist diese vereinfachende Kategorisierung aus folgenden Gründen ungenügend:

- Intelligenztests erfassen immer nur eine begrenzte Auswahl von Problemlöseverhalten, somit entsprechen z.B. die sozialen Fähigkeiten nicht immer dem Intelligenzniveau.
- Die Grenzwerte der Intelligenzminderung sind willkürlich gesetzt.
- Förderung und individuelle Entwicklung bis zum Übergang in die Sek. II werden durch einen eventuell mehrere Jahre zurückliegenden IQ-Test nicht abgebildet.

Notwendig sind immer möglichst genaue, aktuelle, individuelle Informationen zum Stand der Entwicklung.

4.2 Auswirkungen auf den Unterricht

Kinder und Jugendliche mit geistiger Behinderung werden zieldifferent unterrichtet. Das bedeutet, dass sie nach den jeweiligen Landeslehrplänen für geistige Behinderung unterrichtet werden müssen. Hier benötigt der Regelschullehrer die Zusammenarbeit mit den Betreuern bzw. der abgebenden Schule, um die Förderung kompetent fortzusetzen. Erziehung und Unterricht haben verstärkt auch die Aufgabe, bei der Lebensbewältigung zu unterstützen.

Ziel ist natürlich immer, die Kategorisierungen zu überwinden (hier „Schublade" Förderschwerpunkt geistige Entwicklung) und möglichst individuelle Lösungen für eine optimale Förderung zu entwickeln, um die beschriebenen Leistungsdefizite abzubauen. Dem Ausbau von individuellen Stärken kommt eine große Bedeutung zu, weil hier eventuell deutliche Entwicklungsmöglichkeiten auch in beruflicher Hinsicht liegen.

1959 entwickelte der Däne Bank-Mikkelsen das sogenannte **Normalisierungsprinzip**. Dies bedeutet, dass bei der Betreuung von Menschen mit geistiger Behinderung als didaktische Zielorientierung die Hinführung zu normalen Lebensbedingungen steht. Dies beginnt bei der Möglichkeit, einen üblichen Tagesrhythmus zu bieten, und endet bei einer umfassenden gesellschaftlichen Integration/Inklusion. Es geht also nicht um ein „Normal-Machen", sondern um eine Anreicherung der Lebensgestaltung.

4.3 Methodische Hinweise für den Unterricht

Für diesen Bereich liegen bisher nur wenige praktische Erfahrungen vor.

- Jugendliche mit nur leichter geistiger Behinderung können lautsprachlich kommunizieren und sind häufig auch in der Lage, einfache Texte zu lesen und zu schreiben und dies in einfachen Zusammenhängen anzuwenden.
- Je stärker die geistige Behinderung, desto mehr müssen Anpassungen an die Zieldifferenz des Unterrichtsgeschehens geplant werden (▸ Differenzierung). Der Regelschullehrer ist auf die Zusammenarbeit mit den Betreuungspersonen angewiesen. Gemeinsam sollten hier individuelle Lösungen gefunden werden.
- Zum Teil gibt es Lösungsversuche, in denen ein Lehrer aus dem Förderzentrum mit an die neue Schule kommt (vergleichbar mit der integrativen Förderung von Gehörlosen) und „seine" Schüler in den Fächern Mathematik und Deutsch separiert unterrichtet. Ob dies ein erfolgreiches Modell der Förderung für die Sek. II ist, muss sich erst noch zeigen. Zumindest unter dem Blickwinkel der Inklusion muss dies kritisch betrachtet werden.

4.4 Berufliche Eingliederung

Das berufliche Spektrum ist wie oben beschrieben begrenzt. Die letzten Jahre der Förderung, also in der Sek. II, können darüber entscheiden, ob eine berufliche Tätigkeit auf dem ersten Arbeitsmarkt möglich wird. Berufsbildende Förderschulen könnten sich an dieser Aufgabe mit ihren vorberuflichen und berufsbildenden Kompetenzen verstärkt beteiligen.

Auch die Bundesagentur für Arbeit hat das Potenzial dieser Personengruppe erkannt und unterstützt Übergänge in Arbeit durch zahlreiche Maßnahmen. Dies entspricht der Zielsetzung des Normalisierungsprinzips und ist sehr zu begrüßen.

Menschen mit geistiger Behinderung haben keinen Anspruch auf eine berufliche Ausbildung. Sie haben ein Anrecht auf eine Betreuung in einer Werkstatt für Menschen mit Behinderung (WfbM). Für die Gruppe von Jugendlichen mit schweren Mehrfachbehinderungen steht diese Möglichkeit häufig nicht zur Verfügung, eine Unterbringung z. B. in Tagesstätten ist erforderlich.

4.5 Schwere Mehrfachbehinderungen

Überblick

Es gibt hierfür keine einheitliche Begriffsverwendung. Andere Bezeichnungen sind Schwerstmehrfachbehinderungen, schwerste Behinderung, Intensivbehinderte oder der international gebräuchliche Begriff PIMD (Profound Intellectual and Multiple Disabilities).

Es gibt auch keine sichere Bestimmung der Personengruppe, da die Grenzziehung problematisch ist. Die Schülergruppe ist heterogen und wird bisher in Förderschulen z. B. für Menschen mit geistiger Behinderung oder mit körperlicher Behinderung bzw. in Förderzentren für Blinde unterrichtet.

Eine systematische Beschreibung der Schülergruppe ist mithilfe des ICF-Klassifikationsmodells möglich (ICF: Internationale Klassifikation der Funktionsfähigkeit, Behinderung und Gesundheit).

■ Grundlegend sind Schädigungen oder Verluste bei **Körperfunktionen und Körperstrukturen**. Daher wird hier unterschieden zwischen:
- mentalen Funktionen
- Sinnesfunktionen und Schmerz
- Stimm- und Sprechfunktionen
- Funktionen des kardiovaskulären, hämatologischen Immun- und Atmungssystems
- Funktionen des Verdauungs-, des Stoffwechsel- und des endokrinen Systems
- Funktionen des Urogenital- und reproduktiven Systems
- neuromuskuloskeletalen und bewegungsbezogenen Funktionen
- Funktionen der Haut und der Hautanhangsgebilde

Bei Schülern mit schweren und mehrfachen Behinderungen liegen Beeinträchtigungen in mindestens 2 der oben genannten Funktionsbereichen vor.

- Zusätzlich sind **Möglichkeiten für Aktivitäten** zentral für Teilhabe, Diagnostik und Rehabilitation. Es wird zwischen diesen 9 Aktivitätsdomänen unterschieden:

1 Lernen und Wissensanwendung
2 Allgemeine Aufgaben und Anforderungen
3 Kommunikation
4 Mobilität
5 Selbstversorgung
6 Häusliches Leben
7 Interpersonelle Interaktionen und Beziehungen
8 Bedeutende Lebensbereiche
9 Gemeinschafts-, soziales, staatsbürgerliches Leben

- Schließlich wird der **Lebenshintergrund** des Individuums betrachtet. Umweltfaktoren sind:

Erst Mitte der 1970er-Jahre begann eine über vereinzelte Schüler hinausgehende schulische Förderung. 1979 gab es den Kultusministerkonferenz-Beschluss, dass jeder Mensch mit geistiger Behinderung gefördert werden soll.

Bildung steht somit allen Jugendlichen zu, unabhängig vom Schweregrad der Behinderung. Bildung gelingt nur im Dialog mit Personen und der Auseinandersetzung mit Dingen, die sinnlich wahrgenommen und verstanden werden. Teilhabe bedeutet hier zunächst Teilnahme durch Eigenaktivität. Hier (unter anderem) setzt die umfassende Unterstützung an, die dieser Personenkreis benötigt.

Die Förderansätze „basale Stimulation" (nach Fröhlich) und „basale Aktivierung" (nach Breitinger und Fischer) entstanden in der Einzelförderung und wurden weiterentwickelt. Weitere Konzepte (z.B. basale Kommunikation, aktives Lernen, beziehungsorientierter Unterricht, unterstützte Kommunikation) wurden entwickelt.

Auswirkungen auf den Unterricht

Eine Teilnahme von Schülern mit Mehrfachbehinderungen am Regelschulunterricht bei gleichzeitiger Aufrechterhaltung der Förderqualität, wie sie in speziellen Förderzentren erzielt wird, hat gravierende didaktische und methodische Auswirkungen auf den gemeinsamen Unterricht. Um eine Vorstellung vom Unterricht mit diesen Schülern zu vermitteln, sollen einige Unterrichtssituationen aus den Förderzentren beispielhaft dargestellt werden:

- Zur besseren Orientierung im Alltag eignen sich feste Klassenämter, die entsprechend zu modifizieren sind. So ist es möglich, die Aufgabe „Kalenderblatt abreißen" zu übernehmen und wenn dies die eigenen motorischen Möglichkeiten übersteigt, sich Hilfe bei einem Mitschüler oder Erwachsenen zu holen.
- Bezugsobjekte werden bei Menschen mit geistiger Behinderung und gehörlosen oder blinden Schülern genutzt, um ein Ereignis oder Ähnliches anzukündigen. Dem Jugendlichen wird z.B. der Schwimmreif gezeigt/gereicht und der Besuch des Schwimmbads wird so angekündigt.
- Bei Schülern, die lautsprachlich nicht hinreichend kommunizieren können, müssen andere Formen der Kommunikation gefunden werden. Dies kann mit Methoden der „unterstützten Kommunikation" (UK) erreicht werden. Man geht grundsätzlich davon aus, dass jeder Mensch kommunizieren will und kann. Die Bezugspersonen achten dabei genau auf möglichst viele verschiedene beobachtbare Reaktionen wie Gestik, Mimik, Körperspannung, Pulsfrequenz, Schweiß, Sauerstoffsättigung und sie nutzen Gegenstände, Bilder, Symbole, Gebärden, Laute und Worte sowie elektronische Hilfsmittel.

Der Regelschullehrer ist wie oben erläutert auf die Zusammenarbeit mit den betreuenden Personen angewiesen. Gemeinsam sollten Möglichkeiten für den gemeinsamen Unterricht – angepasst an die jeweiligen Schüler – entwickelt werden.

Methodische Hinweise für den Unterricht

Bisher gibt es Erfahrungen mit Unterricht in heterogenen Lerngruppen nur insofern, als Schüler mit einem anderen Förderstatus zur Lerngruppe gehören. Die Bedarfe von Schülern mit schwerer und mehrfacher Behinderung sind sehr spezifisch, häufig auch umfänglich und können inhaltlich sehr vom Regelschulunterricht in der Sekundarstufe II abweichen. Hier sind vielfältige Unterstützungen notwendig, z. B. durch Sonderpädagogen mit einer entsprechenden fachlichen Spezialisierung. Einfache allgemeingültige Hinweise können an dieser Stelle nicht gegeben werden: Es mangelt an Erfahrungen.

Der Regelschullehrer wird sich in einem **Team** wiederfinden, in dem ein Sonderpädagoge leitende und koordinierende Aufgaben übernimmt. Teammitglieder sind sämtliche Betreuungs- und Bezugspersonen (siehe Schaubild):

Der Regelschullehrer hat selbstverständlich auch die spezifischen Interessen der **übrigen Schüler** im Blick, die im Sinne der Inklusion alle ihre individuellen Förderpläne für eine optimale Förderung erhalten.

Angesichts der Komplexität der Aufgabe und der begrenzten Ressourcen im Bildungssystem bahnen sich vielerorts pragmatische Lösungsansätze zur praktischen Umsetzung der Inklusion an. Mit dem Anspruch der Inklusion ist es allerdings nicht zu vereinbaren, zwischen „inklusionsfähigen“ und „nicht inklusionsfähigen“ Schülern zu unterscheiden.

Grundlagen waren

Staatsinstitut für Schulqualität und Bildungsforschung (Hrsg.): Unterricht und Förderung von Schülern mit schwerer und mehrfacher Behinderung. München 2010

H.-C. Steinhausen: Psychische Störungen bei Kindern und Jugendlichen. München 2006

H. Mühl: Geistige Behinderung. Graue Literatur der Bundesagentur für Arbeit, Stand 2004

Fachseminar „Sonderpädagogische Fachrichtungen“ (Arbeitsergebnisse), Berlin

B. Fornefeld: Einführung in die Geistigbehindertenpädagogik, München 2004

www.rehadat.de

www.foerderschwerpunkt.de

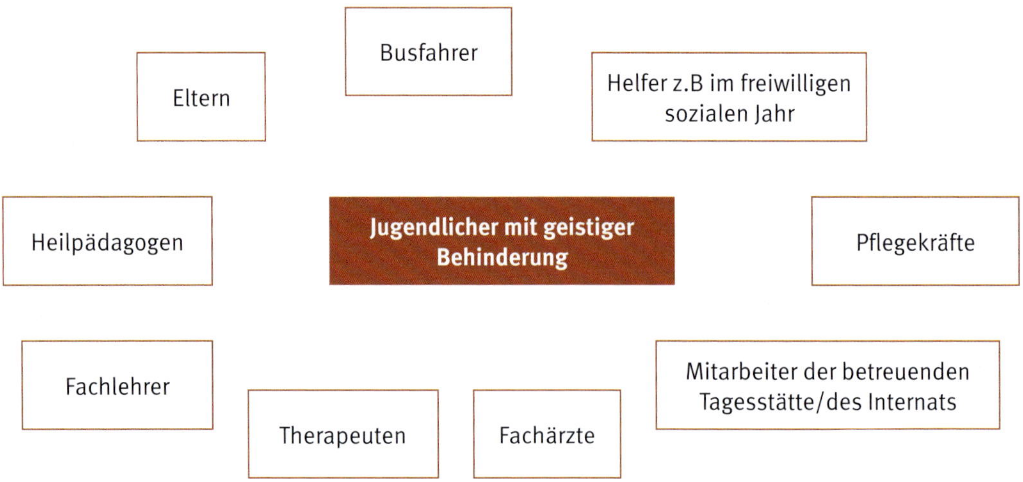

5

Förderschwerpunkt Hören (Schwerhörige und Gehörlose)

5 Förderschwerpunkt Hören (Schwerhörige und Gehörlose)

Bei Hörgeschädigten handelt es sich um eine heterogene Gruppe mit vielfältigen Erschwernissen in der Kommunikation. Die Sprachkompetenz kann stark beeinträchtigt sein. Gehörlose können z.T. nur in der Gebärdensprache kommunizieren, was eine inklusive Beschulung und auch eine spätere Integration ins Arbeitsleben erschwert. Durch die technische Entwicklung vor allem bei den Cochlear-Implantaten (CI) kann sich die Anzahl der Gehörlosen verringern, sie werden so zu Schwerhörigen. Zunehmend geraten zentrale Hörstörungen (AVWS) in den sonderpädagogischen Fokus.

5.1 Ursachen und Ausprägungen

Beim Hörvorgang gelangen Luftschwingungen über das Außenohr in den Ohrkanal bis zum Trommelfell, das in Schwingungen versetzt wird. Kleine Knöchelchen übertragen diese Trommelfellbewegungen mechanisch auf die Ohrschnecke (Cochlea). Sie ist mit Flüssigkeit gefüllt und wird mechanisch über die Knöchelchen ihrerseits in Schwingungen versetzt. Diese Schwingungen werden von feinen „Haaren" in der Cochlea wahrgenommen und in elektrische Impulse umgewandelt. Zahlreiche Gehirnareale verarbeiten dies zum Höreindruck. Dieser komplexe Aufbau des Gehörs ist verantwortlich für Hörschädigungen, die je nach Intensität und Ursache in ihren Auswirkungen sehr unterschiedlich sind. Entsprechend uneinheitlich ist der Personenkreis zu beschreiben. Die verschiedenen Erscheinungsformen gehen häufig ineinander über. So ist ein exakter Übergang von normaler Hörfähigkeit zur Hörauffälligkeit, von der Hörauffälligkeit zur Schwerhörigkeit sowie von der hochgradigen Schwerhörigkeit zur Resthörigkeit und damit zur Gehörlosigkeit schwer festzulegen.

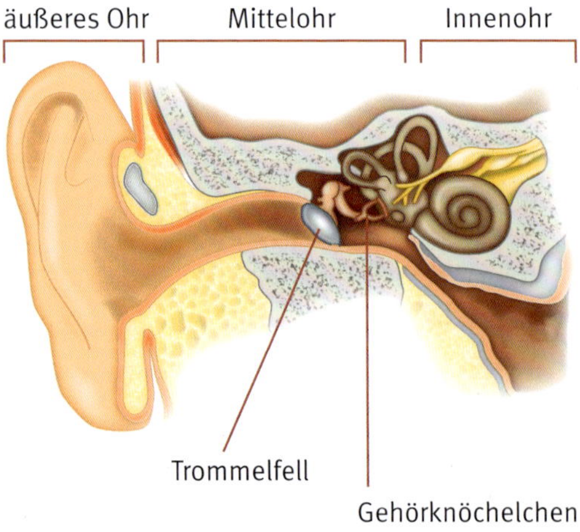

Der Hörverlust wird durch standardisierte, tonaudiometrische Messungen bestimmt, mit deren Ergebnissen die Hörschäden im Wesentlichen klassifiziert werden. Hierbei werden dem Hörgeschädigten Töne unterschiedlicher Tonhöhen und Lautstärken über Kopfhörer vorgespielt. Alle noch hörbaren Töne werden nach Frequenz und Lautstärke in einem Tonaudiogramm erfasst. Die Werte werden mit denen von normal hörenden Menschen verglichen. Neben der Angabe zum Ausmaß des Hörverlustes werden Hörschädigungen noch unter Berücksichtigung medizinischer, sprachlicher und psychosozialer Aspekte eingeteilt. Zur Ermittlung geeigneter rehabilitativer Maßnahmen muss der Hörgeschädigte in seiner gesamten Persönlichkeit betrachtet werden.

5.2 Klassifizierung

Hörschädigungen				
Hörauffälligkeit	**Hörsprachbehinderung**			
	Schwerhörigkeit		**Gehörlosigkeit** prälingual oder postlingual (= vor oder nach dem Spracherwerb)	
leichte Schädigung	mittelgradige	hochgradige	Resthörigkeit (Sprachtaubheit)	volle Taubheit
0–30 dB	30–60 dB	60–90 dB	über 90 dB	–

Ein Schallpegel von 90 dB gilt für das gesunde Ohr als schädigend, am Arbeitsplatz sind nur 70 dB erlaubt. Weitere verschiedene Schallpegel zum Vergleich:

- an einer belebten Straße: 70 dB, zeitweise auch darüber
- Unbehaglichkeitsschwelle: 80 dB
- Schmerzschwelle: 120 dB

Hörschädigungen

Unter dem Begriff Hörschädigung werden alle Störungen zusammengefasst, die von einer Beeinträchtigung der auditiven Wahrnehmungsleistung ausgehen. Die Hörschädigung teilt sich in die Gruppe der Hörauffälligkeit und in die der Hörsprachbehinderung.
Eine zunehmende Bedeutung kommt der zentralen Hörstörung zu, bei der die Verarbeitung der akustischen Signale im Gehirn gestört ist. Zunehmend setzt sich hierfür die Bezeichnung **AVWS** (siehe unten) durch.

Hörauffälligkeit

Es liegen Hörminderleistungen geringen Ausmaßes vor. Sie sind messbar, auf einen engen Frequenzbereich beschränkt und mitunter zeitlich vorübergehend. Der sogenannte mittlere Hörverlust im Frequenzband von ca. 250–8000 Hz (dies ist der wichtige Bereich, in dem die Sprache liegt = Sprachfeld) beträgt **weniger als 30 dB**. Starke sprachliche, psychische oder soziale Verhaltensauffälligkeiten sind nicht bzw. noch nicht zu beobachten. Die auftretenden Schwierigkeiten im Hören und Verstehen von Sprache sind nicht wesentlich, Ausnahmen sind das Verstehen von Flüstersprache und wenn größere Anforderungen durch zeitgleiche verschiedene Gespräche gestellt werden (Cocktail-Party-Effekt, d. h. die Unterscheidung von Nutz- und Störschall).

Sonderpädagogische und medizinische Beobachtung bzw. Prophylaxe ist bei allen Hörauffälligkeiten angebracht, da sich unter Umständen Hörsprachbehinderungen einstellen können.

Hörsprachbehinderung

Hörminderungen, die über die Hörauffälligkeit hinausreichen, werden als Hörsprachbehinderung bezeichnet. Der mittlere Hörverlust liegt bei **mehr als 30 dB**. Sprachliche und psychosoziale Auffälligkeiten sind in unterschiedlicher Schwere vorhanden. Bei Hörsprachbehinderungen wird zwischen Schwerhörigkeit und Gehörlosigkeit unterschieden:

Schwerhörigkeit

Man unterscheidet zwischen mittel- und hochgradiger Schwerhörigkeit. Letztere bedeutet einen mittleren Hörverlust von **60–90 dB.**

Die Schwerhörigen sind durch periphere und/oder zentrale Schädigungen des Gehörs erheblich in der Wahrnehmung akustischer Reize und insbesondere normal lauter Alltagssprache beeinträchtigt. Es sind aber prinzipiell die Aufnahme von zusammenhängender Sprache einschließlich der Kontrolle des eigenen Sprechens auf auditivem Weg noch möglich. Optische Signale und kinästhetische Empfindungen können eine Unterstützungsfunktion übernehmen.

Aufgrund der Physiologie des Hörvorgangs unterscheidet man 3 Formen der Schwerhörigkeit: Die Schallleitungsschwerhörigkeit, die Schallempfindungsschwerhörigkeit und eine kombinierte Hörstörung:

- **Schallleitungsschwerhörigkeit.** Sie ist gekennzeichnet durch eine etwa gleichmäßige Herabsetzung des Hörvermögens in allen Frequenzbereichen: Akustische Signale werden nicht über die Luft-, sondern über die Knochenleitung wahrgenommen (Mittelohrschwerhörigkeit). Die Störung kann im Außen- oder Mittelohr liegen. Der Betroffene hört gedämpft und insgesamt leiser. Die Hörweite ist verringert, die Einschränkung liegt bei maximal 60 dB. Sprachkompetenz und Sprachleistungsfähigkeit sind davon bereits beeinträchtigt. Elektroakustische Hörgeräte (am Ohr des Schülers oder durch eine Mikroportanlage: Sender beim Lehrer, Empfänger beim Schüler, siehe unten) beheben bzw. gleichen diese Art der Schwerhörigkeit weitgehend aus. Manchmal kann durch einen chirurgischen Eingriff die mechanische Schallunterbrechung behoben werden.

- **Schallempfindungsschwerhörigkeit.** Sie ist gekennzeichnet durch eine starke Herabsetzung des Hörvermögens vor allem in mittleren und hohen Frequenzbereichen, einzelne Frequenzbereiche können auch vollständig ausfallen. Die Störung liegt im Innenohr, akustische Signale werden über Luft- und Knochenleitung gleich schlecht wahrgenommen. Die Qualität der Höreindrücke ist wesentlich beeinträchtigt; der Betroffene hört verzerrt, lückenhaft, entstellt. Sprache wird zwar gehört, aber nicht verstanden: Einzelne Sprachlaute, insbesondere Vokale und die stimmlosen Konsonanten werden schlecht oder überhaupt nicht wahrgenommen. Leise Geräusche werden nicht gehört, während laute Geräusche als unangenehm und schmerzhaft empfunden werden. Zusätzlich können Doppelhören, pathologische Ermüdungen und verzögerte Adaption auftreten. Es handelt sich um eine irreversible Schädigung des Hörvermögens, bei der durch therapeutische Maßnahmen wie Medikamente oder Operationen (Cochlea-Implantat – CI) sowie durch den Einsatz von Hörgeräten die Hörfähigkeit graduell verbessert werden kann.

- **Die kombinierte Hörstörung.** Sie kann in unterschiedlicher Ausprägung Merkmale der o.g. Schallleitungs- und der Schallempfindungsschwerhörigkeit aufweisen.

Gehörlosigkeit

Bei Gehörlosigkeit sind keine oder **nur sehr begrenzte Hörreste** nachweisbar. Gegenwärtig verfügbare technische Hilfsmittel können auditive Wahrnehmungen nicht oder nur in geringem Umfang ermöglichen, wobei insbesondere die Leistungsfähigkeit der Cochlea-Implantate zunimmt. Gehörlose sind bei der Sprachwahrnehmung und -äußerung weitgehend auf optische und kinästhetische Reize wie das Ablesen vom Mund, die Gebärdensprache, Mimik und Gestik angewiesen.

Für die gesamte sprachliche, emotionale, kognitive und soziale Entwicklung eines Menschen ist der Zeitpunkt des Auftretens der Gehörlosigkeit von großer Bedeutung: Bei den sogenannten **prälingual Gehörlosen** entstand der Gehörschaden vor der primären Spracherwerbsphase, bei den **postlingual Gehörlosen** trat der Schaden nach dem Erwerb der Lautsprache auf. Entsprechend muss bei den prälingual Gehörlosen die Lautsprache in einem langwierigen Lernprozess mühsam erworben werden, bei den postlingualen Gehörlosen muss die bereits erworbene Lautsprache erhalten und weiterentwickelt werden.

Aus medizinischer Sicht wird darüber hinaus zwischen **Sprachtaubheit** und **voller Taubheit** unterschieden: Bei den Sprachertaubten bestehen noch gewisse Hörreste, die aber zu differenzierender Sprachwahrnehmung nicht ausreichen.

AVWS (audiovisuelle Verarbeitungs- und Wahrnehmungsstörung)

Neben den genannten peripheren Hörstörungen sind **zentrale Hörstörungen** zunehmend Gegenstand der pädagogischen Diskussion in der Sprachheilpädagogik. Zentral meint hier die Verarbeitung von Sinnesreizen durch das Gehirn. Kennzeichnend können folgende Probleme sein:

- die auditive Aufmerksamkeit (Unvermögen sich auf z. B. ein Hörbuch zu konzentrieren)
- das Richtungshören (räumliche und zeitliche Orientierung ist herabgesetzt)
- Phonemdiskrimination (kleinste bedeutungsunterscheidende Einheiten von Sprache

können nicht differenziert wahrgenommen werden, z. B. Guss-Kuss)
- die Hörmerkspanne (Geräusche, Klänge, Ziffernreihen, Wörter, Sätze und Geschichten können nach kurzer Zeit nicht mehr erinnert werden)
- das Sprachverständnis (insbesondere in Situationen mit Hintergrundgeräuschen, vergleichbar einer ▸ Sprachauffälligkeit, sog. Cocktail-Party-Effekt).
- das Sprachverstehen (die kommunikative Absicht der sprechenden Person wird nicht erkannt)

Defizite in der auditiven Informationsverarbeitung sind ein Risiko für **Sprachentwicklungsstörungen (SES)**. Auch drohen kognitive Minderleistungen, da eine gute Wahrnehmungsfähigkeit eine Voraussetzung für kognitive Leistungen ist. Es soll Zusammenhänge zur ▸ Lese-Rechtschreibschwäche (LRS) und ▸ Dyskalkulie geben.

Ursachen und Förderung

Ursächlich werden Zusammenhänge zu folgenden Faktoren hergestellt:

- genetische Einflüsse
- prä-, peri- und postnatale Schädigungen (Sauerstoffmangel, Kreislaufschock, Nährstoffmangel)
- pränataler Nikotin-, Alkohol-, Medikamenten- und/oder Drogenmissbrauch der Mutter
- Frühgeburtlichkeit
- psychosozial ungünstige Lernbedingungen
- rezidivierende Mittelohrentzündungen im Säuglings-/Kleinkindalter bzw. andere Schädigungen der Hörbahn

Die betroffenen Kinder werden sprachheilpädagogisch gefördert. Bis zur vollständigen Ausreifung der Hörbahn wird gezielt an der Verbesserung der Funktion gearbeitet. Anschließend steht eine Kompensation im Mittelpunkt der sonderpädagogischen Arbeit.

Da Förderzentren mit dem Schwerpunkt Sprache sich als Durchgangsschulen verstehen (d. h. nach der erfolgreichen Förderung erfolgt eine Rückführung in die Regelschule) wird die Förderung von älteren Schulpflichtigen zum Teil (mangels vorhandener Gruppen) durch Förderzentren mit dem Schwerpunkt Hören übernommen[1].

5.3 Auswirkungen auf den Unterricht

Für den Hörgeschädigten entsteht die Notwendigkeit der **Kompensation**, z. B. durch das Ablesen der Sprache vom Mund. Jedoch sind lediglich ca. ein Drittel der Wörter eindeutig vom Mundbereich ablesbar. Äußere Bedingungen wie Gegenlicht oder Bart des Gesprächspartners erschweren dies zusätzlich. Elektroakustische Hörhilfen kompensieren in der Regel nicht vollständig die Höreinschränkungen. Je stärker die Hörschädigung ist, desto mehr müssen alle an einer gelungenen Kommunikation mitarbeiten.

Erhebliche Kommunikationsschwierigkeiten gibt es bei **Gehörlosen**. In den Bundesländern gibt es hierzu unterschiedliche Konzepte:

- Man kann Gehörlose an Schwerpunktschulen zusammenfassen und dort vollständig in der Gebärdensprache kommunizieren.
- Alternativ können Gehörlose integrativ beschult werden und haben ständig einen Dolmetscher bzw. Gehörlosenlehrer an ihrer Seite.

Die einfachste Lösung – alle Lehrer unterrichten gleichzeitig in der Lautsprache und in der Gebärdensprache – ist nicht realisierbar. Das Erlernen der Gebärdensprache ist sehr aufwendig, man lernt eine vollständig neue Sprache.

Nicht alle Gehörlosen beherrschen die anspruchsvolle deutsche Gebärdensprache vollständig.

1 Förderzentren Sprache bzw. Hören: In Bundesländern mit geringer Bevölkerungsdichte gibt es z. T. nur gebündelte Förderzentren.

Eine internationale Kommunikation ist nur eingeschränkt möglich, da die Gebärdensprachen in den verschiedenen Ländern unterschiedlich sind.

Hörbehinderungen können im **Zusammenhang mit anderen Behinderungen** auftreten (z. B. Körperbehinderungen, Sinnesschäden, Verhaltensstörungen, neurologische Störungen, kognitive und sprachliche Minderleistungen).

Sprachliche Minderleistungen zeigen sich in Mangel- und Ausfallerscheinungen vorwiegend im aktiven und passiven Wortschatz, in Grammatik und Rechtschreibung. Die Sprachäußerungen können Störungen in der Artikulation und im Sprechtempo aufweisen. Die Abweichungen von den normalen Sprechmustern werden oftmals durch eine eher monoton-künstlich klingende Stimme verstärkt.

Störungen der kognitiven Entwicklung können wegen der eingeschränkten Wahrnehmungsmöglichkeiten verzeichnet werden.

Die soziale Entwicklung wird auch vom Verhalten bzw. der Einstellung der Mitschüler beeinflusst. Das allgemeine Lern- und Leistungsverhalten, der eigene Wille des Hörgeschädigten sind für das Ausmaß der Auswirkungen ebenso von großer Bedeutung.

5.4 Berufliche Eingliederung

Bei Hörschädigungen entsprechen die individuellen Ausprägungen der Kognition und der Emotion der Vielfalt menschlicher Leistungs- und Verhaltensweisen. Es sind daher **alle Schulabschlüsse möglich**.

Je nach Ausprägung der Hörschädigung sind kaufmännische Berufe mit ihren großen kommunikativen Anteilen eher zu meiden. Berufe im gewerblich-technischen Bereich sind möglich.

Die Hürde der Berufsabschlussprüfung kann im Rahmen des ▸ Nachteilsausgleichs mithilfe von „textoptimierten Prüfungsaufgaben“ (s. u. Literaturtipp) leichter überwunden werden.

Beim Eintritt in das **Berufsleben** verändert sich die auf hörgeschädigtenspezifische Bedürfnisse ausgerichtete Lebenssituation gravierend. Die Jugendlichen werden mit hohen fachlich-theoretischen, mit physischen und praktischen Anforderungen sowie erhöhtem Zeitdruck und Belastungen konfrontiert. Die Übernahme der eigenen Berufsrolle, also der im Berufsleben erwarteten Verhaltensweisen und der oftmals nur informellen Normen im betrieblichen System, kann dabei insbesondere Gehörlosen erhebliche Schwierigkeiten bereiten. Die Kontaktaufnahme des hörenden Umfelds ist häufig von ungeklärten Vorstellungen und Erwartungen, vor allem aber durch die **wechselseitige Unsicherheit** über ein angemessenes, tragfähiges Kommunikationsmittel gekennzeichnet. Im Berufsleben bemühen Hörgeschädigte sich oft, nicht allzu sehr aufzufallen, sich dem hörenden Umfeld anzupassen und Anerkennung über ihre berufliche Leistung zu erhalten. Diese Leistungsorientierung und die Anstrengungen für eine befriedigende Verständigung können leicht zu einer Situation der Überforderung führen. Vom permanenten Informationsfluss und der ständigen Interaktion sind Hörgeschädigte in der Regel mehr oder weniger stark ausgeschlossen, sie müssen häufig nachfragen, um Hilfe und Erklärungen bitten; das Verständnis und die Rücksichtnahme der Hörenden sind aufgrund der Unsichtbarkeit der Behinderung nicht dauerhaft gewährleistet. Es kommt nahezu zwangsläufig zu wechselseitigen Missdeutungen sprachlicher Äußerungen, aber auch von Verhaltensweisen. Diese Missverständnisse sind allerdings nicht ohne Weiteres aufzulösen.

Die Vorbereitung hörgeschädigter Jugendlicher auf das Berufsleben sollte vor allem die Vermittlung von berufsrelevanten Normen und Verhaltensmustern (auch in Konfliktsituationen) sowie von realistischen Erwartungen an die hörenden Mitschüler, Lehrer, Ausbilder und Kollegen umfassen.

5.5 Methodische Hinweise für den Unterricht

Äußere Organisation

- Mit Gehörlosen ist in der Regel eine hinreichende Kommunikation im integrativen Unterricht nur unter Mithilfe eines **Gebärdendolmetschers** oder (besser) eines ausgebildeten Gehörlosenlehrers möglich. Fordern Sie diese Unterstützung ein (▸ Nachteilsausgleich)! Sorgen Sie dafür, dass der Gehörlosenlehrer optimal mit allen Informationen über Ihren Unterricht versorgt wird (Unterrichtsverlaufsplanung, Tafelbild, Arbeitsblätter, Lösungen). Bei der Zensurenbildung sprechen Sie sich mit dem Gehörlosenlehrer ab; die endgültige Festlegung treffen ausschließlich Sie.

- Bei Verwendung einer **Mikroportanlage** (siehe Abbildung) trägt der Lehrer ein Mikrofon (Sender), der Schüler einen Empfänger: Die Äußerungen der Mitschüler werden nicht entsprechend übertragen (Abschalten bei Gruppenarbeit oder Stillarbeit möglich). Bei mehreren Hörgeschädigten mit Mikroportanlagen können die Übertragungsfrequenzen abgeglichen werden, der Lehrer muss dann nur einen Sender tragen. Auch mit Mikroportanlage wird der Schwerhörige nicht zum Normalhörenden. Bei Partnerarbeitsphasen ist darauf zu achten, dass das Mikrofon vom Lehrer an den entsprechenden Schüler weitergereicht wird.

- **Ein Teppichboden** im Klassenraum ist für Schwerhörige dringend erforderlich (▸ Nachteilsausgleich). Nebengeräusche werden wirksam verringert und dies ermöglicht dem Hörgeschädigten, die verstärkten Geräusche aus dem Hörgerät ohne Störschall zu nutzen.

Eine umfangreiche Informationsplattform zu allen Themen der beruflichen Orientierung, zum Leben und Lernen von Gehörlosen für Gehörlose findet sich im Internet unter www.vibelle.de.

Innere Organisation

Unterrichtsplanung

- Unterrichten Sie so, dass der Schwerhörige sowohl Ihr Gesicht als auch das der meisten Mitschüler sehen kann (Sitzordnung im Halbkreis, bei Sitzordnung L ein Platz im Mittelpunkt, Schwerhöriger mit Rücken zum Fenster, Licht einschalten).
- Vor jeder neuen Unterrichtseinheit sollten die wichtigsten Punkte der vorangegangenen zusammengefasst/wiederholt werden.
- Bei der Einführung von neuen Begriffen/Fachwörtern/Fremdwörtern sehr genau darauf achten, dass der Schwerhörige die vollständige Bedeutung erfasst hat.
- Schlüsselbegriffe des Unterrichtsthemas sind gut sichtbar anzuschreiben.
- Am Ende eines Unterrichtsgesprächs sind die wichtigsten Punkte zusammenzufassen.
- W-Fragen (wer, wie, wo, was, wann, warum) sind gut verständlich.
- Das Aufnehmen von Gesprochenem erfordert eine höhere Konzentration und Sinnestätigkeit als für den Normalhörenden: Erholungszeiten einplanen, z. B. in Form von schriftlichen Aufgaben oder Tafelabschrieben.

Praxistipp

Wenn Sie für die Betreuung von Gehörlosen einen Ambulanzlehrer haben, sollten Sie die Zusammenarbeit aktiv gestalten: Stundenverlauf, Materialien und Lösungen sind dem Gebärdensprachlehrer vor dem Unterricht auszuhändigen. Sie sollten ihn möglichst gut über die geplante Stunde informieren. Der Gehörlose kann nur zusammen mit dem Dolmetscher in den Klassenverband integriert werden, was Sie organisatorisch unterstützen können: Im Verlauf von Arbeitsphasen kann sich der Gebärdensprachlehrer vom Gehörlosen zeitweise räumlich trennen, sich mit Ihnen absprechen oder einem anderen Schüler über die Schulter sehen. Bei den normalhörenden Schülern soll nicht der Eindruck entstehen, dass zwei Fremde in der Klasse sitzen, die sich in einer geheimen Sprache verständigen.

Medieneinsatz

- Sollen die Schüler während des Unterrichts ein Lehrbuch öffnen, gibt es fast immer etwas Unruhe und der Schwerhörige kann die Seitenzahl nicht verstehen. Schreiben Sie diese immer an die Tafel. Dies gilt auch für Hausaufgaben, Termine von Klassenarbeiten.
- Ein stichwortartiger Anschrieb des geplanten Unterrichtsablaufs erleichtert die Orientierung und das Lernen. Eventuell eine Kopie des Unterrichtsentwurfs für den Schwerhörigen austeilen.
- Beim Abfragen (Wiederholung) von Unterrichtsstoff hat der Schwerhörige eine bessere Chance unter gleichen Bedingungen wie seine Mitschüler mitarbeiten zu können, wenn die jeweilige Frage schriftlich gestellt wird. Benutzen Sie hierfür einen Overheadprojektor/eine interaktive Tafel und decken Sie jeweils nur eine der Fragen auf. So bleiben die wesentlichen Elemente einer mündlichen Wiederholung erhalten.
- Geben Sie möglichst viele Informationen auch als schriftliche Unterlagen.
- Auditive Medien sind zu meiden, visuelle Medien sind von Vorteil.
- Wenn Sie einen Film zeigen, ist es hilfreich, vorher schriftliche Informationen zum Inhalt auszuhändigen. Beachte: Der Schwerhörige kann nicht von den Lippen ablesen, wenn der Raum abgedunkelt wird.
- Bei komplizierten Erklärungen oder Mitteilungen stellen Bilder, Zeichnungen, selbst gefertigte Skizzen eine gute Verständigungshilfe dar.
- Ein besonderes Problem ist das Verständnis von Prüfungsfragen, weil der Sprachgebrauch darin von der Alltagssprache sehr abweichen kann.

Literaturtipp

Hilfreich ist hier die Handreichung „Textoptimierung von Prüfungsaufgaben" von Frau Schlenker-Schulte und Frau Wagner von der Universität Halle-Wittenberg (erhältlich zum Download unter www.fst.uni-halle.de). Es werden darin kurze, klare Vorgaben auf Satz-, Text - und Wortebene gemacht, die eigentlich speziell für Gehörlose entwickelt wurden, jedoch allen Schülern das Verständnis erleichtern.

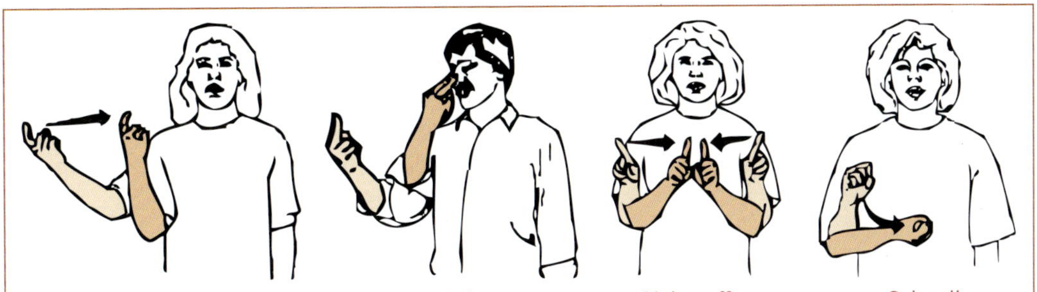

Auszüge aus deutscher Gebärdensprache

Kommunikation

- Bei integrativer bzw. inklusiver Beschulung von Gehörlosen ist eine gewisse Annäherung der Lerngruppe an die Gebärdensprache hilfreich: Die Kommunikationsproblematik des Gehörlosen wird erläutert und mit Unterstützung des Gehörlosenlehrers werden häufige Gebärden gelernt. Der Sportlehrer sollte einige besonders sicherheitsrelevante Aufforderungen als Gebärde beherrschen (▸ Beispiele).

Lehrer-Schüler-Kommunikation

- Treten Sie aus der Gruppe heraus, damit sich der Hörgeschädigte leichter auf den Lehrer konzentrieren kann.
- Das natürliche bzw. künstliche Licht sollte Ihr Gesicht gut beleuchten. In die Richtung des Hörgeschädigten schauen.
- Die Themenangabe zu Beginn eines Gesprächs ist eine Verständigungshilfe.
- Halten Sie Blickkontakt beim Sprechen. Unterbrechen Sie Ihren Vortrag, wenn Sie etwas an die Tafel schreiben.
- Unterrichten Sie so, dass der Schwerhörige sowohl Ihr Gesicht als auch das der meisten Mitschüler sehen kann (Sitzordnung im Halbkreis, bei Sitzordnung L Platz im Mittelpunkt).
- Das Ablesen vom Mund wird erleichtert, wenn Sie beim Sprechen am Platz sitzen/stehen bleiben – zumindest sollte ständiges Gehen im Klassenraum von Ihnen eingeschränkt werden.
- Beim Vorlesen eines Textes darf der Mund nicht verdeckt werden (z. B. durch Buch, Zeitschrift, Spiegel des Overheadprojektors).
- Der Schwerhörige sollte nicht so dicht vor Ihnen sitzen, dass er aufblicken muss, um Ihr Gesicht sehen zu können.
- Sprechen Sie etwas langsamer und deutlicher als sonst, ein sehr langsames Sprechen überfordert jedoch die Merkfähigkeit. Schreien Sie nicht und überartikulieren Sie nicht (übertriebene Mundbewegungen). Nutzen Sie Ihre natürliche Körpersprache, um Erklärungen/Anweisungen zu akzentuieren.
- Die Melodieführung des Sprechens kann nicht so gut erfasst werden. Zur leichteren Unterscheidung zwischen Mitteilung und Frage sind Mimik und Gestik mit einzubeziehen.
- Vermeiden Sie, nur einzelne Wörter oder unvollständige Sätze zu sprechen. Dies gilt besonders für Wörter, die gleich klingen oder ein ähnliches Mundbild aufweisen – isoliert gesprochen sind sie schwer verständlich. Man sollte einfache Wörter benutzen und kurze Sätze bilden.
- Erinnern Sie den Schwerhörigen, sich sofort zu melden, wenn er etwas nicht verstanden hat. Wiederholen Sie dann Ihre Aussage oder die eines Mitschülers in einem im Wortlaut leicht veränderten, aber kurzen Satz.
- Stellen Sie dem Schwerhörigen von Zeit zu Zeit Verständnisfragen und lassen Sie ihn wichtige Informationen wiederholen, um sicherzustellen, dass er dem Unterricht folgen kann bzw. alles gehört und verstanden hat. Vermeiden Sie, zu viel Aufmerksamkeit der übrigen Klasse darauf zu lenken.
- Die Geräuschkulisse sollte im Klassenraum möglichst gering sein: Straßengeräusche, Brummen des Overheadprojektors, Beamers?
- Eventuell kann ein Zeichen zur Kontaktaufnahme/Konzentration vereinbart werden (Handwinken, Tischklopfen, Wollknäuel werfen).

Schüler-Schüler-Lehrer-Kommunikation

- Die insgesamt verlangsamte Kommunikation erfordert von allen Seiten Mut und Rücksichtnahme – eine soziale Leistung von höchstem Wert. Der Lehrer hat hier Vorbildfunktion!

> **Praxistipp**
>
> Ein Hörgeschädigter, der Ihnen durch eine undeutliche Aussprache auffällt, ist so stark eingeschränkt, dass er besondere Unterstützung braucht, um im Unterricht alles zu verstehen. Glauben Sie ihm nicht, wenn er auf Ihre Nachfrage freundlich nickt. „Bohren" Sie tiefer, sonst entstehen schnell Wissenslücken. Erläutern Sie dem Schüler den Grund für Ihre häufigen Kontrollfragen.

- Beim Gespräch in der Gruppe (= schwierige Situation) sollte der Hörgeschädigte so platziert werden, dass er dem jeweiligen Sprecher gut vom Mund ablesen kann. Ideal: das frontal moderierte schülerzentrierte Unterrichtsgespräch (Sitzordnung im Halbkreis).
- Wenn ein Mitschüler zu sprechen beginnt, weiß der Schwerhörige nicht gleich, wer spricht. Fordern Sie Beiträge durch direktes Ansprechen mit dem Namen, der Schwerhörige kann sich ihm zuwenden und eventuell teilweise von den Lippen ablesen.
- Sorgen Sie bei Diskussionen, in deren Verlauf thematisch von einem Punkt zum anderen gesprungen wird, für Gesprächsdisziplin. Es darf auch immer nur einer sprechen, der Schwerhörige kann sonst nicht folgen.

Kommunikation bei AVWS

Die Hinweise für eine Kommunikation bei AVWS bei Jugendlichen ähneln denen bei peripheren Hörstörungen. Im Zentrum stehen hier:

- Die Aufmerksamkeit sichern durch Blickkontakt und direkte Ansprache.
- Die Kommunikation erleichtern durch Mimik, Gestik, Betonung, Sprechweise (langsam, betont, deutlich), einfache gegliederte Satzstruktur, Versprachlichung gemäß der Abfolge der Handlung.
- Rückversicherung des Verstehens durch gezielte W-Fragen.

> **Praxistipp**
>
> Das sind viele methodische Hinweise, deren Sinn leicht nachvollzogen werden kann. Das Problem liegt in der Umsetzung: Niemand kann an alles gleichzeitig denken.
>
> Lesen Sie sich die methodischen Hinweise vor der Unterrichtsstunde erneut durch, wählen Sie einige Schwerpunkte und versuchen Sie, diese während der Stunde zu berücksichtigen. Vorschlag für Schwerpunkte:
>
> 1. Nicht mit dem Rücken zur Klasse sprechen.
> 2. Nicht zu langsam und überdeutlich sprechen, sodass es für die Mitschüler zur Qual wird. Vielleicht ist insgesamt etwas weniger sogar besser...?
> 3. Vor dem Sprechen Blickkontakt mit dem Hörgeschädigten herstellen.

Grundlagen waren

Bundesagentur für Arbeit: Online-Handbuch „Teilhabe durch berufliche Rehabilitation". Handbuch für Beratung, Förderung, Aus- und Weiterbildung. Nürnberg 2004

S. Tönnissen- Kaminsky: Psychosoziale Entwicklung Gehörloser in Ausbildung und Beruf. In: LVR (Hrsg.), Symposium Gehörlose im Arbeitsleben - Tagungsbericht. Schriften der Hauptfürsorgestelle, Band 9, Köln 1992

Dr. A. Deuse: Vortrag auf dem Bundeskongress für Sprachheilpädagogik, www.dgs-ev.de, Dortmund 2010

Erfahrungen des Kollegiums der Annedore-Leber-Oberschule, Berlin

Fachseminar „Sonderpädagogische Fachrichtungen" (Arbeitsergebnisse), Berlin

Fachkundige Beratung durch Frau A. Reinhardt, Ernst-Adolf-Eschke-Schule (Sonderpädagogisches Förderzentrum Hören), Berlin

www.rehadat.de

www.foerderschwerpunkt.de

www.vibelle.de

6

Förderschwerpunkt Sehen (Sehbehinderte und Blinde)

6 Förderschwerpunkt Sehen (Sehbehinderte und Blinde)

Die Grenze zwischen Blindheit und Sehbehinderung lässt sich nicht trennscharf definieren. Stark sehgeschädigte Jugendlichte, die in Schule, Ausbildung und Beruf auf entsprechende Blindentechniken angewiesen sind, gelten als blind, auch wenn sie noch über ein gewisses Sehvermögen verfügen. Ein sehr hoher Anteil blinder und hochgradig sehbehinderter junger Menschen ist mehrfachbehindert, mit zum Teil erheblichen Auswirkungen auf die Erreichung von Schulabschlüssen und die spätere berufliche Eingliederung.
Angesichts der Komplexität des Phänomens Blindheit ist eine äußerst differenzierte Vorgehensweise gefordert, die auf die jeweilige individuelle Situation abgestimmt ist.
(nach: Rath, S. 44)

6.1 Überblick

Das Spektrum der Betroffenen reicht von hoch leistungsfähigen blinden und hochgradig sehbehinderten Schülern und Studenten bis zu schwerstbehinderten jungen Menschen. Generell lässt sich sagen, dass jeder Fall von beeinträchtigtem Sehen spezifische Charakteristika aufweist, zum Beispiel in Bezug auf den Grad der Sehfunktionseinbuße, die Schädigung des Sehorgans oder die individuelle Anpassung an den Sehverlust.
Man kann 6 Teilfunktionen des Sehens unterscheiden:

- Sehschärfe in der Ferne
- Sehschärfe in der Nähe
- das Gesichtsfeld
- der Farbsinn
- der Lichtsinn
- das beidäugige Sehen

Hinzu kommt, dass in den meisten Fällen das **Sehvermögen instabil** ist. Die Betroffenen sind oft nicht in der Lage vorherzusagen, was sie in der nächsten Stunde, am nächsten Tag, in der nächsten Woche werden sehen können. Lichtwandel kann die Situation sogar von Minute zu Minute ändern. Darüber hinaus kann die Anpassung an die Sehherabsetzung durch zusätzliche Behinderungen und chronische Krankheiten ebenso variieren wie durch Persönlichkeitsmerkmale des einzelnen und dessen vielfältige Umweltbezüge.

Visus

Der Visus ist internationale Klassifikation für Sehschädigungen nach ICD. Er umfasst eine 5-stellige Skala des Sehschärfewertes: Der Wert 1 steht hier für normales Sehvermögen, der Wert 0 für Vollblindheit.

Der Messwert 1/50 (=0,02) bedeutet zum Beispiel, dass jemand ein Sehzeichen aus 1 Meter Entfernung erkennt, welches normalerweise aus einer Entfernung von 50 Metern zu sehen ist.

In Deutschland wird der Begriff Sehschädigung in 4 Bereiche unterteilt (die Werte gelten nach Korrektur durch optische Hilfsmittel):

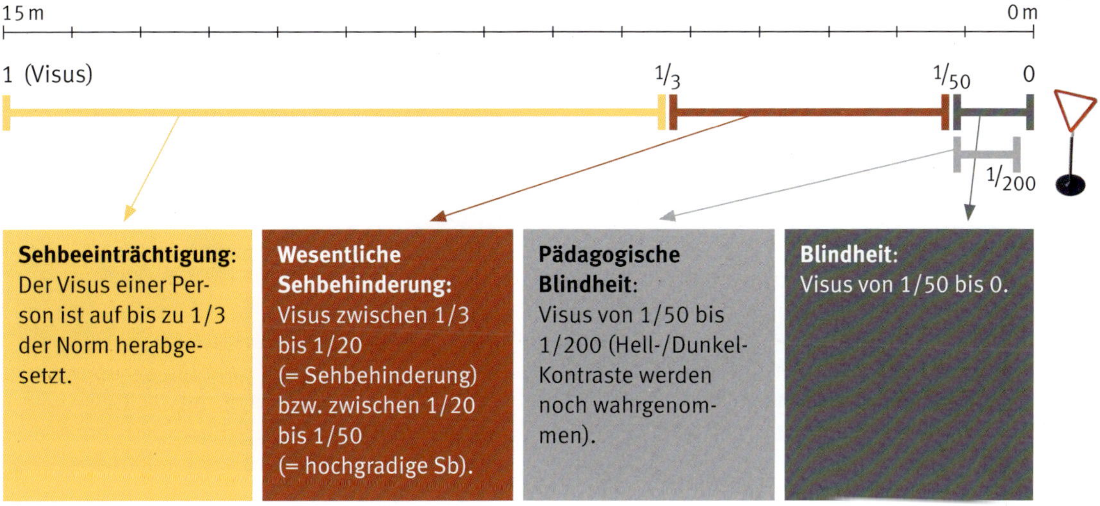

Diese Messwertangaben können im Einzelfall einen ersten Eindruck von der verbliebenen Sehfähigkeit eines Jugendlichen geben. Für eine Gesamtbeurteilung müssen allerdings weitere Beeinträchtigungen von Sehfunktionen berücksichtigt werden, z. B. Ausfälle des Gesichtsfelds, Störungen der Augenbeweglichkeit, des Licht- oder Farbsinns.

6.2 Berufliche Eingliederung

Die individuellen Ausprägungen der Kognition und der Emotionen entsprechen der Vielfalt menschlicher Leistungs- und Verhaltensweisen. Es sind daher innerhalb der Personengruppe grundsätzlich **alle Schulabschlüsse**, auch akademische Berufe erreichbar. Andererseits bringt eine Kombination mit anderen Behinderungen massive Einschränkungen mit sich, sodass auch ein Leben ohne Erwerbsarbeit Realität werden kann[1].

Unterstützung bieten die Integrationsfachdienste (IFD) im Auftrag der Bundesagentur für Arbeit und der Integrationsämter. Sie vermitteln schwerbehinderte Menschen auf den Arbeitsmarkt einschließlich einer nachgehenden und arbeitsbegleitenden Betreuung.

1 Siehe auch Kap. 4.5 Förderschwerpunkt geistige Entwicklung/Schwere Mehrfachbehinderungen

6.3 Auswirkungen auf den Unterricht

Eine Schule, die erstmals Sehgeschädigte oder Blinde aufnimmt, sollte überlegen, welche Unterstützung sie bei der Orientierung auf dem Schulgelände bieten kann. Ein weiterer Gesichtspunkt ist der Aufenthalt im Schulgebäude ohne erhöhte Unfallgefahr für den Sehgeschädigten. Beispielsweise könnte sich das mittlere Drittel aller Schulflure durch eine besondere Oberflächenbeschaffenheit auszeichnen, die auch durch die Schuhe hindurch erspürt werden kann. Dies gäbe dem Sehgeschädigten die Möglichkeit, sich sicher fortzubewegen, wenn gleichzeitig sichergestellt ist, dass hier niemand stehen bleibt, um sich zu unterhalten, und niemals Materialien abgestellt werden. Ein stark sehgeschädigter Schüler braucht an seiner neuen Schule Unterstützung bei der Orientierung und beim Schutz vor möglichen Nachstellungen anderer Schüler.

Während man bei Sehgeschädigten und Blinden visuelle Medien vermeidet und auditive Wahrnehmungen nutzt, ist es bei Hörgeschädigten genau umgekehrt. Es ist nahe liegend, Schüler so auf die Klassen zu verteilen (äußere Differenzierung), dass diese Kombination vermieden wird.

Da das Behinderungsbild individuell sehr unterschiedlich ist, sind auch die möglichen Auswirkungen auf den Unterricht unterschiedlich:

- Das Sehvermögen ist instabil, Lichtwandel kann die Situation von einer Minute zur anderen ändern. Einige sehen am besten im hellen Sonnenlicht, andere in der Dämmerung.
- Einige verhalten sich im Dunkeln wie Vollblinde, können aber bei bestimmter Beleuchtung kleingedruckte Schrift lesen.
- Häufige Blendempfindlichkeit, unabhängig vom Lichteinfall, kann irritieren und stören.
- Einschränkung durch sogenanntes Flintenrohrgesichtsfeld (Sehvermögen eingeschränkt auf eine kleine runde Fläche in der Mitte des Gesichtsfelds).
- Andere Gesichtsfeldeinschränkungen (z. B. Makula-Aplasie), diese können lateral (= seitlich) und zentral auftreten.

Flintenrohrgesichtsfeld

- Einschränkung durch Nystagmus (= Augenzittern, Person versucht dies durch Blinzeln und schnelle Kopfbewegungen zu kompensieren – sehr ermüdend). Die Erkrankung tritt meist in Kombination mit Gesichtsfeldeinschränkungen auf.
- Bestimmte Schädigungen können auffallende Verhaltensweisen verursachen, z. B. häufiges Blinzeln und Zusammenkneifen der Augen, ständige Schräghaltung des Kopfes, wiederholtes Stolpern, falsche Interpretation von Handlungen, Ereignissen, Gegenständen und Personen der Umwelt.
- Einbuße an Tiefensehschärfe oder Farbsinnstörungen:
  - Schätzen von Höhen, Größen und Entfernungen eingeschränkt.
  - Erkennen von Farben mit Signalwirkung eingeschränkt.

Auswirkungen im sozial-emotionalen Bereich:

- Nichtbehinderte sind unsicher bei der Beurteilung der Leistungsfähigkeit Sehbehinderter (Unterforderung/Überforderung).
- Gegenseitige Unsicherheiten in Bezug auf Kommunikationsabsichten und Kommunikationsfähigkeiten.
- Das Benutzen auffälliger Sehhilfen und als entstellend empfundene sichtbare Augenschädigungen können die Entwicklung des Selbstwertgefühls ungünstig beeinflussen.

6.4 Methodische Hinweise für den Unterricht

Die verbliebenen Sinne sollten in Anspruch genommen werden und das vorhandene Sehvermögen ist möglichst zu nutzen. Die weitgehende Beschränkung auf taktile und auditive Wahrnehmung führt eventuell zu unzureichenden Vorstellungen von realen Begriffen. Die Forderung lautet also: **Solide Begriffsbildung statt Worthülsen** (z. B. kann die falsche Vorstellung bestehen, dass Flüsse sich aus dem Meer ergießen und geschlossene Fenster die Sicht nach draußen verhindern).

- Der Ausfall bzw. die Einschränkung der mimischen und gestischen Kommunikation muss Berücksichtigung finden – z. B. durch deutliche sprachliche Modulation.
- Ein effektiver Einsatz von Medien muss individuell sichergestellt werden. Hilfreich sind hier besonders digitale Kommunikationsmittel. Mithilfe einer sogenannten Braillezeile am Computer (siehe Abbildung) als Tastaturergänzung und entsprechender Software können Sehgeschädigte und Blinde die auf dem Bildschirm vorhandenen Informationen mit den Fingern in Blindenschrift ertasten. Ein Kameralesegerät ermöglicht dem Schüler die vergrößerte Darstellung von Einzelheiten.

- In den meisten Fällen gelingt einem geübten Menschen mit Sehbehinderung oder Blindheit das Recherchieren von Informationen im Internet – das Vorhandensein aller benötigten Hilfsmittel vorausgesetzt – fast ebenso schnell wie einem Menschen ohne Sehbeeinträchtigung. Ein Vorteil beim Kommunizieren im Internet ist, dass Sehgeschädigte häufig gute Sprachleistungen aufweisen, da sie auf die kompensatorische Funktion der Sprache angewiesen sind. Der Empfänger kann die Texte seinen besonderen Bedürfnissen anpassen (Verkleinerung, Vergrößerung, Sprachausgabe). Außerdem bietet das Internet eine gleichberechtigte Kommunikationsebene, in der blinde, sehbehinderte und sehende Menschen Informationen austauschen können. Die Sehschädigung wird vom Kommunikationspartner nicht zwangsläufig erkannt.

Unterricht mit Sehbehinderten

- Auf viel Licht am Arbeitsplatz achten.
- A4-Kopien auf A3 vergrößern. Ausnahme: Verkleinerung des Formats bei Flintenrohrgesichtsfeld.
- Eine Mindestschriftgröße bei Schrift von 14 Punkt, besser 16 Punkt verwenden, bei Bedarf auch noch größer (nicht bei Flintenrohrgesichtsfeld).
- Texte im Querformat bieten bei vergrößerter Schrift eine bessere Übersicht.
- Serifenfreie Schriften verwenden, z. B. Arial. Hervorheben durch Fettschrift.
- Auf eine Formatierung des Textes verzichten.
- Arbeits- und Informationsblätter kurz und knapp halten.
- Sorgen Sie für eine Verstärkung der Kontraste und eine verstärkte Sättigung der Farben, wenn möglich.
- Eine Reduktion bzw. wahlweise Erhöhung der Leuchtdichte kann durch Einsatz von Leselampen erreicht werden.
- Den Schüler so platzieren, dass auf Tisch und Tafel keine Schatten fallen.

Unterricht mit Blinden

- Wegen des unterschiedlichen Vorwissens muss zwischen geburtsblinden und später erblindeten Schülern unterschieden werden.
- Textinhalte auf das Wesentliche reduzieren, denn zu lange Texte werden wegen Informationsüberlastung nicht effizient aufgenommen.
- Blinde Schüler brauchen mehr Zeit zum Lesen (der Blindenschrift) als Sehende, auch wenn sie geübt sind. Als Faustregel gilt: Klassenarbeit von 90 Minuten + eine Extrazeit von 30 Minuten = 120 Minuten für Sehbehinderte und blinde Schüler, bei Bedarf sogar bis zu 50 %.
- Arbeitsblätter und Infoblätter sind so zu gestalten, dass linksbündig geschrieben wird, Einrahmungen weglassen.
- Auf Einrückungen im Text mit Hinführungspunkten hinweisen.
- Tabellen sind ungeeignet, es ist sehr schwer für Blinde, sich im „Matrix-Lesen" zurechtzufinden. Besser die Inhalte in Zeilen aneinanderreihen.
- Visuelle Darstellungen (z. B. Karikaturen) sind nicht immer sinnvoll, denn sie zu beschreiben braucht viel Zeit.
- Beispiele sind aus dem täglichen Erleben der Blinden zu wählen: Zwar ist der Begriff „Fahrrad" etwas Normales und für jeden Sehenden konkret vorstellbar - ein Blinder kann jedoch nicht selbstständig Fahrrad fahren, so ist für ihn der Begriff häufig nur eine leere Worthülse. Es wäre besser, als Beispiel das erlebbare „Handy" zu wählen.
- Strukturbilder wie Prüfschemata sind für einen Blinden in Text nur schwer zu übersetzen.
- Nicht alles in Text umsetzen, denn es ist ermüdend für den Schüler. Auch Blinde brauchen einen Methodenmix!
- Der Einsatz von Hörbüchern auf Tonträgern ist häufig günstig.
- Fachbücher können von einem „Sehenden" auf Tonträger gesprochen werden.
- Taktile Strukturbilder realisieren eine hohe Informationsdichte (leider aufwändig herzustellen).
- Hausaufgaben und Arbeitsblätter, Übersichten können dem Schüler digitalisiert auf einem Speichermedium mitgegeben werden.
- Die Zusammenarbeit mit dem Ambulanzlehrer nutzen.

Grundlagen waren

W. Rath: Blindheit. In: Teilhabe durch berufliche Rehabilitation. Handbuch für Beratung, Förderung, Aus- und Weiterbildung. Bundesagentur für Arbeit. Nürnberg 2002

Th. Schofer: Internet für Sehgeschädigte. In: Sonderpädagogik in Berlin, VDS Verband Sonderpädagogik Landesverband Berlin e.V. www.vds-in-berlin.de, Heft 1/2004

Behinderungskompensierende Techniken und Technologien für Computer und Internet www.barrierefrei-kommunizieren.de (Stand 20.09.2010)

Fachseminar „Sonderpädagogische Fachrichtungen" (Arbeitsergebnisse), Berlin

www.rehadat.de

www.foerderschwerpunkt.de

7

Förderschwerpunkt Sprache (Sprachbehinderungen)

7 Förderschwerpunkt Sprache (Sprachbehinderungen)

Die Sprache ist ein überindividuelles, konventionalisiertes Symbolsystem, das kultur- und sozialhistorisch bedingt ist und sich in verschiedenen Zeichengestalten realisiert. Sprache dient folgenden unterschiedlichen Zwecken und entsprechend komplex können sich Störungen auf das Individuum auswirken:

- kommunikative Funktion (Verständigung)
- bildende Funktion (Kultur)
- kognitive Funktion (Denkstruktur)
- regulative Funktion (Handlungssteuerung)
- persönlichkeitsbildende Funktion (Identitätsfindung)

7.1 Überblick

Über 90 % der leichten Sprachstörungen und der schweren Sprachbehinderungen treten bei Kindern im Alter von **4–10 Jahren** auf. Zumeist handelt es sich um Störungen der Sprachentwicklung mit den Hauptsymptomen Stammeln und Dysgrammatismus. Die meisten dieser Störungsbilder können bis zur Pubertät abgebaut werden. Soweit es sich um länger dauernde oder bleibende (Sprach-)Behinderungen handelt, werden diese häufig im Rahmen übergreifender Störungsbilder beobachtet.

Sprachgestörte Kinder besuchen je nach Störungsgrad allgemeine Schulen oder spezielle Schulen für Sprachbehinderte/**Sprachheilschulen**. In die Sprachheilschule werden von der ursprünglichen Konzeption her ausschließlich Kinder aufgenommen, die bei intaktem Gehör und bei normaler oder leicht herabgesetzter Intelligenz aufgrund ihrer sprachlichen Beeinträchtigung dem Bildungsgang der allgemeinen Schule nicht ausreichend zu folgen vermögen, und wenn zusätzliche ambulante Maßnahmen infolge der Komplexität der Störungsphänomene nicht ausreichen, um einen Abbau der Störung zu bewirken. Die Schule für Sprachbehinderte/Sprachheilschule ist dabei prinzipiell als Durchgangsschule mit der erklärten Aufgabenstellung der Um- und Rückschulung und der damit verbundenen Ausrichtung am Lehrplan der allgemeinen Schulen konzipiert. Damit liegt der **Schwerpunkt im Grundschulbereich**. Die meisten Schulen für Sprachbehinderte werden dementsprechend auch nur bis zur 4. beziehungsweise bis zur 6. Klasse geführt.

Da diese Schule ihre Schüler so rasch wie möglich in die allgemeine Schule abgibt, nimmt die Klassenstärke nach oben ab und es ändert sich die Schülerschaft in den oberen Klassen. Während beim Schuleintritt Störungen der Sprachentwicklung überproportional häufig vertreten sind, steigt mit zunehmender Klassenstufe der Anteil an zentralorganisch geschädigten und stotternden Kindern. In den letzten Jahren werden vermehrt Kinder mit komplexen Sprachentwicklungsstörungen aufgenommen, die neben umfassenden Störungen auf mehreren Sprachebenen auch Beeinträchtigungen des Lern- und Sozialverhaltens aufweisen.

7.2 Klassifizierung von Sprachstörungen

Die Zuordnung versteht sich als Strukturierungshilfe, Überschneidungen sind möglich. Beeinträchtigungen der Sprache umfassen eine Vielzahl von Störungen, wobei eine oder mehrere Funktion(en) des Sprachverständnisses oder des Sprachgebrauchs betroffen sein können. Ebenso breit gestreut ist der Schweregrad, der von leichten Lautbildungsstörungen (insbesondere der S-Bildung) bis zu schwersten zentralorganischen Sprachstörungen reichen kann. Dabei bestehen fließende Übergänge zu anderen Behinderungsformen, vor allem zu ▸ Lernstörungen und ▸ Verhaltensstörungen. Weiterhin können Sprachstörungen im Zusammenhang mit ▸ Körperbehinderungen (z. B. Dysartrophonien) und als Sekundärfolge von Hörschäden auftreten. Weiterhin sind vermehrt Störungen des Lesens und Schreibens bei komplexen Sprachentwicklungsstörungen zu beobachten (sogenannte ▸ Teilleistungsstörungen, siehe Kapitel 9), die bis ins Erwachsenenalter hineinreichen und zum Analphabetismus führen können.

Störungen der Sprachentwicklung

■ Störungen der Laut- und Schriftsprache führen zu Störungen der Grammatik (Dysgrammatismus; dys [griech.] = miss-).

■ Unvollständig oder falsch gebildete Sätze mit falschen Wortbeugungen und Wortstellungen im Satz, Infinitivsätze, Ein- und Zweiwortsätze [Beispiele: Rudi müde. Papa Schuhe kaufen. Das Tür mache ich zu. Umgebiegt.] In Verbindung mit einer Hörbehinderung kann audiogener Dysgrammatismus auftreten (= durch periphere Schwerhörigkeit verzögerte Sprachentwicklung, Symptome: entstellte Lautbildung).

■ Störungen nicht der Laut- aber der Schriftsprache. Entwickelt sich aus oben genannter Störung, betroffen sind vorwiegend Jugendliche.

■ Störungen der Begriffsbildung, reduzierter Wortschatz

Hauptsächlich handelt es sich um zeitlich begrenzte Störungsbilder im Vorschul- und Grundschulalter. Restsymptome gestörter Sprachentwicklung bei Jugendlichen sind meist Ausdruck eines komplexen Behinderungssyndroms, bei dem Störungen der Laut- und Schriftsprache im Zusammenhang mit kognitiven Funktionsschwächen auftreten.

Stimmstörungen (Dysphonien)

Stimmstörungen betreffen den stimmlichen Teil der Aussprache. Für Stimmstörungen sind Heiserkeit, eine geringe Belastbarkeit und begleitende Missempfindungen charakteristisch. Ursachen sind Wachstumsschübe, Infektionen, Lähmungen und Verletzungen des Kehlkopfes.

Redeflussstörungen (Dysphemie)

■ **Stottern:** Bedeutet unfreiwilliges Wiederholen von Wörtern und Wortteilen (Kloni), Verlängern von Lauten (Toni), Blockieren vor oder innerhalb eines Wortes, ist situations- und personenabhängig (= Regelkreis aus subjektivem Erleben und Umweltreaktion). Der Redefluss wird durch Verspannungen der Sprechmuskulatur unterbrochen. Sekundärsymptome: Anspannung, Mitbewegung der Gliedmaßen, Vermeidungsverhalten (Flüstern, Ausweichen „ich weiß nicht"), Frustration, Angst, Wut. Abgrenzung zu Stammeln: Stammeln ist eine Lautbildungsstörung und kein Stottern.

■ **Poltern:** Redeflussstörung mit überstürzter und unregelmäßiger Sprechweise einhergehend mit einer Beeinträchtigung der Verständlichkeit. In der gedanklichen Vorbereitung liegt die Störung, nicht im Sprechvorgang selbst. Symptome: Sprechtempo zu schnell und unregelmäßig. Das Sprechen ist unrhythmisch und mit Pausen, die nicht der Satzstruktur entsprechen. Artikulation verwaschen, Satzbau oft fehlerhaft (Silben, Wörter und Satzteile werden verschluckt oder verschmolzen), persönliche Einstellung desjenigen oft sorglos (der Polterer erlebt sich selbst nicht als sprachbehindert!). In der Schriftsprache finden sich oft ähnliche Auffälligkeiten.

■ **Sprechangst** (Logophobie): Psychisch bedingte Angst zu sprechen.

■ **Mutismus:** Psychisch bedingtes (zeitweiliges) freiwilliges Schweigen. Mögliche Ursachen: Milieuschädigungen, traumatisches Erlebnis (siehe Kapitel 10.3 Angststörungen, dort ▸ Mutismus)

Zentrale und organisch bedingte Störungen der Sprechfähigkeit

■ **Aphasien:** Zentrale Störung der Sprechfähigkeit bzw. des Verstehens der Sprache. Spracherwerb war schon abgeschlossen, Ursachen sind Schlaganfall, Unfall, Demenz.
Man unterscheidet:

Globale Aphasie.
Schwere Störung aller Teilfunktionen der Sprache, einschließlich der Schriftsprache.

Wernicke-Aphasie.
Flüssige Sprache mit geringem Kommunikationswert, Verstümmelung des Satzbaus, Telegrammstil, Paragrammitismus, Paraphrasien (Vertauschen, Verstümmeln von Wörtern).

Broca-Aphasie.
Nicht flüssige Sprache, Agrammatismus (Unvermögen, die einzelnen Wörter grammatisch richtig aneinanderzureihen), Wortfindungsstörungen.

Amnestische Aphasie.
Flüssige Sprache, Wortfindungsstörung (Erinnerungslücken).

Mischformen gibt es häufig. Begleiterscheinungen sind Störungen des Rechnens und Schreibens (LRS), gestörte Körperorientierung, durch zentrale Störungen verursachte Unfähigkeit, sinnvolle und zweckmäßige Bewegungen auszuführen (Spastik).

■ **Dysarthrophonie:** Störungen der Motorik. Ursachen sind Schädigungen des zentralen Nervensystems, meist durch Schlaganfall, Unfall, multiple Sklerose. Symptome: meist in Verbindung mit einer Spastik, geschwächter Atem, heisere/brüchige Stimme, Tonhöhenschwankungen, erhöhte Sprechstimme, Doppeltönigkeit, vermehrter Speichelfluss, Kau- und Schluckstörungen. Die Intelligenz ist nicht beeinträchtigt.

■ **Dysglossien**: Angeborene oder erworbene organische Veränderungen der peripheren Sprechorgane (z. B. Lähmungen, Lippen-Kiefer-Gaumenspalten).

7.3 Methodische Hinweise für den Unterricht

Als Lehrer sollte man ein gutes Sprechmodell bieten, klar und artikuliert sprechen.

Bei polternden Schülern

- Indirekte Maßnahmen: Für Ruhe und Gleichmaß in der Unterrichtsführung sorgen; Hast, Hektik und Unruhe möglichst ausblenden.
- Direkte Maßnahmen: Der Schüler soll handlungsgestützt sprechen, u. a. beim Entwickeln eines Tafelbildes oder einer Overheadfolie mit begleitendem Sprechen.
- Langsamer Sprechen: Der Schüler mit einer Poltersymptomatik ist zwar in der Lage, nach Aufforderung und bewusster Aufmerksamkeitskontrolle den Redebeitrag bei Wiederholung symptomfrei bzw. symptomärmer darzubieten. Der Lerngewinn ist jedoch gering – bei nächster Gelegenheit wird der Schüler wieder überhastet sprechen. Mittelfristig sollte man versuchen, den Jugendlichen und die Eltern von der Notwendigkeit einer Therapie zu überzeugen. Dies ist häufig schwierig, da der polternde Schüler seine Symptome kaum wahrnimmt und daher auch keine Motivation für eine Therapie entwickelt.

Bei stotternden Schülern

- Nicht den Stotterer zum richtigen Wiederholen zwingen.
- Stottern soll als eine Art des Sprechens akzeptiert werden, es kann nicht vollständig geheilt werden.
- Als Lehrer verständnisvoll auf den Schüler zugehen (Unter-vier-Augen-Gespräch) und signalisieren „in meinem Unterricht kann gestottert werden".
- Die Problematik des Schülers im Klassenverband darstellen (vorher mit ihm absprechen!). Dadurch wird das Stottern enttabuisiert und die Mitschüler werden einbezogen.
- Zuhören, was gesagt wird – nicht wie.
- Gelassen entgegentreten, kurz wiederholen, was der Schüler gesagt hat.
- Den Schüler aussprechen lassen: Der Betroffene will aussprechen, sonst entsteht beim nächsten Mal Zeitdruck und er denkt, er müsse sich beim Sprechen beeilen.
- Stotterer wollen keine Befreiung von mündlicher Beteiligung.
- Den Blickkontakt aufbauen, selber eine ruhige Stimme annehmen, ruhig sein und das auch ausstrahlen.
- Absprachen mit dem Schüler treffen (z. B. „ich nehme dich dreimal zu Beginn des Unterrichts dran, später nur, wenn du dich meldest"). Dadurch kann der Schüler sich entspannen und hat nicht ständig Angst, zum Sprechen aufgefordert zu werden. Also nicht in alphabetischer Reihenfolge o. Ä. aufrufen.
- Beim Stottern gibt es eine große Rezidivproblematik, d. h., die Symptome können sich auch nach erfolgreicher Therapie wieder verstärken, auch nach Jahren („der Alltag hat es mir genommen"). Wenn man dies bemerkt, vorsichtig fragend herausfinden, ob der Stotterer offen ist, darüber zu sprechen und sich in eine neue Therapie zu begeben. Therapiekosten werden von den Krankenkassen übernommen. Eine anerkannte Therapieform ist die sogenannte Bonner Stottertherapie, die sich auch speziell um Jugendliche und junge Erwachsene stationär kümmert (Kontakt: www.stottertherapie-bonn.de; LVR Klinik Bonn, Abt. Neurologie).

Grundlagen waren

Prof. Dr. M. Grohnfeldt: Sprachbehinderungen. In: Teilhabe durch berufliche Rehabilitation. Handbuch für Beratung, Förderung, Aus- und Weiterbildung. Bundesagentur für Arbeit. Nürnberg 2002

Deutsche Gesellschaft für Kinder- und Jugendpsychiatrie und Psychotherapie, Psychosomatik und Psychotherapie u.a (Hrsg.): Leitlinien zu Diagnostik und Therapie von psychischen Störungen im Säuglings-, Kindes- und Jugendalter. Köln 2007

Arbeitsergebnisse des XXIX. Kongresses der Deutschen Gesellschaft für Sprachheilpädagogik e.V., 2010

www.rehadat.de

www.foerderschwerpunkt.de

Fachseminar „Sonderpädagogische Fachrichtungen“ (Arbeitsergebnisse), Berlin

8

Förderschwerpunkt körperliche und motorische Entwicklung (Körperbehinderungen – Kb)

8 Förderschwerpunkt körperliche und motorische Entwicklung (Körperbehinderungen – Kb)

Bei Menschen mit körperlichen Behinderungen handelt es sich um eine sehr heterogene Gruppe. Körperbehinderung ist ein Sammelbegriff für die vielfältigen Erscheinungsformen und Schweregrade körperlicher Beeinträchtigungen, die sich aus Schädigungen des Stütz- und Bewegungsapparats und aus anderen inneren oder äußeren Schädigungen des Körpers und seiner Funktionen ergeben. Während die Leistungsfähigkeit der Körpermotorik in der Regel beeinträchtigt ist, entsprechen die individuellen Ausprägungen der Kognition und der Emotion der Vielfalt menschlicher Leistungs- und Verhaltensweisen. Es sind daher innerhalb der Personengruppe grundsätzlich alle Schulabschlüsse u. a. möglich. *(nach: Stadler, S. 131)*

8.1 Überblick

Ausgehend von der erschwerten motorischen Umwelterfahrung des Schülers kann auch die Lebensbewältigung subjektiv beeinträchtigt werden. Durch pädagogisch-therapeutische Maßnahmen ist aber eine optimale Entwicklung der individuellen Persönlichkeit erreichbar. Insoweit ist Körperbehinderung ein relativer Begriff. Aus pädagogisch-psychologischer Sicht kann die Bewegungseinschränkung als zentrales Merkmal einer Körperbehinderung unter den folgenden 4 Aspekten betrachtet werden.

■ **Psychomotorischer Aspekt:** Zusammenhang zwischen Körperbewegung, psychischem Erleben und Verhalten.

Es kann zu primären oder zu sekundären Einschränkungen der Bewegungsfunktionen kommen. Der Bau oder die Funktion des Bewegungsapparats kann gestört sein. Der Körper kann vollständig oder nur teilweise betroffen sein. Die Auswirkungen körperlicher Schädigungen auf die Psychomotorik hängen davon ab, inwieweit

- Aktivitäten und Leistungen beeinträchtigt sind,
- es Möglichkeiten zu selbstständiger Fortbewegung gibt (und von der Fähigkeit sensomotorischer Koordination),
- das äußere Erscheinungsbild als abweichend empfunden wird,
- es Möglichkeiten zur Kommunikation durch die Laut- und Körpersprache gibt,
- Ausgleichsmöglichkeiten durch Gehhilfen, Fahrzeuge und Hilfen bei der Kommunikation unterstützen,
- die Krankheit sich weiterentwickelt (Prognose).

Hinzu kommen Beeinträchtigungen, die sich aus Störungen der Urogenitalfunktionen oder durch zusätzliche Schädigungen sensorischer Funktionen in den Bereichen Sehen, Hören und Empfinden ergeben.

■ **Entwicklungspsychologischer Aspekt:** Zusammenhang zwischen körperlicher und geistiger Entwicklung sowie deren Beeinflussung durch Erziehung.

Körperliche Schädigungen wirken sich im Kindes- und Jugendalter auf die Persönlichkeitsentwicklung und das Lernen aus. Der Zeitpunkt des Eintritts der Schädigung beeinflusst die soziale und emotionale Entwicklung in entscheidender Weise, weil die ersten Lebensjahre grundlegend für die Persönlichkeitsentwicklung eines Kindes sind. Eltern reagieren in ihrem Pflege- und Erziehungsverhalten unterschiedlich, je nachdem, ob die Schädigung sofort erkennbar ist oder erst in der weiteren Entwicklung zutage tritt. Bei den einzelnen Schädigungen ist auch zu beachten, ob sie in ihrem Verlauf fortschreiten und sich der Zustand verschlimmert (etwa bei progressiver Muskeldystrophie), ob ein gesundes Kind befallen wird (etwa bei Tumorbildung) oder ob die Schädigung durch einen Unfall eintritt. Bei Schädigungen von Geburt an oder seit früher Kindheit scheint den Betroffenen die Akzeptanz der eigenen Behinderung weniger schwer zu fallen.

- **Neuropsychologischer Aspekt:** Beziehung zwischen Nervenprozessen und psychischen Strukturen.

Durch eine Schädigung des Gehirns können Hirnleistungen wie Wahrnehmen, Denken und Lernen gestört sein. Solche Störungen können auch in Verbindung mit einer Schädigung der Psychomotorik auftreten, so etwa bei frühkindlichen Hirnschädigungen in Form cerebraler Bewegungsstörungen. Bei traumatischen Hirnschädigungen treten neben motorischen und psychischen vor allem auch kognitive Störungen auf.

- **Sozialpsychologischer Aspekt:** Beziehung zwischen dem Betroffenen und der sozialen Umwelt.

Durch überwiegend negative Bewertung wird die körperliche Abweichung von Normen und Erwartungen oft erst zum Problem. Die Identitätsfindung beziehungsweise Wiederfindung eines Selbstkonzepts nach schweren Erkrankungen oder Unfällen mit bleibenden Schäden ist erheblich von äußeren Einflüssen bestimmt.

Berufliche Eingliederung

Selbst bei schwerster motorischer Schädigung sind akademische Berufe erreichbar. Andererseits bringen mehrfache Behinderungen massive Einschränkungen der Teilnahme an Arbeit und Beruf mit sich, sodass auch ein Leben ohne Erwerbsarbeit Realität werden kann[1]. Es gilt stets, eine Qualifizierung auf dem höchstmöglichen Niveau anzustreben, weil die tatsächliche Leistungsfähigkeit erst in der praktischen Erprobung zu beurteilen ist. Die **Integrationsfachdienste (IFD)** werden im Auftrag der Bundesagentur für Arbeit, der Integrationsämter oder der Rehabilitationsträger tätig. Sie übernehmen die Vermittlung schwerbehinderter Menschen auf den Arbeitsmarkt einschließlich einer nachgehenden und arbeitsbegleitenden Betreuung.

Hinweis:
Im Folgenden wird eine Unterteilung in 5 große Gruppen der körperlichen Behinderung vorgenommen, um anschließend jeweils spezifische Hinweise zum Unterricht zu geben:

8.2 Schädigungen des Zentralnervensystems

8.3 Schädigungen der Muskulatur und des Skelettsystems

8.4 Gliedmaßenfehlbildungen und Gliedmaßenverlust

8.5 Anfallsleiden (Epilepsien)

8.6 Chronische Krankheiten und Fehlfunktionen von Organen

1 Siehe auch Kap. 4.5 Förderschwerpunkt geistige Entwicklung/Schwere Mehrfachbehinderungen

8.2 Schädigungen des Zentralnervensystems

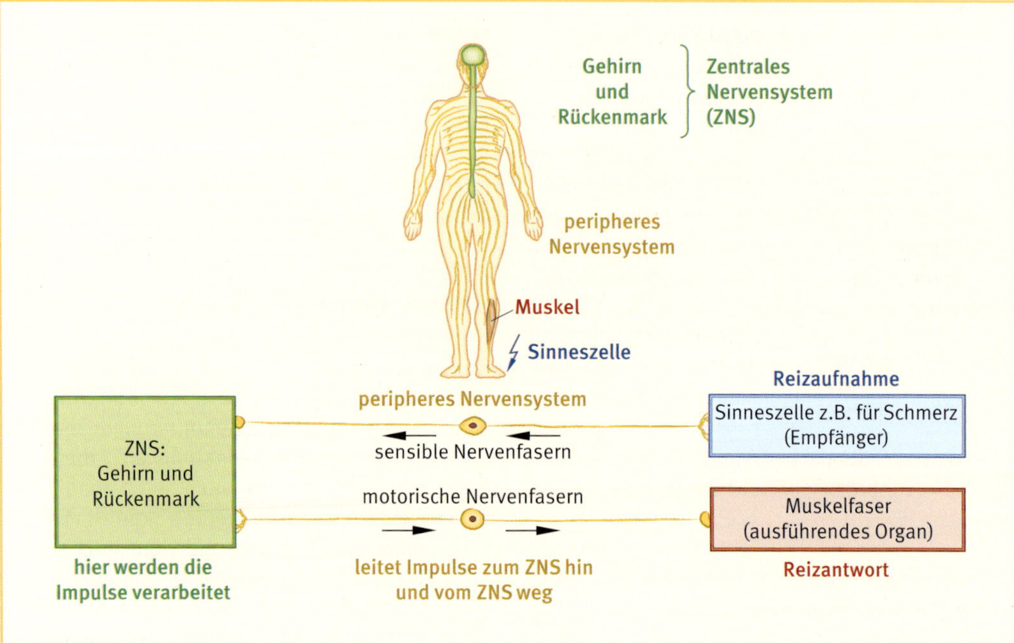

Hirnschädigungen: Eine Schädigung der zentralen bewegungssteuernden Systeme Gehirn und Rückenmark (= Zentralnervensystem – ZNS, siehe Abbildung) führt in der Regel zu Lähmungen. Die Bezeichnung Lähmung ist sehr allgemein; die Erscheinungsformen sind außerordentlich verschieden. Die größte Gruppe bilden die cerebralen Bewegungsstörungen. Sie können durch eine durch Geburt erlittene Hirnschädigung, aber auch durch ein Schädel-Hirn-Trauma infolge eines Unfalls auftreten. Je nach Ausmaß und Lokalisation der Hirnschädigung kommt es zu 4 Arten der Erscheinungen:

Art der Erscheinung	Häufigkeit
spastisch (verkrampft)	häufig
athetotisch (ausfahrend)	selten
ataktisch (unsicher und verzittert)	
hypoton (schlaff)	

Durch eine Schädigung des Gehirns können Hirnleistungen wie Wahrnehmen, Denken und Lernen gestört sein. Solche Störungen können auch in Verbindung mit einer Schädigung der Psychomotorik (siehe oben) auftreten, so etwa bei frühkindlichen Hirnschädigungen in Form cerebraler Bewegungsstörungen. Bei traumatischen Hirnschädigungen treten neben motorischen und psychischen vor allem auch kognitive Störungen auf.

Zu beachten sind die **Begleitsymptome** cerebraler Bewegungsstörungen, die hier nur kurz skizziert werden:

- **Sprachstörungen:** Mimik, Gestik und das Sprechen sind Ausdrucksformen der Sprache und setzen eine fein koordinierte Sprechmotorik voraus, die als Folge der Hirnschädigung möglicherweise stark beeinträchtigt ist. Neben einer auffallenden Mimik (ausdrucksloses Gesicht oder Grimassieren) kommt es zu Störungen des Redeflusses (abgehackte Sprache) und zu Störungen der Artikulation (Lautbildung, Aussprache, Tempo). Durch eine physiotherapeutische Behandlung und gezielte Sprachtherapie/Logopädie können Sprachstörungen wesentlich gemindert werden.

- **Hörstörungen** treten besonders im Kontext mit der Athetose auf (partielle Schwerhörigkeit) und müssen durch ein frühzeitiges Hörtraining bzw. eine Hörerziehung behandelt werden. Die Behandlung erfolgt meist im Zusammenhang mit der Sprachtherapie.
- **Sehstörungen**: Als Folge cerebraler Schädigungen kann es zu Beeinträchtigungen der Augenmuskulatur kommen. Beobachtet werden sowohl das Schielen (Strabismus), als auch das Augenzittern (Nystagmus).

Angeborene Fehlbildungen des Rückenmarks und der Wirbelsäule

■ **Spina bifida und Hydrocephalus:** Eine angeborene Schädigung des Rückenmarks führt zu dem als Spina bifida (= gespaltene Wirbelsäule, offener Rücken) bezeichneten Schadensbild, das bei etwa 75 % der Betroffenen mit einem Hydrocephalus verbunden ist. Der Hydrocephalus entsteht durch eine Störung in der Regulation des Gehirnwassers. Durch mangelnden Liquorabfluss bildet sich Überdruck im Gehirn; hierdurch kann sich die Schädeldecke verändern und damit der Kopfumfang vergrößern. Die verschiedenen Formen einer Spina bifida können vom Vorstülpen der Häute des Rückenmarks bis zum Austreten von Hirnwasser, zu unterschiedlicher Schädigung der Nervenstränge und Lähmungen führen. Je nach Lage im Brust-, Lenden- oder Kreuzbeinbereich kommt es zu den verschiedenen Auswirkungen einer Querschnittslähmung.

■ **Erworbene Schädigungen der Rückenmarksnerven:** Rückenmarksschäden treten gehäuft im Jugend- und jungen Erwachsenenalter nach Unfällen auf. Bei traumatischen Rückenmarksschäden ergeben sich – je nach Ausprägungsform – dreifache Lähmungen:

- Ausfall der willkürlichen Muskelbewegung (motorische Lähmung, Gehunfähigkeit)
- Verlust des Empfindungsvermögens (sensibelsensorische Lähmung; Berührungs-, Schmerz- und Temperaturreize werden nicht wahrgenommen)
- vegetative Lähmungen (mit Störungen der Funktionen von Harnblase, Enddarm, Geschlechtsorganen, Schweißdrüsen, Gefäßen)

Neben den Verletzungen des Rückenmarks gibt es auch erworbene Schädigungen aufgrund von Virusinfektionen (motorische und sensible Störungen der unteren Extremitäten).

8.3 Schädigungen der Muskulatur und des Skelettsystems

Der Formenkreis neuromuskulärer Erkrankungen ist sehr komplex; es werden primäre (= die Muskulatur selbst betreffende) und sekundäre (= die motorischen, muskelversorgenden Nerven betreffende) Myopathien[2] unterschieden. Alle Erscheinungsformen zeigen Muskelschwächen, einige sind zeitweise mit Muskelschmerzen, Krämpfen, Müdigkeit und Gefühlsschwankungen verbunden. Die Mehrzahl der Muskelerkrankungen ist fortschreitend, insbesondere die Skelettmuskulatur wird geschädigt.

- **Progressive Muskeldystrophie:** Hierbei handelt es sich um eine erbliche Muskelerkrankung mit symmetrischen, schlaffen Lähmungen ohne nachweisbare neurale und spinale (= das Rückgrat betreffende) Beteiligung. Beobachtet werden Muskelschwund (Atrophien) durch Ernährungsstörungen sowie Fett- und Gewebewucherungen (Pseudohypertrophien) in den erkrankten Muskelbereichen. Den schwersten Verlauf zeigt der angeborene und bösartige (maligne) Typ Duchenne. Dieser führt zu extremen Bewegungsbeeinträchtigungen und ist mit einer verkürzten Lebenserwartung verbunden. Eine Berufsausbildung ist zwar prinzipiell möglich, wird indes erschwert durch die fortschreitende Erkrankung und die abnehmende Leistungsfähigkeit oder sie scheitert an den fehlenden längerfristigen Lebensperspektiven.

- **Glasknochenkrankheit:** So bezeichnet man eine angeborene, abnorme Knochenbrüchigkeit schon bei geringer Krafteinwirkung, die auch zu Verkrümmungen und schiefem Zusammenwachsen gebrochener Knochen führt.

- **Angeborene Fehlstellungen und Versteifungen der Gelenke** sowie entzündliche und ähnliche Formen rheumatischer Erkrankungen können schwere und im letzten Fall auch sehr schmerzhafte Bewegungseinschränkungen zur Folge haben.

- **Wachstumsstörungen:** z. B. Kleinwüchsigkeit (= Längenwachstum unter 150 cm) haben unterschiedliche Ursachen (z. B. erbliche, hormonelle, durch Drogenkonsum, auch durch Tabak- und Alkoholkonsum).

- **Fehlstellungen der Wirbelsäule:** auch Rückgratverkrümmungen (Skoliosen, Lordosen, Kyphosen)

- **Gelenkfehlstellungen:** jegliche Abweichungen von den „Idealachsen"

- **Fehlbildungen des Skeletts:** z. B. Klumphand und Klumpfuß

- **Arthritis/Poliarthritis:** entzündliche Erkrankungen der Knochen und Gelenke

---

2 Myopathie: Muskelerkrankung

8.4 Gliedmaßenfehlbildungen und Gliedmaßenverlust

Bei Gliedmaßenfehlbildungen (Dysmelien) handelt es sich um Folgen einer Störung der Extremitätenentwicklung (in der 4. bis 7. Schwangerschaftswoche), die sich von leichten Anlagestörungen bis zum vollständigen Fehlen von Gliedmaßen auswirken kann. Die Ursachen sind entweder angeboren oder Folge äußerer Einflüsse, etwa durch Pharmaka (bekanntester Fall: Contergan mit Thalidomid als wirksamer Substanz, der gehäuft die Geburtsjahrgänge 1958–1962 betrifft). **Gliedmaßenverluste (Amputationen)** sind meist Folgeschäden von Verkehrs- und Berufsunfällen.

Methodische Hinweise für den Unterricht

Nachfolgende methodische Hinweise gelten für Schädigungen des ZNS, des Skelettsystems und bei Gliedmaßenfehlbildungen.

Dieser Gruppe von Schülern sieht man ihre Behinderung bzw. ihren Förderbedarf direkt an bzw. man bemerkt dies spätestens bei der Fortbewegung. Lehrer haben meist wenig eigene Erfahrungen im Umgang mit Behinderten sammeln können und sind eventuell verunsichert, wie man sich im täglichen Umgang richtig verhält.

„So viel Normalität wie möglich, soviel Unterstützung wie nötig“ kann Orientierung geben.

Beispiel: Ein betroffener Schüler müht sich damit ab, die schwere, große Eingangstür der Schule zu öffnen, da diese sich nicht bei Bedarf selbsttätig öffnet (= nicht barrierefrei). Für den Schüler ist dies eine alltägliche Erfahrung und er schafft es entweder selbst oder er wartet, bis ein anderer die Tür öffnet. Also rennen Sie nicht mit Höchstgeschwindigkeit quer über den Schulhof, um ihm die Tür zu öffnen. Falls Sie gerade durch die Tür gehen wollen, halten Sie dem Schüler die Tür so auf, dass er passieren kann. Das würden Sie für einen Kollegen, der einen Klassensatz Bücher trägt, doch auch tun. So viel Normalität wie möglich.

Im Fall der Übernahme einer **neuen Klasse** mit Schulwechsel und Übergang von der Sek. I in die Sek. II, informieren Sie sich über den Schüler bei der abgebenden Schule oder mittels Schülerakte (anfordern!). Sprechen Sie mit dem Schüler und den Eltern. Erwarten Sie von sich selbst nicht, gleich alles perfekt für den Unterricht vorzubereiten. Lassen Sie sich beraten und unterstützen. Bei Bedarf können Sie kompensierende Techniken und Maßnahmen im Rahmen des ▸ Nachteilsausgleichs einfordern. Hilfreiche Informationen bietet hier ein bundesweites Kompetenzzentrum (www.barrierefrei-kommunizieren.de).

Jetzt müssten Sie „nur“ noch die übrigen Schüler überzeugen. Wie Sie dies schaffen, ist sicherlich von der Lerngruppe und auch von Ihrer Persönlichkeit abhängig. Sie müssen klar Stellung beziehen (pro Inklusion, mit Begründung) und den Schülern Orientierung für angemessenes Verhalten geben. Vielleicht möchte der Schüler auch selbst etwas zu seiner Situation sagen. Dann geht es weiter mit den anderen, üblichen Formalitäten und Informationen für den Neuanfang an der Schule.

Aus Erfahrungen mit der Integration weiß man, dass der Jugendliche mit Behinderung nicht automatisch und selbstverständlich in die Klassengemeinschaft aufgenommen wird. Dies ist ein Prozess, der ständig beobachtet und unterstützt werden muss und bisher nicht immer zur vollen Zufriedenheit gelungen ist.

Bei längeren Fehlzeiten ist es wichtig und sehr hilfreich, wenn der **Kontakt** zum erkrankten Schüler gehalten wird: Anrufe, Hausaufgaben und Klassenarbeiten per E-Mail oder Fax lassen den Patienten spüren, dass er nicht vergessen ist. Zur leichteren Kommunikation können Sie ggf. einen **virtuellen Klassenraum** (mit einer Internetplattform wie Moodle) einrichten.

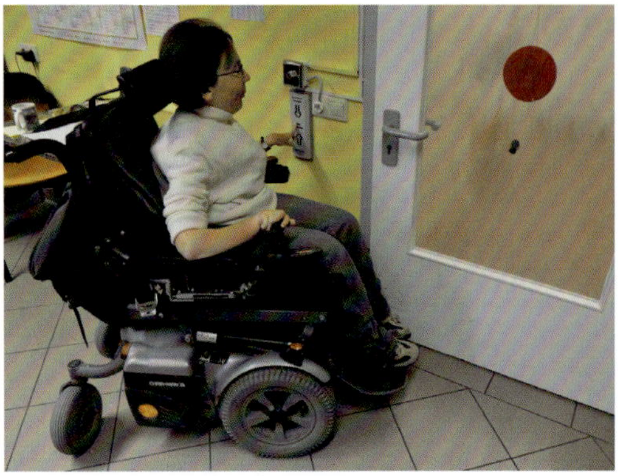

Bei Rollstuhlfahrern (besser: Schüler, die einen Rollstuhl benötigen)

- Rollstuhlfahrer möglichst so setzen, dass sie ohne besondere Schwierigkeiten ihren Platz im Klassenraum, die Tafel, den Overheadprojektor u. a. erreichen können.
- Unterstützung in den Unterricht mit einbeziehen: Sie können statt eines Tafelanschriebs den Schüler im Rollstuhl ein Schema oder Lösungsstrukturen am Overheadprojektor oder an der interaktiven Tafel zeichnen lassen.
- Sprechen Sie nicht über den Schüler hinweg (das hieße, nur die Begleitperson an), sondern stets von vorn und nach Möglichkeit so, dass Sie Blickkontakt auf gleicher Höhe haben. Am besten setzen Sie sich ebenfalls, Sie können sich auch etwas hinunterbeugen.
- Wenn der Rollstuhl durch andere bewegt werden soll, sprechen Sie vorher den Schüler darauf an.
- Bei Gesprächen während Sie den Rollstuhl schieben: Denken Sie daran, dass es für einen Schüler im Rollstuhl sehr anstrengend ist, sich so mit Ihnen zu unterhalten. Er muss seinen Kopf nach oben und hinten drehen, um Blickkontakt herzustellen und verstanden zu werden.

Bei motorischen Einschränkungen

- Von Schülern mit feinmotorischen Störungen keine längeren Schreibarbeiten verlangen.
- Bei komplexen Tafelanschrieben mit vielen zeichnerischen Elementen den Schülern eine Kopie des fertigen Tafelbilds im Anschluss an dessen Erarbeitung geben (vorher absprechen).
- Bei Schülern mit Beeinträchtigungen der visumotorischen Koordination auf zeichnerische Genauigkeit und sauberes Schriftbild verzichten.
- Dem motorisch behinderten Schüler mehr Zeit bei der Klassenarbeit geben (▸ Nachteilsausgleich), bis zu 50% Zeitverlängerung sind gebräuchlich. Beispielsweise können Schüler mit Muskeldystrophie oder Spastik so schwache bzw. verkrampfte Hände haben, dass sie zum Schreiben einen Laptop benötigen. Schülern, die auch damit Schwierigkeiten haben oder bei denen der Zeitaufwand unangemessen groß ist, sollte man erlauben, Texte und Aufgaben auf ein Speichermedium zu sprechen, z. B. mit einem MP3-Player. Die Maßnahmen im Rahmen des Nachteilsausgleichs müssen Sie mit der Schulleitung absprechen.
- Aufgrund der vielfältigen Schädigungen können sich unterschiedliche, besondere Lernschwierigkeiten ergeben. Häufig sind auch schulische Lücken durch längere Krankenhausaufenthalte festzustellen. Mithilfe eines virtuellen Klassenraums können Arbeitsblätter und Aufgaben digital im Internet geschützt abgelegt werden und sind so für kranke Schüler auch außerhalb des schulischen Klassenraums zugänglich (Beispiel: www.lo-net2.de).

8.5 Anfallsleiden (Epilepsien)

Als Begleitsymptomatik zu Hirnschädigungen können Anfallsleiden (Epilepsien) auftreten, die möglicherweise Wahrnehmungs- und Konzentrationsstörungen sowie Störungen der Feinmotorik nach sich ziehen. Diese Symptome lassen sich durch medizinische Behandlung zwar kontrollieren (bis zu 80% der Personen werden zuverlässig anfallsfrei), Medikamente haben aber wiederum Nebenwirkungen, z. B. Müdigkeit, Konzentrationsmängel, sodass eine fachärztliche Betreuung unerlässlich ist.

Mediziner unterscheiden mindestens 50 verschiedene Arten von Epilepsien. Etwa 0,5–1% der Bevölkerung sind betroffen. Sogenannte Gelegenheitsanfälle, d. h. einmalig im Leben einen Anfall (z. B. bei einem Unfall, bei Alkoholentzug oder anderen Erkrankungen) betreffen ca. 5% der Bevölkerung. Diese Gruppe wird nicht als Epilepsie-Patienten bezeichnet. Erst nach mindestens 2 Anfällen ohne spezifische Provokation spricht man von einer Erkrankung.

Allgemeine vereinfachte Klassifikation von Epilepsien (cerebrale Schädigung ist nicht Bedingung):

- Fokale (lokale, partielle) Epilepsien: begrenzter Teil des Gehirns betroffen
- Generalisierte Epilepsien: gesamtes Gehirn betroffen
- Gemischt: generalisierte und fokale Epilepsien
- Idiopathische Epilepsien: keine hirnorganische Ursache nachweisbar
- Symptomatische Epilepsien: Schädigung des Gehirns als Ursache nachweisbar
- Kryptogene Epilepsien: Hirnschädigung wird vermutet (wegen begleitender Behinderungen), kann aber nicht nachgewiesen werden

Für den schulischen Alltag genügt es, zwischen folgenden Formen zu unterscheiden:

Eine Absence ist eine sehr milde Anfallsform, die durch eine plötzliche Bewusstseinspause mit Innehalten bei einer gerade durchgeführten Handlung gekennzeichnet ist. Gelegentlich kommt es zu ganz leichten rhythmischen Zuckungen der Augenlider. Ausgeprägte Bewegungen, Verkrampfungen oder ein Sturz kommen nicht vor. Der Anfall dauert meist nur einige Sekunden und endet genauso plötzlich, wie er begonnen hat. Absencen werden oft als „Verträumtheit“ verkannt. Ein Anfall während des Sprechens führt zur Unterbrechung des Redeflusses und/oder zum Verlieren des Gesprächsfadens.

Beim tonischen Anfall kommt es zu einer Verkrampfung einer oder mehrerer Gliedmaßen, ohne dass Zuckungen auftreten. Der Betroffene verharrt in der verkrampften Körperhaltung, wobei es manchmal zu Lautäußerungen kommt. Das Bewusstsein kann erhalten sein. Wenn der Anfall ohne Vorwarnung einsetzt, kann der Betroffene durch die plötzliche Verkrampfung hinstürzen und sich dabei verletzen. Ein tonischer Anfall ist meist recht kurz (1-30 Sekunden).

Beim Grand mal (oder großem Krampfanfall) kommt es zusammen mit einer Bewusstlosigkeit zu ausgeprägten Krämpfen am ganzen Körper. Manche Patienten stoßen zu Beginn des Krampfanfalls einen Schrei aus. Die Betroffenen stürzen bewusstlos „ungebremst“ mit großer Verletzungsgefahr zu Boden (hier ist schnelle Reaktion von Lehrer und Klasse erforderlich, um den Fall zu verhindern bzw. den Aufprall zu mildern). Dabei sind Gliedmaßen, Gesicht und Körper zunächst angespannt, dann treten rhythmische Zuckungen auf, die an Heftigkeit zunehmen (tonisch-klonische Zuckungen; tonisch = Muskelanspannung, klonisch = krampfhaft zuckend). Zunächst haben diese eine geringe Amplitude und hohe Frequenz, im Verlauf nehmen die Frequenz ab und die Amplitude zu. Die Personen können unbewusst um sich schlagen und sich am Boden winden. Blass-blaue Hautverfärbung, unwillkürlicher Urinabgang, Speichelaustritt aus dem Mund und Bissverletzungen der Zunge sind häufige Begleiterscheinungen. Nach kurzer Zeit (ca. 90 Sekunden) erschlafft der Körper. Der noch Bewusstlose kommt allmählich wieder zu sich, muss sich orientieren und ist in der Regel müde und schlafbedürftig.

Die Zahl der Anfälle variiert von einem einzigen Anfall zeitlebens bis zu mehreren 100 Anfällen pro Tag. Es gibt auch Epilepsieformen mit ausschließlich nächtlichen Anfällen oder nach dem Aufwachen (bei Klassenfahrten sollte dies bedacht werden!).

Richtiges Verhalten bei epileptischen Anfällen wird im Verlauf von Erste-Hilfe-Kursen gelehrt. Als Lehrer ist Ihre Rolle anspruchsvoller: Neben den Erste-Hilfe-Maßnahmen bewältigen Sie zusätzlich eine pädagogische Ausnahmesituation (siehe methodische Hinweise unten).

Bei eher seltenen anderen Epilepsieformen können Anfälle durch äußere Faktoren ausgelöst werden: flackernde Bildschirme, defekte (flackernde) Neonröhren/Lichtquellen, schnelle Licht- und Bildwechsel, Überanstrengung.

Methodische Hinweise für den Unterricht

Bezeichnen Sie erkrankte Jugendliche nicht als Epileptiker, sondern als Jugendliche mit Epilepsie bzw. mit epileptischer Erkrankung, um den Menschen nicht über seine Krankheit zu definieren.

Großer epileptischer Anfall (Grand mal)

- Ein Anfall kann sich durch eine Aura[3] ankündigen. Dies sollte als Möglichkeit genutzt werden, um Verletzungen zu verhindern. Manchmal bekommt der Betroffene einen starren Blick, verharrt in einer Tätigkeit oder wirkt abwesend. Es folgt die tonisch-klonische Phase des Anfalls (siehe oben Grand mal). Je nach Unterrichtssituation bemerken wahrscheinlich sogar Mitschüler den Beginn des Anfalls vor Ihnen.
- Der Lehrer muss schnell reagieren, um ein unkontrolliertes Hinfallen zu verhindern. Führen Sie den Erkrankten aktiv zu Boden, im Sportunterricht auf eine Matte. Weisen Sie die Mitschüler an, Tische, Stühle und andere Gegenstände außer Reichweite zu bringen.
- Verhindern Sie ein Aufschlagen des Kopfes auf Fußboden, Heizkörper und dergleichen während des Anfalls. Sie können seinen Kopf in Ihre Hände legen oder ein Kissen unterlegen. Brillenträger? Brille ablegen. Raucher? Zigarette entfernen. Maschinenarbeit? Not-Aus betätigen.
- Lagern Sie den Betroffenen frei auf dem Boden, damit er sich durch seine ruckartigen Bewegungen nicht an Gegenständen in der Umgebung verletzt. Unterbinden Sie nicht das Krampfen, aber verhindern Sie Verletzungen.
- Ein einzelner Anfall ist nicht gefährlich. Er hört von selbst auf. Auch ein anwesender Arzt greift während eines Anfalls nicht ein.
- Beobachten Sie den Betroffenen während des Anfalls und notieren Sie auch die Dauer des Anfalls (Mitschüler als Zeitnehmer bestimmen) bis zum Ende der Verkrampfung und die Zeit bis zur Orientierung (Beobachtungsaufträge an die Mitschüler). Diese Informationen können für den Arzt sehr wichtig sein für die genaue Zuordnung zu einer Epilepsieform (Lokalisieren der Hirnregion, in der der Anfall beginnt, passgenaue Therapie).
- Wenn der Betroffene anschließend schläft, sollte man ihn in die stabile Seitenlage bringen (Speichelabfluss u. a. möglich) und Kleidungsstücke lockern. Kommt er wieder zu sich, so besteht häufig eine Verwirrtheit. Diese ist nicht immer sofort zu erkennen. Sprechen Sie den Betroffenen freundlich und beruhigend an, sagen Sie ihm Ihre Hilfsbereitschaft zu und fragen Sie ihn nach seinen Wünschen. Die Verwirrtheit geht meist innerhalb weniger Minuten zurück. Stellen Sie Testfragen (z. B. nach dem Wochentag), um festzustellen, ob er das volle Bewusstsein wiedererlangt hat.
- Nach dem Anfall sollte man den Betroffenen beim Wachwerden nicht allein lassen. Nach dem Aufwachen fühlen sich die Patienten häufig müde und missmutig und leiden unter Kopfschmerzen. An den Anfall selbst kann sich der Kranke nicht erinnern, wohl aber an die Erlebnisse während der Aura.

3 Aura: veränderte Sinneswahrnehmung; über jeden Sinn möglich (visuell, auditiv usw.)

- Falls der Betroffene eine Aura hat (d. h. den Anfall kommen spürt), sollten vorher Absprachen getroffen werden (mit ihm, mit der Klasse, Raumwechsel, Betreuung)
- Im Schulbetrieb sollten Sie den Notruf wählen (Telefon 112) bzw. darüber vorher mit dem Betroffenen sprechen. Eventuell ist eine neue medikamentöse Einstellung erforderlich, denkbar ist auch lediglich ein (Liegend-) Transport zum Facharzt oder Krankenhaus.

Ein Arzt ist unbedingt anzufordern, wenn:

- die Zuckungen (Krampf) länger als 5 Minuten anhalten oder es nach dem Erschlaffen länger als 5 Minuten dauert, bis der Patient zu sich kommt;
- sich der Betroffene beim Sturz eine behandlungsbedürftige Verletzung zugezogen hat;
- ein Anfall länger als 10 Minuten dauert oder sich mehrere Anfälle aneinanderreihen. Eventuell gibt es krampfauslösende Faktoren im Raum. Ein Wechsel des Raums in einer ruhigen Phase (Vorsicht: zusätzliche Verletzungsgefahr!), könnte helfen, während man ohnehin auf den Arzt wartet.

Bedeutung für den Betroffenen: Durch einen epileptischen Anfall fühlen sich die Betroffenen oft beschämt, denn vielfach reagieren anwesende Personen irritiert oder erschreckt. Positives, verständnisvolles Verhalten kann Beschämung und Irritationen verhindern. Entscheidend sind Besonnenheit, Geduld und ein unkompliziert-freundlicher Umgang mit dem Betroffenen.

Bedeutung für die Mitschüler: Durch Unkenntnis kommt es häufig zu abfälligen Äußerungen, zu Ablehnung und Ausgrenzung des kranken Schülers aus der Klassengemeinschaft. Eine sinnvolle Aufklärung über die Krankheit Epilepsie kann zur vollen Akzeptanz des betroffenen Schülers führen. Informieren Sie die Mitschüler und reden Sie mit ihnen. Ein Stichwort zum Einstieg ist die Bezeichnung „Gewitter im Gehirn".

Praxistipp

Nach einem Grand mal ist keine reguläre Fortsetzung des Unterrichts in der betroffenen Stunde möglich. Den erkrankten Klassenkameraden plötzlich wie ferngesteuert zucken zu sehen, ist sehr befremdlich und verunsichert die Jugendlichen. Sie selbst werden davon auch „betroffen" sein. Geben Sie der Klasse eine einfache Aufgabe ohne hohe Ansprüche an die Konzentration, stehen Sie für Gespräche und Fragen zur Verfügung.

Sportunterricht und Epilepsie: Die Lebensqualität sollte durch möglichst wenig generelle Verbote eingeschränkt werden. Hohe Risiken müssen ausgeschlossen werden (Rücksprache mit Patient/Arzt). Ein Restrisiko gibt es immer. Beim Schwimmen sollten Sie sich eine erforderliche Rettung zutrauen (ungünstig: Sportlehrer 70 kg, Schüler 100 kg) oder die Teilnahme ausschließen. Beim Anfall im Wasser den Kopf über Wasser halten, um die freie Atmung zu ermöglichen. Eine Bergung aus dem Wasser kann nach dem Anfall erfolgen.

Falsch: Mit Zungenkeil den Mund aufhalten; mit aller Kraft Arme und Beine festhalten; Hände lösen; aufrichten; sofort Medikamente geben; weglaufen, um Arzt zu rufen.

Kleiner epileptischer Anfall (Petit mal)

Die Personen wirken abwesend oder träumend (▸ Absencen), es sind keine weiteren Maßnahmen erforderlich. Den Jugendlichen sollte aber gesagt werden, dass sie einen kleinen Anfall hatten.

8.6 Chronische Krankheiten und Fehlfunktionen von Organen

Hierzu zählen innere Krankheiten wie Diabetes mellitus, Herz-/Kreislauf- und Gefäßerkrankungen, Niereninsuffizienz, Hämophilie[4] , multiple Sklerose[5]. Zu einigen können methodische Hinweise gegeben werden.

Chronische Krankheiten, insbesondere wenn sie progredient (= fortschreitend) verlaufen, stellen eine besondere psychische Belastung für die Betroffenen selbst und für die Familien dar. Als Lehrer haben Sie vielleicht einen persönlichen, guten Zugang zu dem Schüler. Es konnte in Studien gezeigt werden, dass eine gute Beziehung zu mindestens einem Lehrer nachhaltig die persönliche Widerstandskraft (**Resilienz**[6]) stärkt. Auch in der Schule sollte der Wandel weg von der Defizitorientierung hin zur positiven Stärkung der Persönlichkeit des Schülers vollzogen werden. Jeder hat starke Seiten, die es zu loben lohnt, nicht nur Schwächen, die vor allem über die Notengebung regelmäßig aufgezeigt werden.

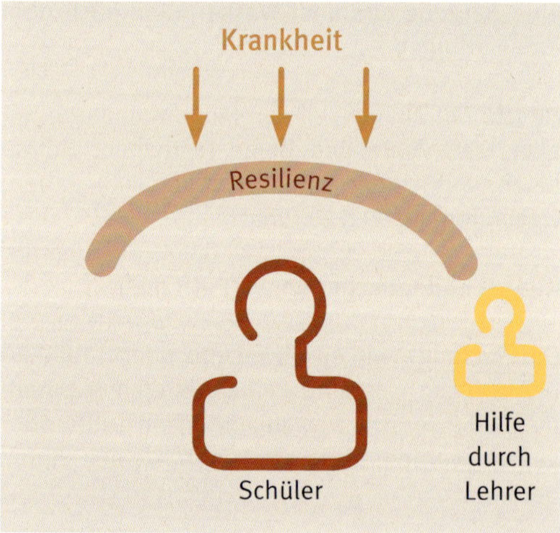

Bei Krisen sind Leistungsanforderungen ggf. zeitweise zu reduzieren. Wichtig ist auch die **Akzeptanz der Krankheit** durch den Jugendlichen und ein angepasstes Umgehen mit der eigenen Krankheit.

Bei längeren **Fehlzeiten** ist es wichtig und sehr hilfreich, wenn der Kontakt zum erkrankten Schüler gehalten wird: Anrufe, Hausaufgaben und Klassenarbeiten per E-Mail oder Fax lassen den Patienten spüren, dass er nicht vergessen ist. Zur leichteren Kommunikation können Sie ggf. einen virtuellen Klassenraum (mit einer Internetplattform wie Moodle) einrichten.

Asthma bronchiale

Hierbei handelt es sich um eine chronische Entzündung und Überempfindlichkeit der Bronchien (Äste der Luftröhre) mit wiederholten Anfällen von Atemnot, Husten und Kurzatmigkeit. Ursache ist eine Überempfindlichkeit der Atemwegsschleimhaut auf verschiedene Reize. Rund 20 % aller Asthmaanfälle werden durch **äußere Reize** wie Pollen, Hausstaub oder Tierhaare hervorgerufen. Auch Entzündungen der Atemwege führen unter Umständen zu Asthma. Ein weiterer Teil der Patienten leidet unter **Belastungsasthma**, das bei körperlicher Anstrengung auftritt.

Verschiedene Reize können einen akuten Asthmaanfall auslösen:

- Unspezifische Reize: Alle Asthmatiker werden von einer Reihe von Reizen beeinflusst (Auslöserreize). Dazu gehören z. B. körperliche Anstrengung, Kälte, Zigarettenrauch, Parfüm und Luftverschmutzung.

4 Hämophilie: Mangel an Gerinnungsfaktoren im Blut, führt zu inneren Blutungen, etwa in den Gelenkkapseln, dadurch Bewegungsbehinderung.

5 Multiple Sklerose, MS oder Enzephalomyelitis disseminata: eine chronisch-entzündliche Erkrankung des zentralen Nervensystems

6 Resilienz: Fähigkeit eines Menschen, Lebenskrisen wie schwere Krankheiten ohne andauernde Beeinträchtigung durchzustehen. Wesentliche Faktoren, die die Resilienz beeinflussen, sind das soziale Umfeld, die eigene biologische Vitalität und aktive Einstellung gegenüber Problemen. Siehe auch die Einführung in Kap. 10 Psychische Störungen.

- Spezifische Reize: Pollen, Staub, Tierhaare, Schimmel und einige Lebensmittel. Diese Reize werden auch Allergene genannt.

Darüber hinaus können weitere Faktoren einen Asthmaanfall auslösen: Etwa eine von Viren oder Bakterien hervorgerufene Entzündung der Atemwege, chemische Dämpfe oder andere Schadstoffe z. B. im Klassenraum, Labor, in der Turnhalle, Cafeteria. Auch bestimmte Schmerzmittel (z. B. Acetylsalicylsäure) können Auslöser sein.

Methodische Hinweise für den Unterricht
Folgende Beschwerden können auftreten: Atemnot und Kurzatmigkeit, pfeifendes, zischendes Geräusch beim Ausatmen (das sogenannte Giemen) und Hustenanfälle mit ausgehustetem zähflüssigem Schleim.

Für einen schweren Asthmaanfall sind folgende Warnsignale typisch:

- Bläulich gefärbte Haut und schnappende Atmung
- Erschöpfung bis zur Unfähigkeit zu sprechen
- Verwirrtheit und Rastlosigkeit
- Inhalationsmedikamente verlieren ihre übliche Wirkung

Folgende Medikamente werden bei dieser Erkrankung angewandt:

- Kortisonhaltige Sprays: Diese bremsen die Entzündung und die allergische Reaktion. Dadurch erholt sich die Lunge. Die Wirkung von Kortison ist nicht sofort spürbar, aber durch Kortison wird die eigentliche Erkrankung behandelt.
- Bronchienerweiternde Sprays (Beta-2-Agonisten) mit sofort einsetzender Langzeitwirkung: Sie entspannen die Atemwegsmuskulatur und führen dadurch zu einer spürbaren Erweiterung der Atemwege.
- Leukotrienantagonisten (Tabletten): Sie bremsen die Entzündung und die allergische Reaktion, dadurch kann sich die Lunge erholen. Die Wirkung ist nicht sofort spürbar, aber die eigentliche Erkrankung wird behandelt.
- Cromoglycinsäure (Spray): Sie kann die allergischen Reaktionen dämpfen oder verhindern.

Versuchen Sie, asthma- oder allergieauslösende Situationen zu vermeiden. Dafür kann es hilfreich sein, wenn Fenster trotz schlechter Luft im Raum geschlossen bleiben. Besser ist es, zwischendurch Lüftungspausen zu machen, bei denen alle – vor allem die Erkrankten – kurzzeitig den Raum verlassen können.
Sie sollten außerdem Folgendes individuell vorher in Erfahrung bringen:

- Welche Stoffe oder sonstige Ursachen können den Asthmaanfall auslösen?
- Werden Medikamente genommen und erfolgt die Medikation selbstständig?
- Gibt es Notfallmedikamente und wo befinden sich diese?
- Was ist beim Asthmaanfall zu tun?
- Muss ein Notarzt geholt werden?
- Ist die körperliche Leistungsfähigkeit generell eingeschränkt?

Ohne besondere Vereinbarungen dürfen Lehrer generell keine Medikamente an Schüler verabreichen. Sollte es bei einem Asthmaanfall dazu kommen, dass der Erkrankte es nicht mehr schafft, sein Spray zu inhalieren, so ist es zulässig, ihn bei der Handhabung zu unterstützen.

Diabetes mellitus (Zuckerkrankheit)

Diese Krankheit ist weit verbreitet und grundlegendes Wissen darüber ebenfalls. Der sogenannte Diabetes mellitus Typ I tritt bei Kindern und Jugendlichen zum ersten Mal auf, darum wird hier kurz darauf eingegangen.

Ein Mangel an Insulin führt zu erhöhten Blutzuckerwerten (erhöhter Harndrang, großer Durst, Heißhunger, Müdigkeit, nachlassende körperliche und geistige Leistungsfähigkeit, in seltenen Fällen bis zum Koma). Im Rahmen der Behandlung (= Insulin wird von außen gegeben) kann es zur Unterzuckerung kommen. Symptome einer Unterzuckerung sind: Blässe, Muskelschwäche, Heißhunger oder Übelkeit, Zittern, Schweißausbruch, Unruhe, Verwirrtheit, Sprach-, Seh- oder Gleichgewichtsstörungen. Bei starker Unterzuckerung: Bewusstlosigkeit, Krämpfe.

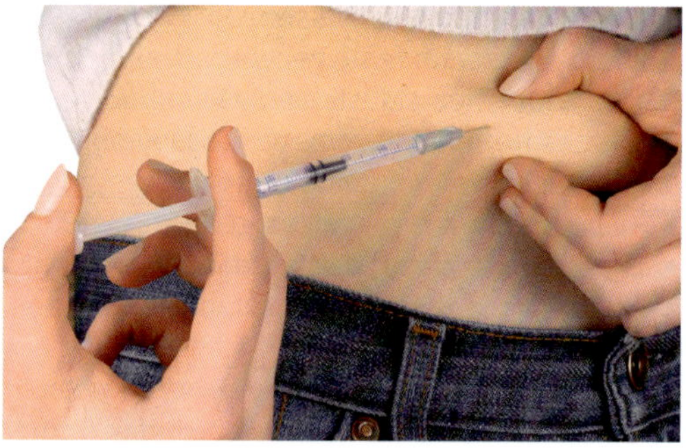

Methodische Hinweise für den Unterricht

Die Jugendlichen müssen lernen mit der Krankheit zu leben, d.h. auch für einen richtigen Blutzuckerspiegel selbst zu sorgen. Dazu gehören Überprüfungen des Blutzuckerspiegels, selbstständiges Spritzen von Insulin, Verlässlichkeit bezüglich Nahrungsaufnahme und körperlicher Betätigung in den nächsten Stunden. Dies gelingt nicht allen Jugendlichen gut genug, vor allem wenn die Erkrankung erst kürzlich aufgetreten ist.

Lehrer sollten über die Krankheit informiert sein und bei Bedarf an die erforderlichen Maßnahmen erinnern. Vor allem im Sportunterricht, im Verlauf von Exkursionen o.Ä. kann es zu Symptomen von starker Ermüdung oder Zittern kommen. Dies ist in der Regel ein Zeichen von Unterzuckerung und kann durch die Gabe von etwas (!) Traubenzucker schnell ausgeglichen werden. Erkrankte können und sollen an allen schulischen Veranstaltungen teilnehmen. Zusätzliche psychische Belastungen durch die Krankheit sollen so gering wie möglich gehalten werden.

Mukoviszidose (Cystische Fibrose – CF)

Mukoviszidose ist eine häufige, vererbte Stoffwechselkrankheit. Die Erkrankung ist nicht heilbar, die durchschnittliche Lebenserwartung liegt heute bei ca. 40 Jahren, Tendenz steigend, sodass zunehmend Erkrankte Schule und Ausbildung durchlaufen. Ursache ist eine genetische Veränderung im Erbgut. Das auslösende Gen ist zwar entdeckt worden; nach einer Heilmethode (z.B. durch Gentherapie) wird aber noch geforscht. Jeder 20. Mensch in Deutschland (ca. 4 Mio. Menschen) ist Erbträger dieses veränderten Gens. Die meisten wissen nichts davon, sie sind gesund. Nur wenn beide Eltern dieses Gen in sich tragen, kann das Kind an Mukoviszidose erkranken. An dieser Erkrankung ist also niemand schuld. Mukoviszidose ist nicht ansteckend.

Der Gendefekt stört den Salz- und Wasserhaushalt. Der Schweiß ist außergewöhnlich salzig. Ein zäher Schleim[7] verstopft eine Reihe lebenswichtiger Organe, vor allem die Lunge, die Bauchspeicheldrüse, die Leber und den Darm. Das hat folgende Auswirkungen: Der zähe Schleim in der Lunge ist ein idealer Nährboden für Bakterien. Immer wiederkehrende Entzündungen zerstören das Lungengewebe. Häufiges Husten und zunehmende Probleme beim Ein- und Ausatmen sind die äußeren Symptome dafür. Der Ausführgang der Bauchspeicheldrüse ist blockiert und fettverdauende Enzyme gelangen nicht in den Darm. Daher kann dieser keine Fette aus der Nahrung aufnehmen, sondern scheidet sie unverdaut wieder aus. Die Folge sind fettreiche, massige und

7 Mukoviszidose bedeutet übersetzt etwa „zähflüssige Drüsenflüssigkeit".

häufige Stühle. Kalorien und fettlösliche Vitamine werden vom Körper nicht aufgenommen. Auf lange Sicht droht Mangelernährung: Der Schüler kann unterernährt wirken, zu dünn sein und in der körperlichen Entwicklung zurück bleiben. *(nach: Kimmig, 2006)*

Methodische Hinweise für den Unterricht

- Jede Infektion der Atemwege ist gefährlich. Wenn in Ihrer Klasse Infektionen vermehrt auftreten, informieren Sie bitte den betroffenen Schüler und überlassen Sie ihm die Entscheidung des Schulbesuchs. Regelmäßiges Lüften des Klassenraums kann hilfreich sein.
- Der Hygiene der sanitären Einrichtungen kommt entscheidende Bedeutung zu. Bestimmte Lungenkeime, die für Gesunde keine Gefahr darstellen und in fast allen feuchten Räumen und vor allem im Abfluss von Toiletten/Waschbecken anzutreffen sind, können für die Erkrankten eine verheerende Wirkung haben. Gemeinsam lassen sich hierbei für die unterschiedlichen Erwartungen praktische Lösungen finden (z.B. den Toilettendeckel schließen, bevor die Spülung betätigt wird, das WC gleich verlassen).
  (nach: Kimmig, 2006)
- Zu den Mahlzeiten sind Enzymkapseln notwendig und zur angemessenen Kalorienversorgung oft zusätzliche Mahlzeiten. Geben Sie den Betroffenen die Möglichkeit hierzu. Auch Möglichkeiten zum Trinken während des Unterrichts können hilfreich sein.
- Bei einem schwereren Verlauf der Krankheit können zusätzliche Hilfen und Förderungsmöglichkeiten sinnvoll sein (z.B. für die räumlichen Gegebenheiten oder die Fahrt zur Schule).
- So viel Normalität wie möglich, so viel Unterstützung wie nötig: Die betroffenen Jugendlichen möchten trotz ihrer Belastung ein möglichst normales Leben führen. Sie brauchen Freiräume für ihre zeitaufwändige Therapie und wollen dennoch keine Sonderrolle einnehmen.

→ Praxistipp

Lassen Sie sich auf keine Diskussionen über das Rauchen ein: Bei Mukoviszidose ist das Rauchen immer ungünstig für den Krankheitsverlauf!

8.7 Weitere Erkrankungen

Hauterkrankungen – methodische Hinweise für den Unterricht
Verschiedene Hauterkrankungen oder traumatische Schädigungen der Haut (Verbrennungen) können zu schweren Entstellungen führen. Die Mitschüler müssen wissen, dass (meist ist das der Fall) keine Ansteckungsgefahr droht. Auch die Lehrkräfte brauchen sicherlich einige Zeit, bis eine gewisse Gewöhnung eingetreten ist.

Rheumatische Erkrankungen – methodische Hinweise für den Unterricht
Kennzeichnend sind wechselnde Schmerzbelastungen und Bewegungseinschränkungen. Es gilt: viel Bewegung, wenig Belastung. Bei starken Schmerzen sollte tagesaktuell auf die Teilnahme z.B. am Sportunterricht und an Klassenarbeiten verzichtet werden.

Herzerkrankungen – methodische Hinweise für den Unterricht
Alle Lehrer und Mitschüler müssen wissen, wo die Erkrankten ihre Medikamente und medizinischen Informationen für den Notfall aufbewahren. Lehrer dürfen ohne spezielle (schriftliche) Vereinbarungen keine Medikamente verabreichen! Sogenannte Beta-Blocker können zu Konzentrationsstörungen führen. Der Schüler sollte bei häufiger starker Müdigkeit medikamentös besser eingestellt werden.

Wenn auch bei vielen Herzerkrankungen ein gewisser Trainingsreiz hilfreich ist, so kann die individuell geeignete Belastung im Rahmen des Schulsports meist nicht sicher gewährleistet werden. Erkrankte haben in der Regel eine Sportbefreiung. Bei gemeinsamen Ballspielen o.Ä. in der Pause droht eine ungewollte Überbelastung. Pausenaufsichten sollten informiert sein und Spielpausen einfordern.

Krebserkrankungen – methodische Hinweise für den Unterricht
Lassen Sie den Platz im Klassenraum reserviert, bis der Schüler zurückkehrt, halten Sie Kontakt zum Schüler. Falls Geschwisterkinder an der Schule sind, beobachten Sie diese, denn die ganze Familie befindet sich in einer sehr belasteten Situation. *(nach: Kimmig, 2006)*

Grundlagen waren

Dr. A. Kimmig: Chronische Krankheiten im Schulalter. Informations-CD. vertrieb@interklinikschule.de Tübingen 2006

H.-C. Steinhausen: Psychische Störungen bei Kindern und Jugendlichen. München 2006

H. Stadler: Körperbehinderungen. In: Teilhabe durch berufliche Rehabilitation. Handbuch für Beratung, Förderung, Aus- und Weiterbildung. Bundesagentur für Arbeit. Nürnberg 2002

Bundesagentur für Arbeit (Hrsg.): Online-Handbuch „Teilhabe am Arbeitsleben", Nürnberg 2004

Dr. M. Merschhemke: Vortrag zu Epilepsie. Epilepsie-Zentrum Berlin-Brandenburg, Berlin 2005

Erfahrungen des Kollegiums der Annedore-Leber-Oberschule, Berlin sowie Ausarbeitungen des Kollegen M. Szymanski

Fachseminar „Sonderpädagogische Fachrichtungen" (Arbeitsergebnisse), Berlin

www.rehadat.de

www.foerderschwerpunkt.de

9

Teilleistungsstörungen

9 Teilleistungsstörungen

Teilleistungsstörungen kennzeichnen Leistungsdefizite in begrenzten Funktionsbereichen, die trotz hinreichender Intelligenzleistungen, regelmäßiger Förderung sowie einer körperlichen und seelischen Gesundheit der Betroffenen auftreten und nicht aus einer entsprechenden Behinderung erklärt werden können. Solche Teilleistungsstörungen betreffen:

- einfache Artikulationsstörungen
- expressive und rezeptive Sprachstörungen
- Störungen des Lesens und Rechtschreibens
- Rechenstörungen
- Entwicklungsstörungen der motorischen Funktionen

(nach: Esser, S. 243)

9.1 Überblick

Eine Teilleistungsstörung liegt vor, wenn sie weitgehend isoliert auftritt und schwerwiegend ist. Das heißt, man hat es mit einem möglichst scharf umgrenzten Funktionsdefizit zu tun, während die übrigen kognitiven und körperlichen Funktionen im Wesentlichen nicht eingeschränkt sind (Abgrenzung von: ▸ Lernbehinderung, ▸ geistiger Behinderung, ▸ Hörschädigung, ▸ Sehbehinderung und cerebralen Bewegungsstörungen).

Teilleistungsstörungen im vereinfachten Überblick

Teilleistungs-störung	Symptome	Abgrenzungen	Folgen für schulische Laufbahn/Unterricht/ Berufswahl
Einfache Artikulations-störungen	Fehlerhafte Aussprache, z. B. ZischLaute	Keine organischen Erkrankungen oder allgemeiner Entwicklungsrückstand.	Keine. Evtl. bei schweren Formen könnte intensiver Kundenkontakt problematisch werden.
Expressive und rezeptive Sprach-störungen	Eingeschränkter Wortschatz und grammatikalische Fehler = wenig aktives Sprechen.	Gefahr der Verwechslung mit geistiger Behinderung, Schwerhörigkeit, Autismus.	Schulleistungsprobleme. Ängste, Depressionen. Sprachdominierende Berufe vermeiden.
Störungen des Lesens und Rechtschreibens	Lesegeschwindigkeit und Sinnerfassung herabgesetzt, vielfältige Fehler beim Schreiben.	Förderschwerpunkt Lernen	Schulleistungsprobleme. Im Zusammenhang mit schwierigen familiären Verhältnissen häufig verringerte Ausbildungschancen.

Teilleistungsstörung	Symptome	Abgrenzungen	Folgen für schulische Laufbahn/Unterricht/ Berufswahl
Rechenstörungen	Probleme schon bei den Grundrechenarten, mangelhafte Vorstellungen im Zahlenraum.	Keine Minderung der allgemeinen Intelligenz.	[Forschungslücken] Kaufmännische und technisch-naturwissenschaftliche Berufe werden gemieden. Genaue Analyse des Leistungsprofils notwendig.
Entwicklungsstörungen der motorischen Funktionen	Grobmotorisch ungeschickt, Feinmotorik häufig nicht betroffen.	Keine neurologischen Erkrankungen oder Folgen von Schädel-Hirn-Verletzungen.	Keine. Gezielte Therapien im Kindesalter wirkungsvoll.

9.2 Einfache Artikulationsstörungen

Die korrekte Artikulation aller Sprachlaute muss von Kindern zunächst erlernt werden. Die Entwicklungsfortschritte sind dabei unterschiedlich rasch und die Variation der Verläufe groß. Von einer Teilleistungsstörung der Artikulation wird erst dann gesprochen, wenn das Kind in seinen Artikulationsleistungen deutlich von der Norm abweicht. Ungefähr ein Drittel der betroffenen Kinder behält diese Auffälligkeit bis ins Erwachsenenalter. Am häufigsten sind Artikulationsfehler im Bereich der Zisch-Laute (s, sch, st, sp, ch), seltener bei bestimmten Lautkombinationen (z.B. bl, nk, fl, br, kr, dr, kn). Artikulationsstörungen treten auch im Zusammenhang mit verschiedenen organischen Erkrankungen und Leistungsminderungen auf – dann liegt keine Teilleistungsstörung der Artikulation vor -, zum Beispiel in Folge von Kiefern-Gaumen-Spalte oder anderer anatomischer Anomalitäten, eines Hörverlustes im Rahmen eines allgemeinen Entwicklungsrückstands oder im Zusammenhang mit weiteren Störungen der expressiven oder rezeptiven[1] Sprache.

Kinder mit Artikulationsstörungen zeigen nicht häufiger Schulleistungsprobleme als ihre Altersgenossen ohne entsprechende Störungen. Dies gilt sowohl für das Grundschulalter als auch für die Karriere an weiterführenden Schulen. Immerhin 70% dieser Kinder besuchen das Gymnasium oder die Realschule. Sie erbringen dabei die gleichen Durchschnittsnoten in den Hauptfächern wie leistungsfähige Kinder ohne Teilleistungsstörung. Sprachliche und nicht sprachliche Intelligenz sind altersgemäß entwickelt; die Konzentrationsleistung kann vermindert sein.

Es gibt keine grundsätzlichen Einschränkungen im Hinblick auf die Berufswahl. Bei einigen schweren Formen der Artikulationsstörungen sind Berufe mit intensivem Kundenkontakt nicht geeignet. Personen mit psychischen Problemen (insbesondere ▸ Angststörungen, ▸ depressive Erkrankungen) sind durch Artikulationsstörungen häufig in ihrem Selbstbild beeinträchtigt (Selbstwertprobleme).

Die Ätiologie[2] gilt als wenig gesichert. Es wird eine milde Form von Entwicklungsverzögerung im Bereich des Zentralnervensystems angenommen. *(nach: Esser, S. 244)*

1 rezeptiv: aufnehmend, empfangend
2 Ätiologie: Krankheitsursache

9.3 Expressive und rezeptive Sprachstörungen

Expressive Sprachstörungen äußern sich

- in einem eingeschränkten aktiven Wortschatz,
- in der Schwierigkeit bei der Auswahl passender Begriffe,
- durch zahlreiche grammatikalische Fehler (besonders bei der Auswahl von Pronomen, der Bildung von Komparativ/Superlativ sowie Zeiten).

Rezeptive Sprachstörungen zeigen sich vor allem darin, dass

- eine vergleichsweise geringe Zahl von Begriffen verstanden wird,
- inhaltsähnliche Begriffe häufig verwechselt werden,
- das Verständnis grammatikalischer Strukturen beeinträchtigt ist und
- der Einfluss der Sprachmelodie auf den Sinngehalt der Sprache nicht ausreichend verstanden wird.

Jugendliche mit expressiven und rezeptiven Sprachstörungen **vermeiden das aktive Sprechen** und ersetzen häufig sprachliche Kommunikation durch nicht sprachliche Kommunikation, also insbesondere **Gesten**. Die genannten Symptome sind auch im Zusammenhang mit anderen Störungen oder organischen Erkrankungen zu beobachten. Am häufigsten können Menschen mit einer Teilleistungsstörung der expressiven oder rezeptiven Sprache mit ▸ geistig behinderten Menschen verwechselt werden. Abzugrenzen ist auch gegenüber ausgeprägten Formen der ▸ Schwerhörigkeit und schweren Formen des ▸ Autismus. Personen mit einer Teilleistungsstörung der expressiven und rezeptiven Sprache werden häufig in ihren intellektuellen Fähigkeiten unterschätzt.

Zwischen den genannten Sprachstörungen und ▸ Lese-Rechtschreibstörungen besteht ein **breiter Überschneidungsbereich**. Etwa 60 % der sprachgestörten Menschen sind auch lese- und rechtschreibschwach. Ungefähr 75 % der Betroffenen hatten starke Schulleistungsprobleme, etwa die Hälfte besuchte die Förderschule für Lernbehinderte, noch nicht einmal jeder Zehnte war in der Lage, das Gymnasium oder die Realschule zu absolvieren. Wahrscheinlich als Folge der schlechten Schulkarriere sind die Zukunftsvorstellungen bezüglich des eigenen Berufs weniger konkret und weniger realistisch.

Charakteristisch ist die **extrem hohe Differenz zwischen sprachlicher und nicht sprachlicher Intelligenz**. Die sprachliche Intelligenz bewegt sich fast immer im Bereich der Behinderung. Außerdem sind die Konzentrationsfähigkeit und das Kurzzeitgedächtnis in vielen Fällen deutlich beeinträchtigt. Als junge Erwachsene sind noch über ein Drittel der Betroffenen zusätzlich psychisch auffällig. Die Auffälligkeiten konzentrieren sich auf den Bereich der Sozialstörungen (▸ Verhaltensstörungen), aber auch auf emotionale Probleme, vor allem Ängste und Depressionen (▸ Kap. 10).

Ursachen und schulische Entwicklung

Als Ursache für umschriebene Sprachentwicklungsstörungen werden von einigen Forschern genetische Faktoren angenommen. Die große Bedeutung zusätzlicher psychosozialer Belastungen, insbesondere aus der frühen Kindheit, weist auf ein **Vulnerabilitätsmodell**[3] hin, das bei Beeinträchtigungen des Spracherwerbs dann zu manifesten Störungen führt, wenn eine angemessene Förderung, wahrscheinlich insbesondere in den ersten Lebensjahren, fehlt.

3 vulnerabel = verwundbar, verletzbar

Diese jungen Menschen werden **häufig unterschätzt** und irrtümlich als lernbehindert/geistig behindert eingestuft.

1. Es muss daher zunächst die kognitive Leistungsfähigkeit durch einen Test zur Erfassung der nicht sprachlichen Intelligenz bestimmt werden. Damit wird das Niveau, auf dem die Förderung stattfinden kann, definiert.
2. Zusätzlich müssen sprachliche Intelligenz, Konzentrationsfähigkeit und Gedächtnisleistung diagnostiziert werden.
3. Schließlich sollten Verhaltensprobleme (verminderte Leistungsmotivation) und mangelndes Vertrauen in die eigene Leistungsfähigkeit beachtet werden.

Für viele junge Menschen mit expressiven oder rezeptiven Sprachstörungen steht zu Beginn der beruflichen Karriere der nachträgliche Erwerb eines qualifizierten Schulabschlusses. Dies ist häufig zunächst der Hauptschulabschluss, bei günstigem Verlauf der Schulkarriere aber auch der Besuch von Fachschulen oder Fachoberschulen mit dem Schwerpunkt im technischen Bereich. Die Berufswahl sollte vorzugsweise in einer nicht sprachdominierten Sparte erfolgen. Unter Berücksichtigung der eventuell eingeschränkten Motivation sind Tätigkeiten zu bevorzugen, die zu einem rasch sichtbaren Erfolg führen. *(nach: Esser, S. 245)*

Auswirkungen auf den Unterricht

Bei Jugendlichen mit Sprachstörungen gibt es häufig nur geringe Lernfortschritte im theoretischen Unterricht, wenn die Inhalte primär über die Sprache vermittelt werden. Mit noch bestehenden psychischen Problemen und einer eingeschränkten Leistungsmotivation ist zu rechnen.

Methodische Hinweise für den Unterricht

- Bildliches Anschauungsmaterial wie technische Zeichnungen oder die grafische Darstellung von Zusammenhängen erleichtern das Verständnis.
- Bisher liegen wenige praktische Erfahrungen vor.

9.4 Störungen des Lesens und Rechtschreibens (LRS)

Kinder, die trotz hinreichender kognitiver Leistungsfähigkeit, regelmäßiger schulischer Förderung, genereller körperlicher und psychischer Gesundheit große Schwierigkeiten beim Erlernen des Lesens und Rechtschreibens haben, werden als lese-rechtschreibschwach bezeichnet. Die Bezeichnung **Legasthenie** wird häufig als Synonym für die spezifische Lese-Rechtschreibstörung oder – schwäche, kurz LRS, verwendet[4].

Eine pädagogische Definition nach Kopp-Duller erschließt auch den Zusammenhang mit möglichen Rechenproblemen (Kap. 9.5): Ein legasthener Mensch, bei guter oder durchschnittlicher Intelligenz, nimmt seine Umwelt differenziert anders wahr, seine Aufmerksamkeit lässt nach, wenn er auf Symbole wie Buchstaben oder Zahlen trifft, da er sie durch seine differenzierten Teilleistungen anders empfindet als nicht legasthene Menschen. Dadurch ergeben sich Schwierigkeiten beim Erlernen des Lesens, Schreibens oder Rechnens.

4 Verkürzte Definition nach ICD-10: Legasthenie ist eine genetisch bedingte Störung der Lese- und Rechtschreibfähigkeit im Vergleich zur individuell gemessenen Intelligenz.

In Teilbereichen der Sinneswahrnehmungen lassen sich Störungen feststellen:

Optik	Akustik	Kinästhetik
Optische Differenzierung, d. h. ähnlich aussehende Buchstaben und Zahlen können schlecht erkannt werden wie p-d-b, B-D, a-ä, o-ö. Optisches Gedächtnis, d. h. es gibt Probleme sich Wortbilder zu merken, beim Lesen werden Zeilen ausgelassen oder Textstellen können nicht wiedergefunden werden. Serialität, d. h. die Reihenfolge der Buchstaben in einem Wort, wird vertauscht.	Akustische Differenzierung, d. h. aus dem Gehörten können Wörter schlecht herausgefiltert werden oder ähnlich klingende Wörter werden verwechselt (Rand – Sand – Band). Akustisches Gedächtnis, d. h. es gibt Probleme, sich Gehörtes zu merken. Serialität, d.h. es gibt Probleme herauszuhören, welches Wort in einem Satz zuerst gesprochen wurde.	Raumwahrnehmung, d.h. seitenverkehrtes Schreiben, Zahlen werden verwechselt wie 6-9, 36-63, Anordnung der Buchstaben in einem Wort wird vertauscht. Körperschema, d.h. Unsicherheiten bei rechts/links, oben/unten, hinten/vorne.

■ **Die Lesestörung** zeigt kein einheitliches und diagnostisch kennzeichnendes Symptombild. Im Gegensatz zu früheren Annahmen gibt es keine „legasthenie-typischen“ Fehler, sondern Verwechslungen, Umstellungen und Auslassungen von Buchstaben (sogenannte Reversionen, Inversionen) sind genauso überproportional häufig wie andere Fehlerarten. Diese Schwierigkeiten führen zu Fehlern beim Zusammenlesen der gelernten Buchstaben (Synthesemängel) und beim ganzheitlichen Erfassen von Wortgestalten (Analysemängel). Generell sind **Lesegeschwindigkeit und Sinnerfassung des Gelesenen herabgesetzt**.

■ **Die Rechtschreibstörung** geht einher mit einem nicht abgeschlossenen oder noch nicht gelungenen Lesevorgang. Entsprechend treten die gleichen Fehler gehäuft auf, die auch bei der Lesestörung zu beobachten sind. Während die Schwierigkeiten des Leseprozesses durch entsprechende Förderprogramme vielfach behebbar sind, halten sich die Rechtschreibschwächen mitunter hartnäckig bis ins Erwachsenenalter. Bei mangelnder Ausübung des Rechtschreibens können sie sich bis zum sogenannten „funktionalen Analphabetismus“ entwickeln.

Ursachen und schulische Entwicklung

Als Ursache werden überwiegend genetische, in Einzelfällen auch durch Hirnschädigungen bedingte Störungen der Informationsverarbeitung angenommen. Auch hier wird mit dem **Vulnerabilitätsmodell** gearbeitet, da ein großer zusätzlicher Zusammenhang zu psychosozialen Belastungen feststellbar ist. Auch bei bester Förderung können schwere Formen der Lese-Rechtschreibstörung auftreten. Dann ist von einer erheblichen Beeinträchtigung der visuellen, auditiven und sprechmotorischen Informationsverarbeitung auszugehen. Bei leichter bis mittlerer Ausprägung ist die angemessene Stimulation der informationsverarbeitenden Systeme entscheidend. Bei zusätzlichen Defiziten in der Förderung sind relevante Störungen zu erwarten. Als besonders ungünstig im Verlauf erweisen sich Störungen, die von starken psychosozialen Belastungen begleitet sind. Auch der Zusammenhang zwischen Lese-Rechtschreibstörung und ▸ **Verhaltensstörungen** ist zum Teil durch psychosoziale Belastungen zu erklären, die beiden zugrunde liegen. So können Verhaltensstörungen durch Lese-Rechtschreibstörungen, Misserfolge in der Schule sowie eine eingeschränkte Kommunikationsfähigkeit erheblich verstärkt werden.

Jugendliche mit einer Lese-Rechtschreibstörung haben zwangsläufig in hohem Umfang Schulleistungsprobleme, die sich in schlechten Noten, Klassenwiederholungen und dem Besuch eines niedrigeren Schultyps manifestieren. Der durchschnittliche Schulabschluss der betroffenen Jugendlichen bleibt demnach deutlich hinter dem von Gleichaltrigen zurück. Im Jugendalter ist eine etwas positivere Entwicklung der Schulkarriere zu beobachten.

Es besteht eine **deutliche Überschneidung zwischen LRS und ▸ Störungen der expressiven und rezeptiven Sprache** (siehe Kap. 9.3). Viele der lese- und rechtschreibschwachen jungen Erwachsenen haben in der Vorgeschichte Sprachentwicklungsrückstände. Dazu ist mit einem erhöhten Prozentsatz psychischer Störungen zu rechnen, wobei im Grundschulalter noch Ablenkbarkeit und Überaktivität dominieren, im Jugend- und jungen Erwachsenenalter dagegen vor allem Sozialstörungen im Vordergrund stehen.

Die schulische Entwicklung vieler junger Menschen mit Lese-Rechtschreibstörung ist gefährdet. Die meisten bevorzugen Ausbildungen, bei denen die Lese-Rechtschreibfähigkeiten keine wesentliche Rolle spielen. Durch die erhöhte Rate von Schulabbrüchen und bei einem vergleichsweise geringen Bildungsstand sind neben den beruflichen Ausbildungschancen auch andere Weiterbildungs- und Qualifikationsmöglichkeiten eingeschränkt. Diese Problematik betrifft vor allem lese-rechtschreibschwache junge Menschen, die in schwierigen familiären Verhältnissen aufgewachsen sind. Bei ungestörtem familiärem Hintergrund sind die Verläufe wesentlich günstiger. *(nach: Esser, S. 247)*

Auswirkungen auf den Unterricht

Eine festgestellte LRS kann zu einem ▸ Nachteilsausgleich führen. Der rechtliche Rahmen wird auf Bundesebene durch KMK-Beschlüsse gesetzt, die durch Verordnungen auf Länderebene umgesetzt werden. Der Umgang mit der Legasthenie ist in den verschiedenen Bundesländern nicht einheitlich geregelt. Schulen sind sicher gut beraten, wenn im Rahmen der entsprechenden Fach- bzw. Gesamtkonferenzen keine starren Fehlerquoten für die Bewertung von Klassenarbeiten festgelegt werden[5], sodass das Bestehen der Prüfungen auch mit Legasthenie möglich ist.

Merkmale der sogenannten Sekundärlegasthenie sind: Schulangst, Versagensängste, Misserfolge werden erwartet, Selbstwertgefühl geht verloren, Lernbereitschaft sinkt, der Glaube an herkömmliche Lehrmethoden geht verloren, Störung des Unterrichts, Hypermotorik, Aggressivität und Regression.

Methodische Hinweise für den Unterricht

- Durch gezieltes Training können Verbesserungen erreicht werden. Voraussetzungen dafür sind die Freiwilligkeit und das Durchhaltevermögen des Schülers! Grundlage kann bei Jugendlichen die AS-Methode[6] sein, wobei A für Aufmerksamkeit und S für Symptom steht: Aufmerksamkeit ist die Voraussetzung, sie kann oft nur kurz aufrechterhalten bleiben (ca. 15 Minuten). In dieser Zeit soll an den Symptomen gearbeitet werden.
- **Allgemeingültige Hinweise**
  - Zeitverlängerung zum Bearbeiten von Aufgaben oder leichtere Übungen
  - Begleitung als Schreibhilfe oder zum Vorlesen auch bei Prüfungen
  - Ersatzweise mündliche Prüfung, die aber kürzer als die schriftliche sein sollte
  - Förderkurse
  - Einzelübungen zu Lesen und Rechtschreibung
  - Aufmerksamkeits-/Konzentrationsübungen (Bewusstsein für Aufmerksamkeit schaffen durch z. B. Pulsspüren, Fingerziehen, Händebaumeln)

5 Klassenarbeiten: Die jeweils aktuellen Ausführungsvorschriften sind zu beachten.

6 AS-Methode: Dies ist eine Abwandlung der AFS-Methode bei Kindern, wobei F für Funktion steht und die Sinneswahrnehmungen und Verarbeitung der Symbole meint.

- Abbau von Leistungsängsten oder Schulunlust durch Stärkung des Selbstvertrauens: Erfolgserlebnisse schaffen, Rückschläge vermeiden, positives Lernklima schaffen, an den Stärken ansetzen, Methodenvielfalt vermeiden, Wiederholungen

- **Hinweise für eine individuelle Förderung**
  Mit Wortdiktaten kann die Rechtschreibung untersucht werden. Es gibt Tests, mit denen die individuellen Fehlerarten diagnostiziert werden können, um die Übungsbereiche einzugrenzen. Z.B. unterscheidet Kossow zwischen Primär- und Sekundärfehlern:

Primärfehler

- Auslassung von Wörtern oder Wortbausteinen (denken, verliebt)
- Hinzufügen von Wörtern oder Wortbausteinen (verknacken - knacken)
- Ersetzen eines Wortes oder Wortbausteins (vorgehen – fortgehen)
- Wortverstümmelung (sinnloses Aneinanderreihen von Buchstaben oder Weglassen von mehr als der Hälfte der Buchstaben)
- Auslassung von Lautzeichen (saubig)
- Hinzufügen von Lautzeichen (Naeid)
- Umstellung der Buchstabenfolge innerhalb eines Wortes (dei, Bort)
- Differenzierungsfehler: Verwechslung optisch oder akustisch ähnlicher Vokale oder Konsonanten (a-o, b-d-p-q, ch-sch, f-pf, h-k, m-n; am Anfang eventuell b-p, g-k; flegen, griechen)
- andere Buchstabenersetzungen (frönlich)

Sekundärfehler

- Fehler bei kurzem Vokal (k-ck, s-ss-ß, z-tz, Doppelvokale, ie oder Dehnungs-h)
- Fehler bei langem Vokal (Banahne, frölich, Maschiene)
- Verstoß gegen die Großschreibung (haus)
- Verstoß gegen die Kleinschreibung (Drehen)
- Wortfugenfehler (Fahrad, vorrüber, musikkalisch)
- ai-ei, ä-e, äu-eu, y-i-ü (tüpisch)
- d-t-dt, b-p, g-k, s-z am Ende von Wortbausteinen (Brod, Halz)
- s oder ß nach langem Vokal (stosen)
- ig-ich-isch (fröhlig, staubich)
- ds-ts-z-tz (schnitsen)
- chs-ks-gs-cks-x (Ackst)
- f-ph-v-w,
- kw statt qu (kwälen)
- scht-st, schp-sp (schtoßen)
- andere Unsicherheiten bei der Anwendung von Rechtschreibregeln

- Mit einem Lesetext können die **Lesefertigkeit und das Textverständnis** untersucht werden.
  Elementare Voraussetzungen:
  - Fähigkeit zur optischen und akustischen Identifikation und Diskrimination
  - Kenntnis der Buchstaben-Laut-Bezeichnung
  - Fähigkeit zur Synthese von sprachlichen Einheiten

  Lesefertigkeit:
  - Lesesicherheit und Lesegenauigkeit
  - Leseflüssigkeit und Lesetempo

  Leseverständnis:
  - Keine oder falsche Wiedergabe
  - Allgemeine/pauschale Wiedergabe
  - Differenzierte Wiedergabe
  - Mussten Impulse gegeben werden?

- Die schriftliche Zusammenfassung des Lesetextes gibt Aufschluss über **Grammatik, Syntax und Satzbau.**
  I) Fehler und Mängel im Bereich des Wortschatzes
  II) Fehler und Mängel bei Elementen des Satzbaus
  - Sprachliche Bewältigung von Gelesenem und Gehörtem
  - Gebrauch von Endungen (Flexion und Konjunktion)
  - Gebrauch von Tempora
  - Entsprechung von Singular und Plural bei Subjekt und Prädikat
  - Gebrauch von Konjugationen
  - Gebrauch des Kasus (insbesondere bei Präpositionen)

- Es ist sinnvoll, an die Förderung aus der Sek. I anzuknüpfen. Ob, in welchem Umfang und mit welcher Qualität eine Förderung in der Sek. II realisiert werden kann, hängt von zahlreichen Faktoren ab, z.B. von der Qualifikation der Lehrer, der Lerngruppengröße, der Motivation und dem Durchhaltevermögen der Schüler, von geeigneten Materialien, den räumlichen Voraussetzungen sowie hinreichend Unterrichtszeit für Diagnostik und Förderung.

9.5 Rechenstörungen

Unter einer Rechenstörung oder Dyskalkulie wird eine Beeinträchtigung der Rechenfertigkeit verstanden, die nicht durch eine Minderung der allgemeinen Intelligenz oder eine mangelnde Förderung erklärt werden kann[7]. Besonders deutlich sind Probleme in den grundlegenden mathematischen Operationen (Grundrechenarten). Es finden sich auch Zusammenhänge zwischen Rechenstörungen und Störungen des räumlichen Vorstellungsvermögens.
Man unterscheidet zwischen 2 Formen:

Generalisierte[8] Lese-Rechtschreibstörung	Originäre[9] Rechenstörung
Rechenschwäche als Folge einer ausgeprägten Lese-Rechtschreibstörung bzw. der ihr zugrunde liegenden neuropsychologischen Defizite	Rechenschwäche, die trotz guter Lese-Rechtschreibleistungen auftritt

Im Gegensatz zu allen anderen Teilleistungsstörungen scheinen Rechenstörungen auch Mädchen stark zu betreffen. Es ist davon auszugehen, dass hier Ängste, depressive Verstimmungen, Schüchternheit und psychosomatische Beschwerden gehäuft vorliegen.

Junge Menschen mit Rechenschwächen verfügen über **mangelhafte Vorstellungen im Zahlenraum**. Sie haben Schwierigkeiten, die Reihenfolge von Ziffern zu bestimmen und zu speichern sowie Probleme im Übertragen von Textaufgaben in den praktischen Rechenvorgang.

Konkret werden folgende 3 Erscheinungsformen unterschieden:

Nominalismus des Zahlenbegriffs
Die Jugendlichen kennen die Namen der Zahlen und deren Reihenfolge auswendig, denken jedoch in den zugrunde liegenden Quantitäten nicht mit. Mögliche Kennzeichen:
Viel Zeit auch für einfache Rechenoperationen.
Keine Transferleistungen (Rechenvorteile).
Schnelle Erschöpfung wegen hoher Gedächtnis- und Konzentrationsleistung.
Keine Verbesserung trotz beständigen Übens.
Aufgaben und Ergebnisse werden auswendig gelernt.

Mechanismus der Rechenverfahren
Die Jugendlichen bewältigen die Aufgaben mechanisch und unreflektiert, ohne Verständnis für die zugrunde liegenden Verfahrenstechniken. Mögliche Kennzeichen:
Duldung sich widersprechender Ergebnisse.
Fehlerhäufigkeit durch Mechanismen.
Wahllose Verknüpfung von Größenangaben.
Textaufgaben werden nur bei Wiedererkennung (gleiches Aufgabenschema) richtig gelöst.

Konkretismus beim handelnden Operieren
Der handelnde Umgang mit den Zählhilfen (auch Finger) wird für das Rechnen gehalten. In diesem Fall kann das Veranschaulichungsmittel nicht für die Darstellung einer bestimmten Menge genutzt werden. Kennzeichnend kann sein, dass Berechnungen nur mit Veranschaulichungsmitteln durchgeführt werden können.

In der schulischen Praxis finden sich diese 3 Erscheinungsformen selten so deutlich. Es überwiegen beliebige Mischungen mit unterschiedlichen Ausprägungen.

Zum Thema Rechenstörung gibt es insgesamt weit **weniger gesicherte Erkenntnisse** als zur Lese-Rechtschreibstörung. Durch die Forschung

7 Entspricht der Definition von Dyskalkulie gemäß ICD-10.

8 generalisiert: (med.) über den ganzen Körper verbreitet; hier: Rechenschwäche infolge einer LRS (Buchstaben und Zahlen)

9 originär (lat.): ursprünglich

wurde in der Vergangenheit das Thema weitgehend vernachlässigt. Aus diesem Grund ist auch nicht bekannt, wie viele der ehemaligen Kinder mit Rechenschwäche noch im Erwachsenenalter Probleme mit mathematischen Operationen haben. Aus den Erfahrungen mit anderen Teilleistungsstörungen steht zu erwarten, dass dieser Anteil eher hoch ist.

Mangelnde Rechenfertigkeiten können Schulabschlüsse verhindern und während der Berufsausbildungsvorbereitung/Berufswahl zum Ausschluss von ganzen Berufsfeldern führen. Eine optimierte Förderung ist daher für den individuellen Werdegang von großer Bedeutung.

Im Rahmen der KMK konnte man sich bisher nicht darauf verständigen, für die Rechenschwäche einen Anspruch auf Nachteilsausgleich anzuerkennen. Nur bei der Teilleistungsstörung LRS ist dies bisher möglich.

Auswirkungen auf den Unterricht

Häufig ist der Mathematikunterricht mit besonderen **psychischen Belastungen** für die Betroffenen verbunden. Aufgrund negativer Erfahrungen aus dem früheren Mathematikunterricht wird das Fach abgelehnt, ist mit Ängsten besetzt bis hin zu **kognitiven Blockaden**. Vor Beginn eines Rechentrainings ist dieses individuell zu berücksichtigen.

Bei Verdacht einer Rechenstörung kann man folgenden Fragen nachgehen:

- Benötigt der Schüler viel Zeit und ist er schnell erschöpft?
- Können Zahlenräume, Mengen, Größen, Formen, Distanzen schlecht erfasst werden?
- Fehlt die Verbindung zwischen Zahlenbegriff und Menge?
- Werden Rechensymbole nicht richtig erkannt?
- Wird trotz Übens kein wesentlicher Fortschritt erzielt und Geübtes schnell wieder vergessen?
- Werden Ziffern ausgelassen?
- Gibt es Schwierigkeiten beim Zehnerübergang (Überschreiten des Zehner- und/oder Hunderterschritts)?
- Werden ähnlich klingende Zahlen verwechselt? (17 und 70)
- Werden ähnlich aussehende Zahlen verwechselt? (6 und 8)
- Müssen Zwischenergebnisse z. B. beim Kopfrechnen notiert werden?
- Wird das Einmaleins nicht richtig beherrscht?
- Gibt es Zahlendreher beim Lesen und Schreiben?
- Werden die Aufgaben falsch abgeschrieben?
- Gibt es Schwierigkeiten bei der Wahrnehmung räumlicher und zeitlicher Abfolgen?
- Werden widersprüchliche Ergebnisse nicht erkannt?
- Gibt es Probleme beim Abschätzen von Größen und Ergebnissen?
- Gelingt das Zählen und/oder Rückwärtszählen nur unter Verwendung der Finger?
- Gibt es große Unsicherheiten bei den Rechenregeln?

Zu diesen Bereichen gibt es Tests, mit denen eine differenzierte Diagnose möglich ist und eine individuelle Förderung geplant werden kann. Hilfreich können Informationen zu bereits statt gefundenen Maßnahmen in der Sek. I sein (hierzu Schüler bzw. abgebende Schule befragen).

Methodische Hinweise für den Unterricht

Es ist nicht anzunehmen, dass sich beim überwiegenden Teil der Betroffenen die Rechenleistungen im Jugend- und Erwachsenenalter (von selbst) normalisieren. Ein mathematisches Fundament ist nur in Ansätzen vorhanden. Aufbauende mathematische Gedanken können nicht verstanden werden. Üben und Automatisieren bringen nur punktuelle Erfolge, da die Kerngedanken nicht verstanden werden.
Durch gezieltes Training können jedoch Verbesserungen erreicht werden. Voraussetzungen dafür sind die Freiwilligkeit und das Durchhaltevermögen des Schülers! Durchhaltevermögen braucht der Schüler nicht in dem Sinne, dass er stundenlang stumpfsinnig Aufgabenpakete abarbeitet, sondern man nutzt eine Zeitspanne von hoher Konzentration (ca. 15 Minuten), um individuelle Fehleralgorithmen zu korrigieren und anschließend die richtigen Algorithmen zu üben.

- **Allgemeingültige Hinweise zur Förderung**
  - Taschenrechnereinsatz zulassen
  - Keine beschämenden Gruppensituationen (z.B. Kopfrechenrunden)
  - Ergänzung durch geeignete Lernprogramme (längere Konzentration am PC)
  - Kleines Einmaleins gedruckt als Hilfe nutzen (X-/Y-Matrix)
  - Kein pauschales Üben in Gruppen ohne Differenzierung
  - Zeit für individuelle Hilfen einplanen
- **Förderinhalte eines individuellen Dyskalkulie-Trainings**
  - Eine qualitative Fehleranalyse (s. u.)
  - Erkenntnisse über Rechentechniken
  - Zahlen und inhaltliches Mengenverständnis
  - Falsche Rechenoperationen durch richtige ersetzen
  - Visuelle Hilfsmittel einsetzen
  - Sicherheit durch Rechenhilfen
  - Aufarbeitung von Defiziten bei den mathematischen Fachkompetenzen

Praxisbeispiele für qualitative Fehleranalysen

An konkreten Beispielen wird nachfolgend erläutert, worauf bei der Förderung im Fach Mathematik geachtet werden muss, „wenn das Kind in den Brunnen gefallen ist“. Ob es sich immer um Schüler mit einer diagnostizierten Rechenstörung handelt oder um Schüler mit Defiziten bei den grundlegenden Rechenverfahren, ist dabei unerheblich.

Problem: „Richtig rechnet man so...“ sagt der Lehrer und beginnt mit seinen Erläuterungen.
Schüler machen Fehler nicht wahllos, sondern sie bemühen sich, mit einem Lösungsverfahren zum Ergebnis zu kommen. Ist die Denkstrategie des Schülers jedoch falsch, so wird sie auf diesem Weg vom Lehrer weder ermittelt noch widerlegt, sondern mit dem richtigen Rechenweg konfrontiert. Der Schüler schwankt nun zwischen beiden Wegen hin und her. Die Wahrscheinlichkeit, dass er sich nur noch für den ihm fremden Weg entscheidet ist eher gering - vermeintliche Konzentrationsschwierigkeiten nehmen zu, der Schüler wird für lustlos oder faul gehalten und hält sich selbst womöglich am Ende für einen Versager. Auch Klassenarbeiten und Tests sind häufig nicht hilfreich, sie dienen leider eher dazu, die Schwächen zu ermitteln, als sie auszuräumen. Diese Verständnislücken sind keine solide Grundlage für die weitere Aufbauarbeit am mathematischen Gebäude. Ohne die Grundlagen der Arithmetik können z. B. Gleichungen mit einer Variablen nicht gelöst werden.

Lösungsvorschlag: Individuelle qualitative Fehleranalyse, Üben des richtigen Algorithmus.

Problem: Diagnose Flüchtigkeitsfehler
Dies ist leider häufig eher eine flüchtige Diagnose. Viele Fehler werden nicht aus Unwissenheit oder mangels Konzentration gemacht, sondern sie sind Ausdruck einer falschen subjektiven Logik, mit der aber manchmal auch richtige Ergebnisse erzielt werden, was deren Aufspüren durch den Lehrer umso schwerer macht.

Beispiele für (im Kopf) falsch gerechnete Aufgaben:

46 – 23 = 17	65 – 38 = 27

Die erste wurde falsch, die zweite richtig gelöst. Die individuelle, qualitative Befragung des Schülers offenbarte die fehlerhafte Strategie:

40 – 20 = 20	60 – 30 = 30
6 – 3 = 3	8 – 5 = 3
20 – 3 = 17	30 – 3 = 27

Im ersten Beispiel subtrahiert der Schüler auch die „Reste“, also 20 und 3, anstatt diese zu addieren. Denkfehler: Bei der Subtraktion werden Zahlen immer (mechanisch) von ein-

ander abgezogen. Fehlerursache: Der Algorithmus der Subtraktion durch Zerlegung in Zehnerbündel und Einer wurde nicht begriffen, sondern falsch interpretiert. Ein verkehrter subjektiver Algorithmus ersetzt das objektive, richtige mathematische Verfahren.
Im zweiten Beispiel wird nicht 5 – 8 mit Auflösung eines Zehnerbündels gerechnet, weil dies nicht verstanden wurde (Fehlerursache). Denkfehler des Schülers: Um guten Willens ein Ergebnis zu erzielen, wird 8 – 5 gerechnet und dies führt zusammen mit einem Vorzeichenfehler sogar zu einem richtigen Ergebnis. Auch mit einem falschen Algorithmus werden Aufgaben regelmäßig z. T. richtig gelöst.

Lösungsvorschlag: Schüler erklärt dem Lehrer beim Rechnen seine Denkschritte auch bei Aufgaben mit richtiger Lösung, ggf. Fehlerkorrektur, Üben des richtigen Algorithmus.

Themenbereich: Kardinal- und Ordinalzahlen

Problem: Unterscheidung von Kardinalzahlen (1, 2, 3) und Ordinalzahlen (1., 2., 3.)

Beispiel: 2 + 3 = geht nicht!
Denkfehler: Beim Zählen mit den Fingern kann an den Summanden Zwei (repräsentiert mit Daumen und Zeigefinger) nicht der nächste Summand anschließen, denn der Mittelfinger, der nun an der Reihe wäre, steht für Drei. Gebraucht wird aber eine Eins, die ist aber belegt (Daumen). Ein und derselbe Finger (hier Mittelfinger) wäre Eins und Drei zugleich, ein Widerspruch, der gemieden wird.

Beispiel: 2 + 3 = 3
Denkfehler des Schülers: Gleiche Problemlage, aber diesmal wird mit dem nächsten Summanden wieder bei Eins begonnen, Mittelfinger = Drei = Ergebnis 3

Beispiel: 9 – 4 = 6
Denkfehler: Neun Finger hoch und rückwärts zählend: der neunte, der achte, der siebte, der sechste Finger = Ergebnis 6

Lösungsvorschlag: Nicht die Finger nehmen, sondern Striche auf Papier zeichnen; im ersten Beispiel zwei Striche, „+“, drei Striche zeichnen, „=“ dann alle Striche zusammenzählen.

Beachte: Bei Jugendlichen, die mit dieser Problematik in den berufsbildenden Bereich eintreten, ist häufig keine Ausbildung, auch keine vereinfachte Ausbildung (Helferberufe o. Ä.) möglich.

Themenbereich: Ziffern, Zahlen und dekadisches System

Unser Dezimalsystem mit nur zehn Symbolen (0, 1, 2,... 9) und dem Stellenwertsystem erlaubt es, jede Zahl darzustellen. Jeder Ziffer wird ein Stellenwert zugewiesen (Einer, Zehner, Hunderter). Die Stellen von rechts nach links entsprechen aufsteigenden Potenzen der Zahl 10 (daher der Begriff Dezimalsystem). Zehn Einheiten werden jeweils zusammengefasst, gebündelt.

Beispiel:
$127 = 1 \cdot 10^2 + 2 \cdot 10^1 + 7 \cdot 10^0 = 100 + 20 + 7$

Problem: Ziffern und Zahlen werden verwechselt

Beispiel: 12 = 21
Denkfehler: Gleiche Ziffern bedeuten auch identische Zahlen.

Lösungsvorschlag: Zahlen zur Bestimmung von Mengen nutzen, Übungen mit der Stellenwerttafel (s. u.) oder anderen Medien, z. B. mit Würfeln, die zu 10er-Stangen gebündelt werden können (für das Verständnis), Zahlendiktate (zur Übung/Festigung).

T Tausender	**H** Hunderter	**Z** Zehner	**E** Einer
3	***2***	***1***	***5***

Problem: Lauttreue Schreibweise von Zahlen

Beispiel: Eintausenddreihundertundzwanzig = 100030020
Denkfehler: Das Stellenwertsystem wurde nicht verstanden, zusätzlich sind Grammatik der Sprache und Symbolreihenfolge (Ziffern) unterschiedlich.

Ein „Zahlendreher"-Problem kann bei Nutzung des Taschenrechners schwer zu entdecken sein. Z.B. wird die Lösung der Aufgabe 24 + 24 = 48
mit dem Taschenrechner richtig gesprochen, in den Rechner wird jedoch 42 + 42 eingegeben und 84 angezeigt. Gesprochen: 48.
Erst der Blick auf den Taschenrechner zeigt, dass es hier ein Problem gibt. Bei der Addition von 26 + 26 macht der Schüler dann keinen „Flüchtigkeitsfehler"!

Lösungsvorschlag: Übungen mit der Stellenwerttafel

Problem: 14 + 23 = 64
Denkfehler des Schülers: Die inneren Ziffern (4 + 2) werden addiert, danach die äußeren Ziffern (1 + 3) und dies wird als Lösung präsentiert.

Problem: 1 und 10 werden nicht unterschieden, identisch genutzt
Denkfehler des Schülers: Da 1 + 0 = 1, bedeutet dies, dass die Null praktisch nicht zählt.

Lösungsvorschlag: Übungen mit der Stellenwerttafel

Typische Fehleralgorithmen gibt es auch bei den (schriftlichen) Grundrechenarten.

Themenbereich: Addition

Problem: Fehlender Übertrag
Beispiel:

```
  327
+ 465
-----
 7812
```

Denkfehler: Spaltenweise werden Zahlen addiert, Prinzip der Bündelung im Dezimalsystem wird nicht beherrscht.

Problem: Kein Übertrag in eine Leerzeile
Beispiel:

```
  268
+  91
-----
  259
```

Denkfehler: Der Übertrag wird nicht in die nächste Addition übernommen, weil es im unteren Summanden „nichts gibt" (Leerstelle), wozu der Übertrag hinzu addiert werden könnte.

Lösungsvorschlag: Mit Nullen auffüllen ist nicht optimal, besser am Grundverständnis z. B. mit der Stellenwerttafel arbeiten.

Themenbereich: Subtraktion

Problem: Immer wird die kleinere Zahl von der größeren subtrahiert
Beispiel:

```
  345
- 258
-----
  113
```

Denkfehler: Statt 5 – 8 wurde 8 – 5 gerechnet, da die Entbündelung nicht beherrscht wird: Lösung mittels (falscher) subjektiver Rechenstrategie.

Problem: Kein Übertrag
Beispiel:

```
  345
- 258
-----
  197
```

Denkfehler: Es wurde zwar entbündelt und im Ergänzungsverfahren aufgefüllt (15 – 8 = 7). Die Entbündelung bleibt aber ohne Folgen in der zweiten Stelle des Subtrahenden.

Problem: Kein Übertrag in eine Leerstelle
Beispiel:

```
  456
-  87
-----
  469
```

Denkfehler: Analoger Fehler zur Addition, Übertrag in eine Leerstelle erfolgt nicht.

Lösungsvorschlag: Übungen mit der Stellenwerttafel, Bündelungs- und Entbündelungsübungen

Problem: Addition und Subtraktion werden nicht unterschieden
Denkfehler: Subtraktion (Minuend – Subtrahend = Differenz) kann mit zwei verschiedenen Algorithmen durchgeführt werden:

1. Zahlen werden entsprechend dem Stellenwert untereinander geschrieben. Von den Ziffern des Minuenden werden die zugehörigen Subtrahenden abgezogen.
2. Häufig übliches Normalverfahren ist ein Ergänzungsverfahren: Die Ziffern im Subtrahenden werden per Addition bis zur zugehörigen Ziffer im Minuenden aufgefüllt. Somit muss bei der Subtraktion auch addiert werden, Unterschiede verschwimmen.

Themenbereich: Multiplikation

Problem: Falsche Anordnung von Teilprodukten
Beispiel: 84 · 98

———
756
 672
———
1428

Denkfehler: Die Ausrückung der Zahlen wurde nicht verstanden. Bei der Addition sollen sauber Einer unter Einer etc. geschrieben werden und nun plötzlich die Anweisung zur Ausrückung, was als Widerspruch verstanden wird. Manchmal kommt es auch zu einer (bewusst?) unsauberen Schreibweise. Die Ausrückung erfolgt dann um eine halbe Spalte.

Lösungsvorschlag: Grund ist ein mangelndes Verständnis für das dekadische System. Unterscheiden muss man hier die Schüler, die motorisch nicht in der Lage sind, klein genug zu schreiben (Störungen der Feinmotorik). Diesen sollte man kariertes Papier mit größeren Kästchen anbieten.

Problem: Null im Multiplikator wird ignoriert
Beispiel: 18 · 30

———
54

Denkfehler: 3 · 18 wird gerechnet (54), es folgt das Teilprodukt 0 · 18 = 0

Problem: Null als neutrales Element bei der Multiplikation
Beispiel: 27 · 0 = 27
Denkfehler: Bei der Addition ist n + 0 = n, dies wird für eine allgemeine Eigenschaft der 0 gehalten. Scheinbar lässt 0 die 27 unverändert.

Themenbereich: Division

Problem: Teildivision mit dem Ergebnis Null wird ignoriert
Beispiel: 4535 : 5 = 97
45
—
 035
  35
 ——
  0

Denkfehler: Die heruntergeholte 3 ist kleiner als der Divisor, eine Null müsste eingefügt werden (907).

Problem: Null als Divisor
Beispiel: 13 : 0 = ?
Denkfehler: Folgende Lösungen werden angeboten:
13 : 0 = 0 oder 13 : 0 = 1 oder 13 : 0 = 13.
Es besteht ein grundsätzliches Unverständnis. „Die Division durch die Null ist verboten“ hat der Schüler vielleicht noch im Ohr. Vermutet wird Null als ein ähnlich neutrales Element wie bei der Addition und Multiplikation.

Lösungsvorschlag: Division durch die Null ist unsinnig, es ist keine durchführbare Rechenoperation. Die Umkehrung macht dies deutlich. n : 0 = m hieße m · 0 = n und das stimmt nicht (m · 0 = 0)

Themenbereich: Maßzahlen, Qualität, Quantität

Problem: Unterschiedlich dimensionierte Größen werden – obwohl unvereinbar – miteinander verknüpft
Beispiel: 3 Sekunden + 5 Meter = 8
Denkfehler: Beim Rechnen komme es nur auf die Zahlen an. Somit erscheinen die Einheiten nebensächlich.

Lösungsvorschlag: Beliebige undimensionierte Zahlen können einfach zusammengezählt werden, da sie die identische Einheit Eins haben. Dies sollte Schülern bewusst gemacht werden.

Problem: Dimensionierte Größen können von reinen Quantitäten nicht unterschieden werden

Lösungsvorschlag: Die Unterschiede zwischen Qualitäten und Quantitäten müssen herausgearbeitet werden, z. B. mittels vertrauter physikalischer Gesetze:
20 km = 5 km/h · 4 h; 20 m^2 = 5 m · 4 m.
Es handelt sich hier um identische Zahlen (Quantitäten), aber völlig unterschiedliche Einheiten (Qualitäten).

Themenbereich: Bruchrechnung

Ein Bruch ist Aufgabe und Ergebnis gleichzeitig. Die Bruchzahl hält Anzahl und Größe von Teilen eines Ganzen durch den Bruchstrich getrennt fest (Zähler/Nenner).

Problem: Der Bruchstrich — wird nur durch : ersetzt, was zur Division auffordert.

Beispiel: $1\frac{1}{3} - 2\frac{3}{5} = 1{,}3 - 2{,}6$

– dies ist so nicht lösbar.

Lösungsvorschlag: Das (grundlegende) Verständnis für einen Bruch ist ungenügend. Das Verhältnis von Teilgröße und Teilanzahl im Bruch wurde nicht verstanden und muss zunächst erlernt werden.

Weitere Beispiele: $\frac{1}{16} > \frac{3}{4}$
da 16 die größte Zahl ist, $0{,}25 > \frac{3}{4}$
da 25 die größte Zahl ist (auch das Verhältnis von Bruch- zu Dezimalzahl ist unklar).

Problem: Addition von Brüchen

Beispiel: $\frac{3}{4} + \frac{1}{2} = \frac{3+1}{4+2}$

Denkfehler: Die gebräuchlichen Summanden sind durch die Bruchstriche lediglich räumlich getrennt und werden wie bei der Addition zusammengerechnet.

Beispiel: $\frac{3}{4} + \frac{1}{2} = \frac{3+2}{4+4} = \frac{5}{8}$

Denkfehler: Es wurde zwar richtig erweitert, aber Nenner werden nicht als gemeinsame Einheit der im Zähler notierten Einheiten verstanden, sondern wie Summanden addiert.
Lösungsvorschlag: Grundlegend ist das Bruchverständnis. Es sollte zusätzlich zu den üblichen runden Medien (Kuchen, Pizza) mit Bruchstäben gearbeitet werden.

Themenbereich: Prozentrechnung

25 % ist keine Zahl, sondern gibt das Verhältnis zweier Zahlen zueinander an, namlich 25 : 100

Problem: Als dimensionierte Zahl missverstanden
Beispiel: 25 % von 1200 = 300 %

Problem: Vermehrte oder verminderte Hauptsumme
Beispiel: Der Nettopreis eines Fahrrads, das inklusive 19 % Mwst 414 € gekostet hat, wurde wie folgt errechnet:

$$\frac{414 \cdot 19}{100}$$

Denkfehler: Die 19 % werden auf die gesuchte Nettosumme aufgeschlagen. Dem Schüler gilt jedes Ganzes als 100 %.

Lösungsvorschlag: Skizze anfertigen lassen, visualisieren mittels Flächen, die den Betrag in € repräsentieren. Fläche „Netto?“ neben Fläche „19 % Mwst“ werden mit einer Klammer zusammengefasst = 414 €, daraus folgt 119 % = 414 €.

Themenbereich: Vorzeichen und Rechenregeln

Problem: Der Unterschied zwischen Rechenzeichen und Vorzeichen wird nicht beherrscht
Beispiel: $-3X = 6 - 15$
$3X = 6 - 15$
Denkfehler: Vorzeichen sind unwichtig, können weggelassen werden,
z. B. $+3 = 3$, also auch $-3 = 3$

Lösungsvorschlag: Es mangelt am Verständnis für negative Zahlen, Übungen mit dem Zahlenstrahl sind notwendig.

Themenbereich: Gleichungen

Problem: Der Begriff der Variablen und der Identität werden nicht verstanden
Beispiel: $15 - 3X = 6$
$X = 6 - 15 + 3$
oder $3X + 2 = 14$
$3 + 9 + 2 = 14$
Denkfehler: 3 X wird nicht als Produkt $(3 \cdot X)$ zweier Größen aufgefasst. Auch $3 \cdot X$ hilft nicht, denn die Multiplikation von „etwas“ mit „etwas nicht vorhandenem“ macht keinen Sinn, das Multiplikationszeichen wird weggelassen. X ist ein räumlich, nicht arithmetisch bestimmter Platzhalter, von dem alles Störende entfernt werden muss. Vor der 9 steht das +, weil in der Aufgabe nur + vorkommt.

Problem: Termumformung „auf die andere Seite bringen“
Beispiel: $15 - 3X = 6$
$3X = 6 + 15$
Denkfehler: Hier findet nur der Transport einer Zahl statt, zweiseitige Rechenoperationen wären notwendig.

Problem: Termumformung „man muss X isolieren“
Beispiel: $15 - 3X = 6$
$3X = 6$
Denkfehler: Gearbeitet wird (nur) dort, wo X steht.

Lösungsvorschlag: Am richtigen Verständnis für Gleichungen arbeiten, = als Massenvergleichswaage erläutern; rechts und links muss das Gleiche gemacht werden, damit das Gleichgewicht erhalten bleibt.

Beachte: Vereinfachende Sprüche sind gefährlich, weil sie losgelöst allein unsinnig werden können. Beispiel: „Ohne Formel kann man nicht rechnen“ kann bei verzweifelten Schülern dazu führen, dass irgendeine Formel genommen wird.

9.6 Entwicklungsstörungen der motorischen Funktionen

Junge Menschen mit einer umschriebenen Entwicklungsstörung der motorischen Funktionen gelten als motorisch ungeschickt, unbeholfen, schlecht koordiniert. Handlungen, die grobmotorisches Geschick verlangen, werden nur mangelhaft bewältigt. Die Feinmotorik kann davon jedoch weitgehend unberührt sein. Bei sportlichen Aktivitäten zeigen sich staksige, plumpe Bewegungen sowie fehlende Geschmeidigkeit und Balance. Häufig werden körperliche Anstrengungen vermieden. Besonders gravierende Koordinationsprobleme treten im Rahmen von neurologischen Erkrankungen auf (z. B. cerebrale Bewegungsstörung oder Muskeldystrophie, Körperbehinderungen) sowie als Folge von Schädel-Hirn-Verletzungen. Die motorischen Störungen dieser Krankheitsbilder fallen jedoch nicht unter die umschriebenen Entwicklungsstörungen der motorischen Funktionen. Da auch leichtere Formen cerebraler Bewegungsstörungen vorkommen, fällt die Abgrenzung nicht immer leicht und ist nur mithilfe einer sorgfältigen neurologischen Untersuchung möglich. Liegt eine diagnostizierbare spezifische neurologische Erkrankung vor, entfällt die Diagnose einer motorischen Entwicklungsstörung. Durch gezielte krankengymnastische und motopädische Therapien können motorische Koordination und der Gleichgewichtssinn der Betroffenen positiv beeinflusst werden. Ohne gezielte Behandlung im Kindesalter muss allerdings davon ausgegangen werden, dass zu einem großen Anteil auch im Erwachsenenalter noch motorische Koordinationsstörungen vorliegen.

Die Schulentwicklung der betroffenen Kinder und Jugendlichen zeigt – gemessen an der Durchschnittspopulation – **keine Einschränkungen.** Der Anteil derjenigen, die das Abitur oder den mittleren Schulabschluss erreichen, ist genauso hoch wie bei Jugendlichen ohne Teilleistungsstörung – und unterscheidet sich damit deutlich von denjenigen mit Sprachstörungen, Lese-Rechtschreibstörungen und Rechenstörungen. Auch Defizite in kognitiven Leistungstests sind bei jungen Menschen mit motorischen Entwicklungsstörungen kaum zu beobachten. Die nonverbale und die verbale Intelligenz erreichen die Werte normal entwickelter Gleichaltriger.

Zusätzliche psychische Auffälligkeiten sind dagegen zu beobachten. Der diagnostische Schwerpunkt liegt dabei – wie im Fall von Rechenstörung – auf dem introversiven Bereich. Das heißt, motorisch gestörte Jugendliche haben häufiger Kontaktschwierigkeiten, sind vielfach scheu, zurückgezogen, ängstlich. Insgesamt geht mit den verstärkten emotionalen Problemen eine geringere Reife einher und die Ablösung vom Elternhaus erfolgt - wie auch die Aufnahme von Beziehungen zum anderen Geschlecht – verspätet.

Zwei Drittel der motorisch gestörten Kinder sind Jungen. In der Vorgeschichte finden sich vermehrt Schwangerschafts- und Geburtskomplikationen als Hinweise auf eine **diskrete frühkindliche Hirnschädigung.** Motorische Störungen sind mit ursächlichen psychosozialen Belastungen nicht assoziiert und daher in der Regel als Indiz einer prä- und perinatalen[10] Belastung anzusehen.
(nach: Esser, S. 251)

10 prä- und perinatal = vor und während der Geburt

9.7 Berufliche Eingliederung

Junge Menschen mit Teilleistungsstörungen weisen unterschiedliche Leistungsdefizite auf, die sie sowohl in der Schule als auch in ihrer Ausbildung und Berufsausübung beeinträchtigen können. Es kommt daher entscheidend auf Art und Ausmaß der Störungen an. Weitgehend ohne Leistungseinbußen sind junge Menschen mit einfachen Artikulationsstörungen und umschriebenen motorischen Störungen[11]. Im Gegensatz dazu ist bei Lese-Rechtschreibstörungen (LRS), Rechenstörungen (Dyskalkulie) und Sprachstörungen mit teilweise deutlichen Beeinträchtigungen zu rechnen. Bei Störungen des Lesens und Rechtschreibens sowie der Sprache sind vor allem Ausbildungen und Berufe aus dem technisch-handwerklich-naturwissenschaftlichen Bereich zu empfehlen. Im Fall von Rechenstörungen kommen vor allem Berufe in Betracht, bei denen die Betroffenen ihre in der Regel normalen sprachlichen Fähigkeiten nutzen können. Als problematisch hinsichtlich der beruflichen Eingliederung können sich bei einem Teil der Betroffenen zusätzliche psychische Auffälligkeiten erweisen.

Jugendliche mit Teilleistungsstörungen sind in allen Schultypen vertreten. Das Spektrum reicht von der Förderschule/Schule mit dem Förderschwerpunkt Lernen über die Hauptschule, die Realschule bis – in seltenen Fällen – zum Gymnasium. Eine Berufsorientierung erfolgt im Rahmen des Berufswahlunterrichts, überwiegend im Bereich der Arbeitslehre. Eine wichtige Funktion erfüllen dabei Betriebs- und Arbeitsplatzerkundungen sowie schulische Betriebspraktika.

Die Berufsberatung der Agentur für Arbeit leistet Hilfestellung in allen Fragen der Berufswahl und fördert, je nach individuellem Bedarf, die berufliche Eingliederung. Im Mittelpunkt steht dabei die persönliche Beratung der Jugendlichen, in enger Zusammenarbeit mit den Eltern und der Schule. Bei schweren Formen von Teilleistungsstörungen - wenn Maßnahmen zur beruflichen Rehabilitation in Betracht kommen - stehen spezifisch ausgebildete Berufsberater für Menschen mit Behinderung zur Verfügung. Zur Abklärung der beruflichen Eignung und in Fragen der Diagnostik kann die Berufsberatung den ärztlichen und den psychologischen Dienst der Agentur für Arbeit hinzuziehen. *(nach: Esser, S. 251 f.)*

Grundlagen waren

Prof. Dr. G. Esser: Teilleistungsstörungen. In: Teilhabe durch berufliche Rehabilitation. Handbuch für Beratung, Förderung, Aus- und Weiterbildung. Bundesagentur für Arbeit. Nürnberg 2002

Fachgruppe Sonderpädagogik des Annedore-Leber-Berufsbildungswerks: Bamberger Dyskalkulie- und Diagnostik-Test, Berlin 2009

R. Röhrig: Mathematik mangelhaft. Reinbek 1996

Fachseminar „Sonderpädagogische Fachrichtungen“ (Arbeitsergebnisse), Berlin

www.legasthenie-zentrum-berlin.de

www.bildungsserver.de

www.rehadat.de

www.foerderschwerpunkt.de

11 Umschriebene Störungen = deutlich abgegrenzte Störungen

10

Psychische Störungen

10 Psychische Störungen

Psychische Störungen sind eine Domäne der im psychiatrischen Bereich arbeitenden Berufsgruppen. Lehrern wird bei der Behandlung eine Nebenrolle zugewiesen. Im Sinne einer nur gemeinsam wirksamen Arbeit/Bearbeitung sollten sie grundlegende Kenntnisse über die häufigsten Krankheitsbilder haben, allgemeingültige Auswirkungen auf den Unterricht reflektieren und unterstützend spezifische methodische Maßnahmen ergreifen können.

Einleitung

Im Folgenden wird mit einer ausführlichen **Definition** die Frage beantwortet, was eine psychische Störung genau ausmacht. In verschiedenen Beiträgen zu einzelnen Krankheitsbildern wird dies häufig manchmal nebenbei oder auch unvollständig dargestellt. Es schließen sich Erläuterungen der gebräuchlichen Klassifikationssysteme an. Die in diesem Buch vorgenommene Einteilung der Störungsbilder wird begründet.

Wenn man als Laie eine bisher unbekannte Erkrankung staunend kennenlernt, stellt man sich sofort die Frage nach den Ursachen. Dies ist bei psychischen Erkrankungen nicht in einem Satz zu beantworten. Die **Ätiologie** wird nachfolgend in einer Übersicht vereinfacht und verallgemeinert dargestellt. Bei der anschließenden **Vorstellung der spezifischen Krankheitsbilder (ab Kapitel 10.1)** wird die Ursachenforschung dann überwiegend vernachlässigt, da diese Fragen nicht immer präzise beantwortet werden können oder sich nach jeweiligem Forschungsstand die Gewichtung der Bedingungsfaktoren verändert.

Auswirkungen von psychischen Erkrankungen auf den Unterricht sowie Vorschläge für **allgemeine methodische Maßnahmen** beschließen die einleitende Übersicht, bevor mit Kapitel 10.1 die Unterkapitel mit den psychischen Krankheitsbildern beginnen.

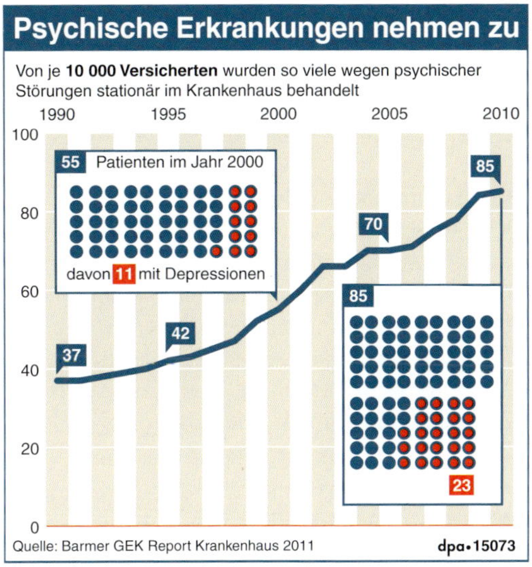

In den Medien findet sich wiederholt die Auffassung, dass psychische Erkrankungen in der Bevölkerung zunehmen. Ob dies tatsächlich zutrifft, ist hier nicht abschließend festzulegen. Das obige Schaubild soll exemplarisch die komplexe Fragestellung verdeutlichen. Ganz augenscheinlich ist ein deutlicher Anstieg von 37 (1990) auf 85 (2010) von je 10.000 Versicherten einer Krankenkasse festzustellen, die mit psychischen Störungen im Krankenhaus behandelt wurden. Zusätzlich gibt es eine Differenzierung bezüglich des Krankheitsbildes „Depressionen"(Anstieg von 11 auf 23 je 10.000 in 10 Jahren). An den Zahlen ist nicht zu zweifeln, wohl aber an der **Interpretation** (= Überschrift). Folgendes ist hier zu bedenken:

1. Veränderte allgemeine Behandlungsmethoden: Psychische Erkrankungen werden ambulant, teilstationär oder stationär behandelt. Wer nur Teilgruppen betrachtet, kann über die Gesamtgruppe keine valide Aussage treffen.
2. Veränderte spezifische Therapien: Es gibt Fälle von Depressionen, bei denen ein hohes Suizidrisiko besteht, daher wird u. U. vorsorglich zunehmend weniger ambulant behandelt. Die Größe der Gruppe muss sich nicht verändert haben.
3. Veränderte Diagnostik: Z. B. waren Rückenschmerzen in der Vergangenheit primär eine orthopädische Erkrankung. Heute wird zunehmend nach Zusammenhängen zu psychischen Belastungsfaktoren gesucht – in der Statistik kommt es so zu Veränderungen.

Definition[1]

Psychische Störungen sind häufig nur schwer zu erkennen und zu klassifizieren. Vielfach ist der Verlauf aus Sicht der Schule chronisch. Die meisten Störungen sind in leichteren Ausprägungen/Variationen auch bei nicht erkrankten Jugendlichen zu finden[2]. Auffälligkeit und Normalität liegen dicht beieinander. Eine psychische Störung liegt vor, wenn bezogen auf das Entwicklungsalter das Verhalten oder Erleben von der Norm abweicht und/oder zu einer Beeinträchtigung führt:

Kriterien der Abnormalität – Abweichung von der Norm

Angemessenheit hinsichtlich Alter und Geschlecht. Unangemessen sind z. B. Trennungsängste jenseits des Kleinkindalters.

Persistenz. Abgrenzung eines Durchgangsphänomens (z. B. vorübergehende Schulunlust) von persistierenden Verhaltensweisen (z. B. Schulverweigerung).

Lebensumstände. Entwicklung ist kein linearer Prozess, Belastungsphasen können sein: Geburt eines Geschwisters, Klassenwechsel o. a.

Soziokulturelle Gegebenheiten. Verschiedene Kulturen/soziale Schichten bewerten bestimmte Verhaltensmerkmale unterschiedlich.

Ausmaß der Störung. Erst die Kombination von Symptomen führt zu einem Störungscharakter.

Art des Symptoms. Nägelbeißen z. B. ist als isoliertes Phänomen unproblematisch; gestörte Beziehung zu Gleichaltrigen kann die Entwicklung stärker beeinflussen.

Schweregrad und Häufigkeit der Symptome. Schwere und häufige Symptome sind seltener.

Verhaltensänderung. Ein Verhalten, dass nicht zur Reifung/Entwicklung passt.

Situationsspezifität. Auslösung der Störung je nach Situation, gibt Aufschlüsse über interaktionelle Bezüge und Symptomentwicklung.

1 Nach Steinhausen, Psychische Störungen bei Kindern und Jugendlichen, 2010

2 Ein Beispiel für eine Ausnahme ist der ▸ frühkindliche Autismus.

Kriterien der Beeinträchtigung

Leiden. Immer im Bezug zur Temperamentsstruktur zu sehen, z. B. geringer Sozialkontakt kann Ausdruck von Selbstzufriedenheit oder Ängstlichkeit sein.
Soziale Einengung. Deutlich verringerter Sozialkontakt kann die Entwicklung beeinträchtigen.
Interferenz mit der Entwicklung. Prüfen, inwieweit Entwicklungsabläufe durch das Symptom gestört werden.
Auswirkungen auf andere. Soziale Umwelt ist nicht nur Verursacher, sondern auch Leidtragender der Probleme, d. h. auch fehl angepasster Umgang der Umwelt kann Störungen begründen.

Einen anderen Definitionsansatz erläutert Blankenburg. Er betrachtet Philosophie als eine der Grundlagenwissenschaften für die Psychopathologie und orientiert sich an der anthropologischen Psychiatrie. Seiner Auffassung nach ist nicht abweichendes Verhalten Gegenstand der Psychopathologie, sondern es sind Beeinträchtigungen des Sich-verhalten-Könnens. Das Unvermögen, sich nicht abweichend zu verhalten, ist somit genauso ein pathologisches Problem wie das Unvermögen, sich abweichend zu verhalten. Diese **Beeinträchtigung von Freiheitsgraden im Erleben-Können und Sich-verhalten-Können** werden vom Erkrankten durchaus nicht immer subjektiv so empfunden, z. B. bei Psychosen.

Klassifikation

Klassifikationssysteme
Folgende internationale Systeme für psychische Erkrankungen sind verbreitet:

ICD-10 (Internationale Klassifikation der Krankheiten 10. Revision): Weit verbreitetes Klassifikationsschema der WHO (Weltgesundheitsorganisation) für kinder- und jugendpsychiatrische Störungen. Nach diesem Schema rechnen Krankenkassen ärztliche Leistungen ab. Diagnosen werden als Buchstaben und Zahlenkombinationen chiffriert.

MAS (Multiaxiales Klassifizierungsschema): Als Ergänzung und Differenzierung, auch von der WHO. Das MAS bildet Störungen auf 6 Achsen ab bzw. betrachtet Störungen aus mehreren Blickwinkeln.
Achse 1: klinisch-psychiatrische Störungen
Achse 2: Entwicklungsstörungen
Achse 3: Intelligenzniveau
Achse 4: körperliche Krankheiten
Achse 5: aktuelle psychosoziale Umstände
Achse 6: Globalbeurteilung der psychosozialen Anpassung

DSM-IV: Dies ist ein Klassifikationssystem, das in Nordamerika speziell in der Forschung dominiert. Seit 1996 gibt es eine deutsche Ausgabe des DSM-IV (Diagnostic and Statistical Manual of Mental Disorders). Die Textrevision der 4. Auflage (DSM-IV-TR) wurde 2000 veröffentlicht.

Als Komorbidität[3] wird das Phänomen bezeichnet, dass in der Regel gleichzeitig mehrere Störungsbilder/Erkrankungen auftreten. Bei psychischen Erkrankungen trifft dies in der Regel zu.

Unterschiedliche Autoren setzen die – z. B. nach ICD-10 definierten – Störungsbilder individuell in unterschiedliche kategoriale Gruppen zusammen[4]. In dem vorliegenden Buch für die Sekundarstufe II ist eine Orientierung an häufigen Erkrankungen in der Adoleszenz und gebräuchlichen Krankheitsbezeichnungen sinnvoll. Gleichzeitig sollen alle bedeutenden Störungsgruppen abgebildet werden, um einen Überblick zu geben.

Ätiologie[5]

Die genauen Ursachen der verschiedenen psychischen Erkrankungen sind vermutlich überwiegend nicht endgültig und vollständig geklärt und können zusätzlich zwischen verschiedenen Individuen differieren. Es gibt eine Vielzahl von möglichen Einflussgrößen, die sich sehr unterschiedlich gegenseitig beeinflussen. Vereinfachend wird die biopsychosoziale Wechselwirkung folgender Faktoren erläutert: Risikofaktoren, Vulnerabilitätsfaktoren, kompensatorische Faktoren und Schutzfaktoren.

Biologische Risikofaktoren	Psychosoziale Risikofaktoren
Zum Teil sind genetische Faktoren in der Verursachung bedeutsam. Das Geschlecht und das Temperament sind konstitutionelle Bedingungen, die als wichtige Determinanten bei psychischen Störungen wirken.	Wichtigste Faktorengruppe bei psychischen Störungen. Individuelle Faktoren sind Vulnerabilität (Verletzlichkeit), Persönlichkeitsmerkmale, internalisierte Konflikte und fehlangepasste Bewältigungsprozesse. Familiäre Faktoren sind Erziehung, Trennung, Verlusterfahrungen, familiäre Disharmonie, Bindungsmängel, psychische Störungen der Eltern, mangelnde Anregungen, u. a. Aus Schule und Gleichaltrigengruppe erwachsen weitere Risikofaktoren.
Soziokulturelle Risikofaktoren	**Lebensereignisse und situative Risikofaktoren**
Risiken ergeben sich auch aus der erweiterten soziokulturellen Umwelt: der Sozialschicht, den städtischen Lebensbedingungen, Migration und dem Einfluss der Medien.	Schwierige Lebensereignisse (z. B. Beendigung einer Freundschaft) werden nicht direkt, sondern erst in Verbindung mit nicht verfügbaren Bewältigungsmöglichkeiten wirksam.

3 Komorbidität: Vorkommen von zwei oder mehr diagnostisch unterscheidbaren Krankheiten nebeneinander bei einem Patienten, ohne dass eine ursächlichen Beziehung zwischen diesen bestehen muss (aus: Pschyrembel, 2004).

4 Gruppierungen: ADHS (nach DSM-IV) wird z. B. bei Steinhausen unter den sog. hyperkinetischen Störungen berücksichtigt.

5 Ätiologie: Ursachenforschung

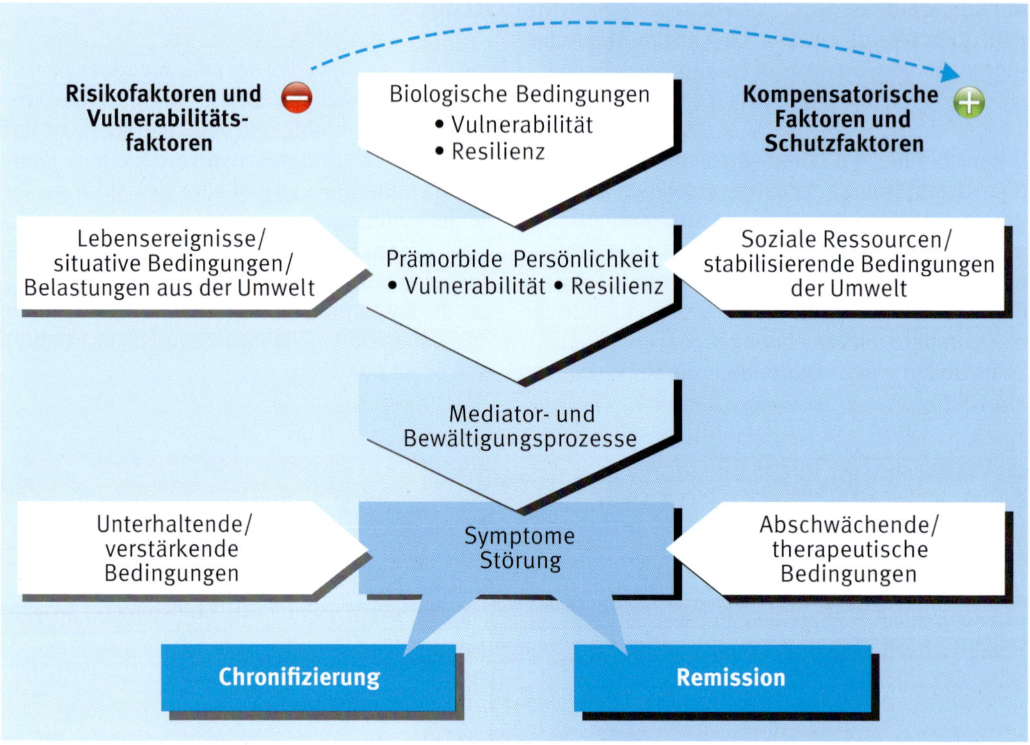

Der Jugendliche hat aufgrund seiner biologischen Ressourcen einerseits eine gewisse Vulnerabilität (Verletzlichkeit) bezogen auf psychische Belastungen, andererseits ein gewisses Maß an Resilienz (Bewältigungskompetenz). Je nach Lebensereignissen kann es zu Belastungen aus der Umwelt kommen. Dem gegenüber stehen soziale Ressourcen, die stabilisierend wirken. Im Verlauf des Bewältigungsprozesses zeigen sich Symptome/Störungen, die entweder durch verstärkende oder abschwächende Bedingungen zur Chronifizierung bzw. Remission (Rückgang) der Erkrankung führen.
(Steinhausen, 2010)

Protektive Faktoren (Schutzfaktoren)	Resilienz
Schützende Faktoren beugen einer Erkrankung vor. Es sind 3 Quellen zu nennen: – Disposition des Jugendlichen – familiäres Milieu – außerfamiliäre Umwelt	– Beinhaltet den Erwerb und die Verfügbarkeit von Bewältigungskompetenz, die bei belastenden Lebensereignissen die psychosoziale Funktionstüchtigkeit gewährleistet. – Ist als eine dynamische Kompetenz zu verstehen, welche sich alters-, situations- und lebensbereichsspezifisch entfaltet. – Kann sich mehrdimensional als eine kognitive, emotionale oder handlungsorientierte Kompetenz zeigen. Somit liegt jeweils intraindividuell ein spezifisches Resilienzprofil vor, das mglw. nicht alle Belastungsarten hinreichend zu puffern vermag.

Allgemeine Auswirkungen auf den Unterricht

Menschen mit psychischen Erkrankungen werden in der öffentlichen Wahrnehmung häufig abwertend beurteilt. Die Betroffenen versuchen eine **Stigmatisierung** durch Verbergen zu vermeiden. Manchmal überwiegt auch der Wunsch des Erkrankten in einem Bereich des Lebens (hier: Schule), sich nicht mit den ungelösten Problemen der Krankheit auseinanderzusetzen. Günter Hilff von der Klinik für Kinder- und Jugendpsychiatrie Tübingen gibt Hinweise für die Lehrkraft:

- Bei Verdacht auf eine psychische Erkrankung sollte zunächst Rücksprache mit dem betroffenen Schüler und dessen Eltern genommen werden. Es wird schnell deutlich, ob ein Problembewusstsein vorhanden ist oder nicht. In diesen Gesprächen sollte das Wort „Schuld“ nicht benutzt werden, und wenn es von den Eltern doch gebracht wird, sollte man das zurückweisen. Zeigen sich die Eltern einsichtig, so kann der Lehrer als Vermittler von Anlaufstellen wirken (Fachärzte, Jugendamt, schulpsychologischer Dienst, Ambulanzen der kinder- und jugendpsychiatrischen Kliniken) und den **Einstieg in eine Behandlung veranlassen.**

- Während der Behandlung kann der Lehrer Informationen zwischen den Beteiligten übermitteln und Aktuelles hinzufügen, sofern alle damit einverstanden sind. Besonders bei ambulanten Therapien kann dies sehr sinnvoll sein. Bei zeitlich längeren schulischen Maßnahmen wird dies eher gelingen als bei kurzen.

- Lehrer sollten nicht eine quasi co-therapeutische Rolle einnehmen. **Diagnose und Therapie bleiben dem dafür qualifizierten Fachpersonal vorbehalten**! Stützende pädagogische Maßnahmen seitens der Lehrer sind niemals Therapien.

- Lassen Eltern und Schüler jegliche Wahrnehmung der psychischen Erkrankung vermissen, bedeutet dies natürlich eine Erschwernis. Wenn die Symptome der Erkrankung massiv den Unterricht beeinträchtigen, sodass eine weitere Teilnahme nicht mehr zu verantworten ist, dann sollte im Amtshilfeverfahren z. B. das Gesundheitsamt, der schulpsychologische Dienst oder auch das Jugendamt eingeschaltet werden. *(in: Kimmig, 2006)*

Ob und wie Schülern mit psychischen Erkrankungen geholfen werden kann, den Schulalltag zu bewältigen, wird - so weit möglich oder bekannt – nachfolgend bei den einzelnen Krankheitsbildern dargestellt, wobei zu unterscheiden ist, ob sich der Schüler schulbegleitend in einer ambulanten Therapie befindet oder nach einem längeren stationären Aufenthalt zurück in die Klasse kommt. Voraussetzung für eine gelungene Reintegration ist ein gegenseitiger Austausch von Informationen während, vor allem aber nach abgeschlossener klinischer Behandlung.

Man kann versuchen, die Problematik (z. B. Essstörungen, Substanzmissbrauchsstörungen) zum **Unterrichtsgegenstand** zu machen. Indem der Lehrer von den individuellen Schwierigkeiten im sozialen Kontext seines Schülers weiß, kann er sachlich – ohne therapeutischen Anspruch – ähnlich gelagerte Themen thematisieren. Die Betroffenen erleben nun, wie ihre Probleme als Unterrichtsthema und damit neutral bearbeitet werden. Sie erfahren die Ansichten der Mitschüler und Lehrer, sehen unterschiedliche Lösungsansätze und Interpretationen, können – da ja offensichtlich niemand weiß, dass dies „ihr Thema“ ist – selbst Lösungsmöglichkeiten andeuten, die sie in der therapeutischen Einzelstunde u. U. noch längst nicht zu äußern bereit gewesen waren. Vermutlich gelingt dies nicht immer.

Die psychiatrischen Kliniken haben sich zum Glück geöffnet, man bietet ein flexibles, differenziertes Angebot von nicht mehr nur vollstationärer Behandlung für die Patienten an, sondern auch ambulante und teilstationäre Behandlungen. Damit werden allerdings auch die Belastungen nach außen getragen und sind von der Allgemeinheit zu schultern. Insgesamt stellen Schüler mit psychischen Erkrankungen eine besondere Herausforderung für Lehrer dar. Häufig können sie die gestellten Erwartungen nicht erfüllen und es sind kaum pädagogische Erfolge zu bemerken. Steuerbarkeit und Einflussmöglichkeiten sind gering. Insbesondere Krisensituationen werden als besonders belastend für die Betreuenden erlebt. Es besteht eine erhöhte Gefahr für Lehrer, durch Überlastung selbst zu erkranken. Diese neuen Risiken im Lehrerberuf werden noch längst nicht hinreichend wahrgenommen.

Weitere Probleme sind möglich:

- Im sozialen Umgang können Schwierigkeiten auftreten, weil psychisch Erkrankte oft anders reagieren, als man es in der jeweiligen Situation erwartet. Vielfältige Störungen des Erlebens drücken sich beispielsweise in Stimmungsschwankungen, Einschränkungen der Initiative und Ausdauer sowie verminderter Kontaktfähigkeit aus. Aggressives Verhalten und Missverständnisse führen zu Konflikten, Ungeduld, Distanzierung von der übrigen Lerngruppe.

- Fehlzeiten und Verspätungen (Gruppensituation, Überforderung, soziale Ängste, ungünstiges soziales Umfeld) erschweren den Lernprozess.

- Umgang mit der Kluft zwischen Anforderungen der Lehrpläne und letztlich des Arbeitsmarkts und den eingeschränkten Möglichkeiten aufgrund der Krankheit. Häufig ist das individuelle Leistungsniveau niedriger als vor der Erkrankung, was als zusätzlich belastend empfunden wird.

- Anspruchsvolle Schulabschlüsse bzw. Berufe führen zu erhöhtem Druck in Schule und Ausbildung.

- Ängste vor Prüfungen, vor dem Übergang in den Beruf

- Aber auch Gefahr der Überbehütung: Man traut dem Betroffenen wenig zu, darum unterstützt man ihn und nimmt ihm das Problem ab (z.B. Praktikumssuche, Suche eines Psychotherapeuten).

Allgemeine methodische Hinweise für den Unterricht

Hinweis: Die folgenden Hinweise, die weitgehend für alle Erkrankungen in diesem Kapitel Gültigkeit haben, sind entsprechend unspezifisch. Genauere Hinweise finden sich teilweise bei den einzelnen Störungsbildern.

- Gelassenheit im Umgang mit der Krankheit: Lehrer haben auf die Erkrankungen keinen Einfluss. Alle, d.h. die Betroffenen und die Betreuer, müssen die Krankheitsverläufe so akzeptieren, wie sie sind. Lehrer sind es gewohnt, Schüler nach Hause zu schicken, wenn jemand erkrankt ist. Nach erfolgter Genesung erwartet man den Schüler wieder im Unterricht. Dieses Schema wird grundsätzlich und nachhaltig bei psychischen Erkrankungen durchbrochen! Die Patienten können nicht jahrelang zu Hause bleiben, dort werden sie nicht gesund. Sie nehmen am Schulleben teil, obwohl sie ihrer Schülerrolle zeitweise nicht entsprechen können.
- Ein „Morgenkreis“ gibt Struktur, erläutert Anforderungen des Tages, spricht Mut zu.
- Ein „Abendkreis“ reflektiert das Geleistete. Gefahr: Defizite werden bearbeitet und das, was klappt, wird nicht thematisiert. Also: Feedback geben, Lob für das Geleistete, Stärken betonen.
- Stärkung der Persönlichkeit: Arbeitsgruppen zu kreativen Themen sind geeignet. Gibt es Möglichkeiten für eine Theater-AG, zusätzliche Sportangebote?
- Lernpatenschaften initiieren, ggf. vor Klassenarbeiten.
- Unterstützung bei der Inanspruchnahme von externen Helfern bieten (Beratungsstellen u.a.).
- Gibt es Möglichkeiten für gleitende Schul- bzw. Ausbildungszeiten? Materialien können z.B. auf Internetplattformen mit virtuellen Klassenzimmern abgelegt werden. Sind individuell Unterrichtszeiten verkürzbar, z.B durch Weglassen von einem Fach?
- Häufig wird beklagt, dass zu wenig Zeit zur Verfügung steht, um individuelle Gespräche zu führen. Eine kleine Schule mit kleinen Klassen und individualisierter Rücksichtnahme der Lehrer auf die jeweilige Erkrankung wird von den Betroffenen eher angenommen als eine anonyme Schule mit großen Klassen und vielen zuständigen Lehrern.

10.1 Essstörungen

Essstörungen werden den psychischen Störungen mit körperlicher Symptomatik zugeordnet[6]. Bei den Essstörungen sind die **Magersucht** und die **Ess- und Brechsucht** zurzeit von Bedeutung.

10.1.1 Anorexia nervosa (Magersucht)

Am häufigsten tritt die Magersucht in der Mitte der Teenagerjahre auf, im Verhältnis 10 Mädchen zu 1 Junge.

Hauptkriterien	Ursachen	Langzeitverlauf
Untergewicht (<85 % des für Alter und Größe normalen Gewichts – entweder durch Gewichtsverlust oder durch mangelnde Gewichtzunahme oder BMI body mass index) mit einem Gewicht von <17,5 kg/m² (altersabhängig). Verursacht durch mangelnde Nahrungsaufnahme, eventuell verbunden mit starker körperlicher Betätigung, Einnahme von Appetitzüglern oder Abführmitteln. Körperschemastörung: intensive Furcht vor Dicksein, Gefühl zu dick zu sein auch bei extremem Untergewicht. Hormonstörungen: Ausbleiben der Regelblutung bei Mädchen (außer bei Einnahme der Pille), bei Jungen Verlust von Libido und Potenz, verzögerte Pubertätsentwicklung bei sehr frühem Beginn.	Genetische Faktoren (Zwillingsstudien geben Hinweise) Kulturelle Faktoren Prädisponierende Rolle von spezifischen Kindheitserfahrungen einschließlich sexuellem Missbrauch ist wahrscheinlich möglich. Relativ harmonische Elternhäuser können häufiger eine Rolle spielen, wenn der Jugendliche Angst vor der sexuellen Reife und der Unabhängigkeit des Erwachsenenlebens hat. Gesellschaftliche Faktoren wie Schönheitsideale spielen eine (untergeordnete?) Rolle.	1/3 der Betroffenen wird gesund. 1/3 wird „fast“ gesund, führt ohne Krisen ein unauffälliges Leben (Familienplanung funktioniert), bei Entwicklungskrisen aber häufig Rückfall. 1/3 bleibt krank. Die Mortalitätsrate liegt zwischen 5–10 %. Bei einer Minderheit wechselt die Symptomatik mit einem Übergang von der passiv-restriktiven Form in die aktiv-bulimische (s. u.). Ungünstige prognostische Faktoren: großer Gewichtsverlust, zu rasche Gewichtszunahme („Herausfressen“), Erbrechen, Fressanfälle, Chronizität, mehrfacher Therapeutenwechsel, vorher bestehende Störungen. Günstige prognostische Faktoren: gute Eltern-Patient Beziehung, frühzeitige Diagnose und Therapie.

(Kimmig, 2006)

6 Vgl. Steinhausen

Auswirkungen auf den Unterricht

Für den Lehrer ist es oft nicht einfach, das Zustandsbild einer ausgeprägten Pubertätsmagersucht zu erkennen:

- Wo hört der noch zu tolerierende Bereich auf?
- Wann besteht die Gefahr eines Abgleitens ins Krankheitsbild?
- Wann ist eine Therapie dringend angezeigt?

Hinzu kommt, dass die – zumeist weiblichen – Schüler über hinreichend Strategien verfügen, ihren massiven Gewichtsverlust zu kaschieren, z.B. durch weite, auch die Extremitäten bedeckende Kleidung. Die Mitschüler erfassen durch ihre Erfahrungen im Schulalltag oder auch der Freizeit viel schneller, ob eine Klassenkameradin an einer Magersucht leidet oder sich lediglich im Rahmen der üblichen Spielchen (wer hat den geringsten Oberschenkelumfang?) bewegt.

Dem Sportlehrer kommt daher eine besondere Aufgabe zu, denn ihm dürfte ein rapider Gewichtsverlust nicht verborgen bleiben. Zudem ist häufig eine aus dem Rahmen fallende lustbetonte körperliche Aktivität zu beobachten, die ungern beendet wird. Diese zwanghaften körperlichen Aktivitäten zum Zweck der Kalorienabfuhr werden oft auch im Klassenzimmer fortgeführt, nur in einer subtileren, nicht sogleich wahrnehmbaren Form; z.B. Sitzen auf dem Stuhl ohne Bodenkontakt der Füße, permanentes Öffnen und Schließen der Hände unter dem Tisch.

- Der Sportlehrer ist im Unterricht immer wieder gefordert, durch klare strukturierende Hinweise den magersüchtigen Schüler darauf hinzuweisen, dass er in der Schule seine Symptome nicht hemmungslos ausleben kann (übertriebene sportliche Aktivität). Dies erfordert vorab klärende Gespräche, in denen Regeln festgelegt werden, an die sich der Schüler zu halten hat.
- Scheint eine Erkrankung an Anorexia nervosa evident, sollte der Klassenlehrer die Schülerin im Einzelgespräch darauf ansprechen und nachfragen, ob sie sich in einer Behandlung befindet. Wird dies verneint, sollte – unter Einbeziehung der Eltern – auf die niedergelassenen Fachärzte sowie auf die am Ort befindlichen Selbsthilfegruppen verwiesen werden.
- Zumeist sind die anorektischen Jugendlichen ausgezeichnete, verlässliche Schüler. Wenn besondere Anforderungen gestellt werden (Referate, freiwillige Zusatzaufgaben, AG), sind sie die ersten, die die Hand heben. Der Lehrer sollte daher mit der Übertragung solcher Aufgaben an magersüchtige Schüler eher zurückhaltend sein. Die ambulante Therapie ist anstrengend genug.
- Die meisten anorektischen Patienten können **in ambulanter Therapie** aufgefangen und stabilisiert werden; einem Teil der magersüchtigen Patienten (dem harten Kern) fehlt jedoch jegliche Krankheitseinsicht und auch das häusliche Umfeld ist oft nicht in der Lage oder willens, medizinische Hilfe einzufordern. Wenn dann die Gewichtsreduzierung offensichtlich so weit fortgeschritten ist, dass ein ärztliches Eingreifen unabdingbar erscheint, muss die Schule als staatliches Organ einschreiten und unter Einschaltung des staatlichen Gesundheitsamts klären lassen, ob eine weitere Teilnahme am Unterricht zu verantworten ist. Damit soll den Eltern und dem Schüler die Realität einer lebensbedrohlichen Erkrankung vor Augen geführt werden, die dringend einer – dann zumeist – stationären Behandlung bedarf.
- Desgleichen sollte bei Klassenfahrten im Vorfeld geklärt werden, ob und welche Aspekte der ambulanten Behandlung zu berücksichtigen sind (Attest, Rückfragen beim Arzt nach Entbindung von der ärztlichen Schweigepflicht durch die Eltern).
- Patienten, die nach einer oft monatelangen **stationären Behandlung** in ihre Schule zurückkehren, sollten in der ersten Zeit Entlastung im Schulalltag erfahren, denn bei ihrem überaus großen schulischen Ehrgeiz neigen sie dazu, den versäumten Stoff (in den Klinikschulen wird z.T. nur Unterricht in den Hauptfächern erteilt) so rasch wie möglich nachzuarbeiten.

Grundsätzlich sollten sich die Lehrkräfte davor schützen, co-therapeutische Funktionen übernehmen zu wollen. Lehrer können und sollen Hilfsangebote vermitteln und im Schulalltag bei Bedarf mit pädagogischen Maßnahmen (Strukturierungen, Eingrenzungen) die therapeutischen Bemühungen unterstützen. *(nach: Kimmig, 2006)*

10.1.2 Bulimia nervosa (Ess- und Brechsucht)

Bulimie ist eine häufige Essstörung bei heranwachsenden Frauen. Kennzeichnend sind Phasen von Essanfällen, in denen große Mengen von Nahrung zu sich genommen werden. Die Anfälle treten auf bei übermäßigem Verlangen nach Nahrung und/oder bei starker Beschäftigung mit Essen. Der übermäßigen Kalorienaufnahme und der Gefahr der Gewichtszunahme wird durch selbst induziertes Erbrechen, Einnahme von Abführmitteln oder Hungerphasen entgegengesteuert, daher liegt das Körpergewicht oft im normalen Rahmen.

Die Ursachen werden unterschiedlich diskutiert und es gibt keine sicheren Aussagen. Die Bulimia nervosa tritt häufiger gemeinsam mit ▸ Persönlichkeitsstörungen und anderen krankhaften psychischen Störungen auf. Sie entsteht i. d. R. später als die Anorexie und wird lange verheimlicht, da sie meist mit großem Schamgefühl verbunden ist. Sie ist häufiger als Anorexia nervosa (s. o.) und wahrscheinlich zunehmend in der Häufigkeit. Gestörtes Essverhalten bleibt meist bestehen, dazu kommen häufig zusätzlich ▸ Depression und/oder ▸ Suchtstörungen. Die Prognose bezüglich kompletter Heilung ist wahrscheinlich ungünstiger als bei Anorexia nervosa. *(nach: Kimmig, 2006)*

Auswirkungen auf den Unterricht

Da sich das Körpergewicht bei diesem Krankheitsbild zumeist im Rahmen des Normalen bewegt, wird es von den Lehrkräften meist kaum wahrgenommen. Zudem haben die Schüler mit Bulimie Techniken entwickelt, ihre Essanfälle und die Brechattacken zu Zeiten und an Orten zu organisieren, die sich den Lehrern entziehen. Falls ein Schüler jedoch überaus häufig während der Unterrichtszeit darum bittet, die Toilette aufsuchen zu können, sollte der Lehrer hellhörig werden. Allerdings sind die Schüler so schlau, ihre „Auszeiten“ nicht immer beim selben Lehrer zu erbeten, sondern geschickt zu streuen.

Am ehesten kann bei Klassenfahrten, wenn die eingeübten Verhaltensweisen und vertrauten Orte fehlen, das Erscheinungsbild der Bulimie erkannt werden. So schwimmen diese Schüler häufig im Schulalltag mit, ohne dass die Erkrankung wahrgenommen und entsprechend reagiert werden kann.

Auch hier bietet es sich an, auf die fachärztlichen Dienste sowie die Selbsthilfegruppen zu verweisen, wenn eine Bulimie bekannt wird.
(nach: Kimmig, 2006)

Methodische Hinweise für den Unterricht

Abgesehen von den besonderen Möglichkeiten, die sich im Rahmen des Sportunterrichts bei Magersucht anbahnen (s. o.) und der anonymen Thematisierung im Unterricht (siehe Allgemeine Auswirkungen) gibt es kaum spezifische methodische Maßnahmen.
Auch bei der Bulimia nervosa ist in aller Regel die Teilnahme am Sport ohne Einschränkungen möglich. *(nach: Kimmig, 2006)*

10.2 Suchtstörungen (bei Jugendlichen und jungen Erwachsenen)

Drogenkonsum und Suchtstörungen bieten seit Jahren wiederkehrende Anlässe zur Sorge und zu Diskussionen in der Gesellschaft und unter Pädagogen. Zahlreiche Maßnahmen vor allem zur Prävention sind im Schulalltag mehr oder weniger verankert. Nachfolgend soll die Problematik ergänzend unter einem *jugendpsychiatrischen Blickwinkel* betrachtet werden.

Kriterien

Bei Suchtstörungen bei Jugendlichen sind diese Kriterien kennzeichnend:

- Es besteht ein starker Zwang oder Wunsch zum Konsum.
- Bei Suchtverhalten ist die Kontrolle des Konsums (über Beginn, Menge und Ende) reduziert. Gesellschaftliche Regeln werden außer Acht gelassen, es kommt auch an Werktagen zum Konsum.
- Es kommt zur Vernachlässigung anderer Interessen oder Vergnügungen.
- Körperliche, psychische und soziale Nachteile bzw. schädliche Folgen werden in Kauf genommen.
- Bei altersgemäßen Entwicklungsaufgaben kommt es zum Versagen.

Die Unterscheidung zwischen schädlichem Gebrauch und Abhängigkeit ist bei Jugendlichen schwierig, da Toleranzentwicklung und Entzugssymptomatik fehlen können, obwohl schon Schädigungen des psychosozialen Funktionsniveaus festzustellen sind. Geeigneter scheint es, von substanzbezogenen Störungen zu sprechen. Bei Jugendlichen ist eine zusätzlich bestehende psychische Störung eher die Regel als die Ausnahme.

Besonderheiten

Bei Jugendlichen gibt es Besonderheiten des Substanzkonsums:

- Der Konsum dient dem Ausweichen vor Entwicklungsanforderungen oder dem Bewältigen einer anderen psychischen Problematik. Langfristig kann dies eine psychiatrische Grundstörung chronifizieren.
- Der Konsum führt zu sozialen Schwierigkeiten und sekundär entstehen neue psychische Probleme.
- Eine weitere psychische Störung kann durch Auswirkungen der Eigenwirkungen der Suchtmittel entstehen.

Psychische Sekundärfolgen

Die substanzinduzierten psychischen Sekundärfolgen haben eine große Bandbreite:

- Nach längerem, hoch dosiertem Cannabis-Konsum kommt es häufig zum „amotivationalen Syndrom".
- Ecstasy-Konsum löst in höheren Dosen regelhaft psychotische Symptome aus.
- Bei einer Prädisposition sind vorübergehende psychotische Zustandsbilder schon nach gering dosiertem Halluzinogenkonsum bekannt. Auch ohne fortgesetzten Konsum kann die Neigung zu psychotischen Bildern erhalten bleiben, ein erhöhtes Risiko besteht vermutlich bei Mischkonsum.

Zur Prävention von Suchterkrankungen gehört auch das frühzeitige Erkennen und Behandeln psychischer (Grund-)Störungen im Jugendalter. Bei Suchtgefährdung ist die Altersspanne von 14–19 Jahren entscheidend, ob sich genetische Risiken manifestieren oder nicht.

10.3 Angststörungen

Die meisten Ängste zwischen Vorpubertät und Adoleszenz[7] beziehen sich auf Blut, Tiere, spezifische Situationen, enge Räume, Höhenangst und Angst vor Katastrophen. Die meisten sogenannten spezifischen Phobien im Jugendalter sind auf Tiere oder die natürliche Umgebung bezogen.

■ Von einer **Agoraphobie** spricht man, wenn eine besondere Angst davor besteht, sich von Orten oder aus Situationen nicht schnell genug zurückziehen zu können, wenn diese als peinlich oder schwierig empfunden werden.

■ **Soziale Phobien** beziehen sich auf die Furcht vor prüfender Betrachtung durch andere Menschen in kleinen Gruppen.

■ **Von emotionalen Störungen mit Trennungsangst** spricht man bei unrealistischen Sorgen, von wichtigen Bezugspersonen dauerhaft getrennt zu werden. Eine Sonderform stellt die sogenannte **Schulphobie** dar. Kennzeichnend dafür sind häufig Übelkeit nur während der Schultage. Es kann eine Aufnahme in eine jugendpsychiatrische Station erforderlich werden mit der damit verbundenen Trennung von den Eltern.

■ Bei ausgeprägten, wiederkehrenden Angstattacken spricht man von **Panikstörungen**. Die Ängste beschränken sich nicht auf spezifische Situationen und sind nicht vorhersehbar, es kann sogar zu einer „Angst vor der Angst" kommen.

■ **Bei der generalisierten Angststörung** beziehen sich die Ängste auf mehrere Situationen über einen längeren Zeitraum, z.B. Leistungs- und Versagensängste. Gleichzeitig finden sich häufig Schlaf- und Konzentrationsstörungen. Das Auftreten der Ängste ist nicht auf bestimmte Situationen festgelegt. Schließlich unterscheidet man noch **Mischformen von depressiven Störungen und Ängsten** sowie sonstige gemischte Angststörungen.

Angststörungen führen bei Jugendlichen zu einem hohen Risiko von Substanzmissbrauch (Kap. 10.2). Ziele des missbräuchlichen Konsums sind Gefühle von Zugehörigkeit zu anderen, Euphorisierung oder Entspannung. Eine frühe Diagnosestellung und effektive Behandlung (ambulant, teilstationär oder stationär) erhöhen die Lebensqualität der Erkrankten und des sozialen Umfelds.

Mutismus

In der Literatur findet sich der Hinweis, dass es sich beim Mutismus um eine seltene Erkrankung handelt, die eher dem Kindesalter zuzuordnen ist. Es gibt Indizien für eine Zunahme der Problematik auch in der Adoleszenz und daher erscheint es sinnvoll, sich hier damit zu beschäftigen. Mutismus bezeichnet die Unfähigkeit zu sprechen, obwohl ein normales Sprachverständnis und keine organischen Störungen vorliegen. Beim **totalen Mutismus** wird nicht gesprochen, beim (häufigeren) **elektiven Mutismus**[8] nur bezogen auf bestimmte Menschen oder Situationen. Beim elektiven Mutismus wird z.B. innerhalb der Familie gesprochen, nicht aber in der Schule oder Öffentlichkeit. Die Symptome zeigen sich meist früh im Vorschulalter, selten beginnen sie nach einem Alter von 9 Jahren. Die Betroffenen wirken meist scheu und gehemmt. **Kormorbide Störungen** sind Sozialphobien, Entwicklungsstörungen der Sprache und des Sprechens.

Ursächlich werden folgende Faktoren genannt: Entwicklungsverzögerungen, Primärpersönlichkeit (Temperament), kulturelle Belastungen und in einzelnen Fällen auch traumatisierende Lebensereignisse.

Auswirkungen auf den Unterricht bei elektivem Mutismus

Von der abgebenden Schule sind Therapiemethode und Verlauf in Erfahrung zu bringen. Wenn

7 Adoleszenz: nicht einheitlich definiert, etwa von der Pubertät bis zum Erwachsenenalter

8 Elektiver M.: In der Literatur findet sich auch die Bezeichnung „selektiver Mutismus". Es ist die gleiche Erkrankung gemeint.

man von einem gehemmten Schüler mit geringem Selbstvertrauen ausgeht, so sollte man ihm Zeit zur Eingewöhnung lassen, das Sprechen nicht erzwingen. Eine nonverbale Kommunikation oder eine Kommunikation mithilfe von Mitschülern ist meist möglich.

In der Literatur findet sich auch ein weiterer Erklärungsansatz: Der Betroffene spricht nicht, weil es für ihn in der Vergangenheit sinnvoll (= von Vorteil) war. Entsprechend müsste man jetzt spiegeln, dass nicht zu sprechen nun von Nachteil ist.

Im Jugendalter verschwinden die Symptome meist, der Schüler beginnt zu sprechen. Allerdings häufen sich soziale Angststörungen im Erwachsenenalter.

Methodische Hinweise für den Unterricht bei elektivem Mutismus

- Beim Übergang an eine neue Schule gerät ein mutistischer Jugendlicher in viele schwierige Alltagssituationen. Informieren Sie alle Betroffenen (Kollegen, Sekretariat, Cafeteria, Hausmeister). Niemand soll ein Sprechen erzwingen. Die Betroffenen wollen eigentlich sprechen, aber die Angst ist größer.
- Helfen Sie dem Jugendlichen, auf andere Weise zu kommunizieren: Symbole, Karten, Gesten (z. B. Nicken oder Kopfschütteln), per Computer o. Ä.
- Erleichtern Sie dem Jugendlichen, sein Sozialverhalten zu verbessern: Sitzplatz bei Freunden, gleiche Arbeitsgruppen im Unterricht.
- Unterstützung bei Sprechgelegenheiten: Positiv auf sprachliche Beiträge reagieren, ohne zu viel Aufmerksamkeit in der Klasse darauf zu lenken. Der zurückgezogene Schüler möchte nicht im Mittelpunkt stehen. Gruppenarbeit so organisieren, dass diese nur bei gemeinsamer Kommunikation gelingt. Keine Bestrafung oder Bestechung, um das Kommunikationsverhalten zu fördern.
- Stärken erkennen: Eine Betroffene (H. Janke, Mutter eines Kindes mit Mutismus) schreibt als Empfehlung für Eltern: „Der Rest Schüchternheit, der wohl immer bleibt, ist auch ein Schutz. Schutz vor schlechter Gesellschaft durch gute Menschenkenntnis. Schüchterne bleiben auch sensibel, dies hindert sie daran, dominant oder egoistisch im Umgang mit anderen zu werden. Sie werden aufrichtig sein und man wird ihnen vertrauen."

10.4 Tic-Störungen und Tourette-Syndrom

Tic-Störungen sind multiple motorische Tics aus **unwillkürlichen, nicht kontrollierbaren** Bewegungen sowie vokalen Tics. Eine besondere Tic-Störung ist das Tourette-Syndrom[9], das in seinen Ausprägungen sehr heterogen ist. Charakteristisch sind krampfartiges Zucken, Imitieren von einfachen und komplexen Lauten (Echolalie) oder Handlungen (Echopraxie) und in seltenen Fällen ein ungesteuertes Fluchen und Artikulieren von Obszönitäten (Koprolalie).

■ **Motorische Tics** sind plötzliche, rasch einschießende Bewegungen. Es sind oft mehrere Muskeln/Muskelgruppen beteiligt, die Bewegungen sind unrhythmisch und werden in Serien wiederholt. Man unterscheidet zwischen einfachen motorischen Tics (z.B. Augenblinzeln, Grimassieren, Kopfnicken) und komplexen motorischen Tics (z.B. Springen, Stampfen, Kratzen, Beißen, Schlagen), mit fließendem Übergang zu ▸ Zwangsstörungen.

■ **Die vokalen Tics** sind sehr unterschiedlich, alle Formen von Lautäußerungen zählen dazu. Einfache vokale oder phonetische Tics sind z.B. Hüsteln, Spucken, Bellen, Atemgeräusche. Komplexe vokale Tics sind Schreien, Summen, zusammenhangloses Wiederholen von Wörtern oder Obszönitäten. Manchmal kommt es begleitend zu gestischen Handlungen, die auch obszöner Natur sein können, z.B. wird die Zunge herausgestreckt.

Der Beginn der Krankheit liegt fast immer in der Kindheit oder Adoleszenz. Meist entstehen zunächst motorische Tics, bevor vokale Tics hinzukommen. Die Symptome verschlechtern sich häufig in der Adoleszenz. Die Tics wechseln sehr oft ihre Lokalisation, Intensität und Häufigkeit. Beim Tourette-Syndrom kommt es üblicherweise zu einem Rückgang der Symptomatik in der Adoleszenz. Insgesamt ist die Prognose für die meisten Patienten gut. Im Erwachsenenalter schieben sich mehr begleitende Störungen in den Vordergrund und führen zu psychosozialen Beeinträchtigungen. Begleitende Störungen sind ▸ ADHS, ▸ Zwangsstörungen, ▸ Angststörungen, ▸ affektive Störungen und selbstverletzendes Verhalten.

Vorübergehende Tic-Störungen sind häufig und meist nicht behandlungsbedürftig. Bei chronischen Tic-Störungen richtet sich die Therapie nach dem Grad der Funktionseinschränkungen. Bei leichten Formen genügt eine Aufklärung der nahe stehenden Personen, ein gutes Vertrauensverhältnis ist wesentlich. Bei stärkeren Ausprägungen ist ein interdisziplinärer und multimodaler Therapieansatz angezeigt, bei stark beeinträchtigender Symptomatik wird eine Psychopharmakotherapie notwendig.

9 Der offizielle Terminus lautet „Gilles-de-la-Tourette-Syndrom", meist wird dies (auch international) abgekürzt mit „Tourette-Syndrom".

10.5 Schlafstörungen

Das Schlafverhalten ist gestört, wenn der Schlaf vermindert ist (Insomnie oder Hyposomnie) oder unterbrochen bzw. nicht physiologisch gestaltet wird (Parasomnie oder Dyssomnie). Bei einem vermehrten Schlaf spricht man von Hypersomnie.

Die Patienten beschäftigen sich überwiegend mit ihrer Schlafstörung und machen sich übertriebene Sorgen, dass negative Folgen zu erwarten sind. Häufig sind auch die Eltern sehr besorgt. Die zu geringe Schlafdauer führt zu einem Leidensdruck oder stört die Alltagsaktivitäten (Schule, Berufsausbildung).

Schlafstörungen äußern sich bei Jugendlichen meist durch Schlaflosigkeit (Insomnie) mit anschließender Tagesmüdigkeit. Sie treten häufig vorübergehend zu einem bestimmten Entwicklungsschritt auf. Schlafstörungen können auch einen chronischen Verlauf nehmen. Schlafstörungen als Begleiterscheinungen von körperlichen Erkrankungen und psychischen Störungen sind diagnostisch abzugrenzen, da in dem Fall die Behandlung der Grunderkrankungen im Vordergrund steht.

Insomnien (Hyposomnie)

Man unterscheidet zwischen organischer und nicht organischer Insomnie. Von nicht organischer Insomnie spricht man, wenn es ohne einen organischen Befund zu Ein- oder Durchschlafstörungen oder zu einer schlechten Schlafqualität kommt. Dies muss mindestens 3-mal pro Woche und mindestens einen Monat lang auftreten. In der sehr differenzierten Klassifikation der Schlafstörungen nach ICSD-2 (International Classification of Sleep Disorders, 2005) wird bei den Insomnien weiter differenziert:

- **Schlafanpassungsstörungen** treten infolge von besonderen Belastungen auf.
- **Bei psychophysiologischen Schlafstörungen** kommt es zu (erlernten) schlafverhindernden Gedankenverbindungen bzw. zu Symptomen der Übererregung (Schreckhaftigkeit).
- **Die paradoxe Schlafstörung** mit einer Fehlwahrnehmung des Schlafzustands tritt erst im jungen Erwachsenenalter häufiger auf.
- **Die idiopathische Schlafstörung** beginnt in der Kindheit. Ein- und Durchschlafstörungen oder eine kurze Schlafdauer ohne erkennbaren Grund sind kennzeichnend.
- Speziell im Kindesalter kommt es zu verhaltensbedingten Ein- und Durchschlafstörungen aufgrund unpassender Einschlafassoziationen oder inkonsequentem Erziehungsverhalten der Eltern.

Parasomnien (Dyssomnie)

Hierunter werden Schlafstörungen mit Störungen der Schlaf-Wach-Regulation zusammengefasst.

- **Albträume** finden in der REM-Schlafphase statt. Der Erwachte ist orientiert und kann Trauminhalte berichten. Die aus dem Traumerlebnis resultierenden Schlafstörungen führen zu einem Leidensdruck.
- **Mit Pavor nocturnus (Nachtangst)** bezeichnet man ein Aufschrecken aus dem Tiefschlaf. Der Erwachte ist nicht orientiert und kann keinen detaillierten Traumbericht abgeben.
- Episoden von Nachtangst können in **Schlafwandeln (Somnambulismus)** übergehen, wobei Verletzungen möglich sind. Die Sprache beim Reden ist meist unverständlich und einsilbig. Bei gezieltem Schlafwandeln und sinnvollem Sprechen kann eher auf eine psychische Störung geschlossen werden.
- **Von posttraumatischen Wiederholungen** spricht man, wenn es im Traum zu Wiederholungen eines Traumas kommt.

Hypersomnien

- Hierzu zählt die **Narkolepsie**, die durch Schlafanfälle und **Kataplexie** (= anfallartiger, kürzer als 2 Minuten dauernder Verlust der Muskelspannung des Kopfes oder der Körpermuskulatur) während des Tages und Halluzinationen in der Einschlafphase beschrieben wird.
- Bei der **Schlafapnoe** kommt es wiederholt nachts zu Atemstillständen.

Es kann zu peridiodischen Extremitätenbewegungen kommen, d.h., im Schlaf kommt es wiederholt zu stereotypen Bewegungen der Gliedmaßen.

Beim nächtlichen Zähneknirschen (**Bruxismus**) kann es zu lautem Knirschen mit Weckreaktionen kommen, die zu einer mangelnden Erholsamkeit des Schlafes führen. Gegen den verstärkten Abrieb der Zähne sollte eine zahnärztliche Behandlung eingeleitet werden. Das Erscheinungsbild hat keine weitere pathologische Wertigkeit. Es kann einen Zusammenhang zu psychischen Anspannungen geben, dann sollten Entspannungstechniken erlernt werden.

Sprechen im Schlaf (**Somniloquie**) kann in allen Schlafstadien vorkommen und hat allein keinen Krankheitswert. Auch **Einschlafzuckungen** bedürfen keiner Behandlung, sie kommen in allen Altersgruppen vor.

10.6 Sexuelle Störungen

Die biologischen Voraussetzungen eines Menschen (engl. = sex) lassen sich von den gesellschaftlich-kulturell möglichen Ausdrucksformen unterscheiden (engl.= gender). Im Folgenden ist es hilfreich, wie folgt zu differenzieren:

Geschlecht als biologische Voraussetzung
Geschlecht als subjektiv erlebte Identität (= Geschlechtsidentität)
Geschlecht einer öffentlich präsentierten sozialen Rolle (= Geschlechtsrolle)

Die subjektiv erlebte Geschlechtsidentität und gelebte sexuelle Orientierung machen subjektives Begehren möglich. Die präsentierte Geschlechtsrolle und die Sexualpraktiken führen zu einem Verhalten, das üblicherweise sozialgesellschaftlich akzeptabel ist. Aus diesem Blickwinkel werden Handlungen beurteilt und eventuell als „abweichend" (= psychische Störung) bzw. als „delinquent" (= juristische Beurteilung) bezeichnet.

■ **Sexuelle Entwicklung:** Nach Entwicklung der Sprache (ca. im 3. Lebensjahr) dauert es etwa 2 Jahre, bis die **Geschlechtsidentität** bei den meisten Kindern auch im Selbstbild unwiderruflich festgelegt ist. Dies findet im Geschlechtsrollenverhalten seinen Ausdruck. Auf der Grundlage der erlebten Geschlechtsidentität entwickelt sich die **Geschlechtsrolle** und es kommt zur Ausdifferenzierung der individuellen Rollenpräsentation, mit Orientierung an kulturellen Normen und sozialen Erwartungen. Die Geschlechtsrollenpräsentation findet auf der Grundlage der Geschlechtsidentität statt, wobei diese durch Erfahrungen langsam aufgebaut und vervollständigt wird. Mit Beginn der Jugend kommt es zu sexuellen Wünschen, die zu sexuellen Präferenzen und zur **Geschlechtspartnerorientierung** führen. Bei Heranwachsenden kommt es zu quasi homosexuellem Verhalten, dass von einer überdauernden homosexuellen Orientierung abzugrenzen ist. Die homosexuellen Kontakte enden, wenn sich Gelegenheiten für heterosexuelle Kontakte finden. Bei etwa 5 % der 18-jährigen Jugendlichen kommt es zu ausschließlich homosexuellen bzw. bisexuellen Beziehungen.

■ **Störungen der Geschlechtsidentität**: Es gibt Menschen, die sich nicht mit ihrem biologischen Geschlecht identifizieren können. Ein verstärktes Leiden entsteht, wenn die sekundären Geschlechtsmerkmale in der Jugend deutlicher sichtbar werden. Dieses Phänomen wird Transsexualismus genannt und der Gruppe der Störungen der Geschlechtsidentität zugeordnet. In der Forschung wird die Bezeichnung **Transgenderismus** benutzt. Die ersten Anzeichen einer Geschlechtsidentitätsstörung liegen weit vor der Pubertät. Nur eine sehr geringe Minderheit der Kinder mit nicht geschlechtsrollenkonformem Verhalten entwickelt im Übergang zur Jugend eine stabile Transsexualität.

■ **Sexuelle Funktionsstörungen** werden wie folgt beschrieben: Mangel oder Verminderung des sexuellen Verlangens, eine Behinderung der Durchführbarkeit des Koitus oder der Penetration, ein Ausbleiben bzw. keine Kontrolle über den Orgasmus, Schmerzen beim Koitus und mangelnde Befriedigung bei ungestörtem Ablauf des Koitus.

■ **Störungen der Sexualpräferenz[10]:** Menschliche Bedürfnisse sind auch in den sexuellen Praktiken sehr unterschiedlich und die Grenzziehung zwischen „Normalität" und „Abweichung" schwer. Eine Unterscheidung findet weniger anhand fester Diagnosekriterien statt, sondern orientiert sich an gesellschaftlichen Normen. Es handelt sich um keine psychische Störung, wenn die Betroffenen nicht selbst unter ihrem Drang zur Ausübung leiden bzw. wenn die Freiheitsrechte anderer Menschen nicht eingeschränkt werden.

10 St. d. Sexualpräferenz: Dies ist eine Bezeichnung aus der ICD-10, „Praphilie" lautet die entsprechende Bezeichnung im DSM-IV.

10.7 Abnorme Gewohnheiten und Störungen der Impulskontrolle

Hierunter sind sehr verschiedene Störungen zusammengefasst, deren gemeinsames Merkmal ist „das Versagen, dem Impuls, Trieb oder der Versuchung zu widerstehen, eine Handlung auszuführen, die für die Person selbst oder für andere schädlich ist" (DSM-IV-TR). Kennzeichnend ist außerdem eine hohe Frequenz der Handlungen. Selbstvorwürfe können, müssen aber nicht vorhanden sein.

Einfache Rückschlüsse von der medizinischen Diagnose auf eine verminderte Schuldfähigkeit bzw. Schuldunfähigkeit sind nicht zulässig. Neben einem erheblichen Schweregrad ist zusätzlich eine erhebliche Beeinträchtigung der Fähigkeit zu normgerechtem Handeln nachzuweisen.

Man unterscheidet folgende Subtypen:

■ **Pathologisches Glücksspiel:** Die Störung beginnt meist in der Adoleszenz. Die Entwicklung zum pathologischen Glücksspiel vollzieht sich allmählich. Es lassen sich 3 Phasen (I bis III) unterscheiden: Beginnend mit einem unproblematischen Spielen (I) kann es z. B. durch Anfängerglück dazu kommen, dass Illusionen von schnellem Reichtum oder besonderen Fähigkeiten zu einer Steigerung der Spielfrequenz führen. Es beginnt eine Phase des problematischen Spielens (II), Verluste sollen ausgeglichen werden, Partnerschaft und Freizeit werden vernachlässigt. Glücksspiel kann sowohl als Ablenkung von Alltagssorgen dienen als auch eine stimulierend-euphorisierende Wirkung haben. Schließlich erfolgt der Übergang in die Phase des pathologischen Spielens (III), bei der wiederholt dem Spieldrang nicht widerstanden werden kann. Regelmäßige oder episodenhafte Spielexzesse führen zu Geldbeschaffungsdruck, Verschuldung, Kriminalität, Zerrüttung von persönlichen Beziehungen verbunden mit Reizbarkeit, Depressivität oder sogar Suizidalität.

- Bei Spielen am Geldspielautomaten korrespondiert ein spezifisches Bedürfnisprofil. Das Geldautomatenspiel dient als Flucht vor Lebensproblemen. Es ist eine Rückzugsmöglichkeit, um innere Erlebnisprozesse allein mit dem Automaten auszutragen.
- Beim Roulettespielen ist der soziale Wettbewerb bedeutsam. Das Spiel ermöglicht eine Selbstwertsteigerung, soziale Regeln in einer durchschaubaren Welt werden beherrscht. Kennzeichnend sind Distanzierung zu den anderen Bezugspartnern und der kontrollierte Umgang mit der inneren Erregung.

Pathologisches Spielen kann als Sucht verstanden werden, wenn folgende Strukturmerkmale vorhanden sind: Erregungs- und Gefühlsdysregulation, Selbstwertproblematik und Bindungsstörung. Süchtiges Verhalten kann als gescheiterte Problemlösestrategie verstanden werden, negative Gefühle sollen betäubt werden (ähnlich wie bei Alkoholabhängigkeit), um der Realität zu entfliehen. Es kommt zu einem Leiden angesichts des Unvermögens, das Verhalten zu unterlassen.

■ **Pathologische Brandstiftung** (Pyromanie): Kennzeichnend sind häufige versuchte oder tatsächlich durchgeführte Brandstiftungen und eine anhaltende Beschäftigung mit Feuer und Brand. Zusätzlich ist kein verständliches Motiv zu finden, auszuschließen sind materieller Gewinn, Rache, politischer Extremismus und Spurenbeseitigung nach krimineller Handlung. Im Kindes- und Jugendalter ist Brandstiftung fast immer Merkmal einer ▸ Störung des Sozialverhaltens. Bei jugendlicher Brandstiftung werden folgende familiäre Risikofaktoren genannt: mangelnde elterliche Anleitung und Aufsicht, mangelndes elterliches Engagement, Vernachlässigung, „broken home", psychische Erkrankung der Eltern, Traumata, Rauchen, Spielen mit Feuer in der Familienanamnese.

■ **Pathologisches Stehlen** (Kleptomanie): Wiederholt kann nicht dem Impuls widerstanden werden, Dinge zu stehlen, die nicht dem persönlichen Gebrauch oder der Bereicherung dienen. Die Gegenstände werden weggeworfen, weggegeben oder gehortet. Bei Jugendlichen handelt es sich oftmals nicht um Kleptomanie, sondern um Mutproben oder Risikoverhalten, wobei die entwendeten Gegenstände für den Täter von Nutzen sind.

■ **Trichotillomanie**: Wiederholt kann nicht dem Impuls widerstanden werden, sich Haare auszureißen, es kommt zu sichtbarem Haarverlust. Zusätzlich kennzeichnend sind das Gefühl wachsender Spannung vor dem Ausreißen bzw. anschließend ein Gefühl von Erleichterung/ Befriedigung. Einige Patienten verschlucken die ausgerissenen Haare. Das Ausreißen kann als Mittel zur Reduktion von Anspannung verstanden werden, manchmal wird es auch als anregend empfunden und soll einem Leeregefühl entgegenwirken. Es kann auch nach einem traumatischen Ereignis als eine Form des Coping[11] zur Selbstberuhigung/Entspannung interpretiert werden. Viele Betroffenen empfinden sich als stigmatisiert und sozial isoliert. Eine Ergänzung der Hilfsangebote bieten Selbsthilfegruppen[12].

■ **Störung mit intermittierend auftretender Reizbarkeit** (intermittierende explosible Störung): Es handelt sich um episodenhaftes Versagen, aggressiven Impulsen zu widerstehen. Schwere Gewalttätigkeiten oder Zerstörung von Eigentum stehen in grobem Missverhältnis zum auslösenden Belastungsfaktor. Die Störung kann abrupt auftreten und wird als extrem belastend empfunden. Die Störung kann zu Schulverweis, Schwierigkeiten in zwischenmenschlichen Beziehungen oder zu anderen sozialen oder beruflichen Beeinträchtigungen führen. Abzugrenzen ist aggressives oder unberechenbares Verhalten, das bei einer ▸ Störung des Sozialverhaltens, ▸ ADHS, dissozialer Persönlichkeitsstörung, ▸ Borderline-Persönlichkeitsstörung, einer manischen Episode (▸ Manie) oder ▸ Schizophrenie auftritt. Die Störung beginnt meist in der Kindheit oder Adoleszenz.

■ **Pathologischer Internetgebrauch** (PIG): Kennzeichnend sind eine unkontrollierbare und schädliche Nutzung des Internets, die viel Zeit in Anspruch nimmt, persönliches Leiden verursacht und zu zwischenmenschlichen, finanziellen und beruflichen Problemen führen kann. Das Störungsbild kann in 3 Stadien unterteilt werden (Gefährdungsstadium – kritisches Stadium – chronisches Stadium), in denen jeweils zunehmend mehrere der 6 Kriterien erfüllt werden:

1. Häufiges unüberwindliches Verlangen sich einzuloggen
2. Kontrollverlust
3. Sozial störende Auffälligkeit im engen Kreis der Bezugspersonen
4. Nachlassen der Arbeitsfähigkeit
5. Verheimlichung/Bagatellisierung der Gebrauchsgewohnheiten
6. Psychische Irritabilität bei Verhinderung des Internetgebrauchs

Wertvolle Unterstützung bieten Selbsthilfegruppen, die sich sowohl online als auch offline treffen.[13]

■ **Zwanghaft-impulsives Sexualverhalten**: Kennzeichnend sind sexuelle Wiederholungshandlungen (konventionelle Praktiken oder auch abweichende) und zwanghafte sexuelle Gedanken. Der Patient fühlt sich zu dem Verhalten gezwungen oder getrieben und es besteht Leidensdruck. Hinzu können soziale, berufliche Beeinträchtigungen, Strafverfolgung und finanzielle Folgen kommen. Das Verhalten kann sowohl Genuss erzeugen als auch negative Gedanken verdrängen; es tritt häufig unter dem Einfluss von Alkohol oder Drogen auf. Drei Viertel der Betroffenen haben zusätzlich andere psychische Störungen, am häufigsten sind Alkoholismus, ▸ Angststörungen, ▸ Zwangsstörungen und ▸ depressive Störungen. Auch andere Impulskontrollstörungen treten auf. Etwa die Hälfte der Betroffenen sind Opfer von in der Kindheit erlebten Misshandlungen oder sexuellem Missbrauch.

■ **Dermatillomanie**: Es handelt sich um pathologisches Abzupfen von Haut. Besonders bei inneren Spannungen manipulieren die Patienten ihre Haut. Es kommt zu offenen Wunden, die immer wieder aufgekratzt werden; Narben können blei-

11 Coping: Verhalten zur Bewältigung schwieriger Situationen; medizinisch von Bedeutung als Krankheitsbewältigung (Pschyrembel)

12 Selbsthilfegruppen z. B. unter www.trich.de

13 Selbsthilfegruppen z. B. unter www.onlinesucht.de

ben. Auch zwanghaftes Ausdrücken von Pickeln zählt in diese Kategorie. Infektionen und Entstellungen können sekundäre psychische Störungen zur Folge haben.

- **Pathologisches Kaufen**: Eine Kaufsucht oder zwanghaftes Kaufen wird als Reaktion auf negative Gefühle beschrieben, welches zu sozialen, finanziellen und gesetzlichen Problemen führen kann. Die Betroffenen verbringen viel Zeit mit dem Einkaufen und Gedanken darüber. Zum Teil werden Dinge gekauft, die nicht benötigt werden oder die den finanziellen Rahmen sprengen.

Impulskontrollstörungen als Teilsymptomatik einer anderen psychischen Störung gehören *nicht* zu dieser Kategorie. Wegen der hohen Komorbidität[14] zu folgenden Erkrankungen ist die jeweilige Abgrenzung erschwert: Störungen durch psychotrope Substanzen, ▸ Schizophrenie (auch chronische Verläufe mit Wahnvorstellungen), ▸ affektive Störungen, ▸ Zwangsstörungen, ▸ Essstörungen, ▸ dissoziale Persönlichkeitsstörungen, emotional instabile Persönlichkeitsstörung, hyperkinetische Störungen (HKS), ▸ Störung des Sozialverhaltens, ▸ Tic-Störungen, exzessive Masturbation, Nägelkauen.

14 Komorbidität: Vorkommen von 2 oder mehr unterscheidbaren Krankheiten nebeneinander, ohne dass eine ursächliche Beziehung bestehen muss. (Pschyrembel)

10.8 Störungen des Sozialverhaltens

Im Kapitel 2 „Förderschwerpunkt emotionale und soziale Entwicklung“ geht es um Jugendliche mit Verhaltensauffälligkeiten, die einer besonderen *pädagogischen* Intervention bedürfen. Nachfolgend werden Auffälligkeiten thematisiert, die primär *psychischen* Erkrankungen zugeordnet werden.

Unter der Bezeichnung „Störungen des Sozialverhaltens“ wird eine große Anzahl von normabweichenden Verhaltensweisen zusammengefasst. Es ist ein **veränderungsresistentes Krankheitsbild**, besonders wenn die Symptome schon vor dem 10. Lebensjahr auftreten. Nach dem 18. Lebensjahr wird die Diagnose nicht mehr gestellt, ggf. ist zu prüfen, ob eine ▸ dissoziale Persönlichkeitsstörung nach ICD-10 oder eine antisoziale Persönlichkeitsstörung nach DSM-IV vorliegt. Vereinzelte dissoziale Verhaltensweisen sind bei Jugendlichen eher die Regel als die Ausnahme und begründen noch keine Zuordnung zu einer psychischen Störung.

Die Störungen des Sozialverhaltens sind von oppositionellem, aggressivem oder dissozialem Verhalten geprägt. Kennzeichnend sind folgende Verhaltensweisen:

- **Aggressives Verhalten gegenüber Menschen und Tieren** (Erkrankter bedroht andere, beginnt Schlägereien, fügt anderen körperliche Schäden mit Waffengewalt zu, ist grausam, quält Tiere, zwingt andere zu sexuellen Handlungen; Erpressung, Raubüberfälle).
- **Zerstörung von Eigentum** (Brandstiftung, Zerstörung fremden Eigentums).
- **Betrug, Diebstahl** (lügt zur Erlangung von Vorteilen, stiehlt wertvolle Gegenstände, Einbruch in Autos oder Gebäude).
- **Schwere Regelverstöße** (kommt nachts nicht nach Hause ohne Erlaubnis vor dem 13. Lebensjahr, schwänzt häufig die Schule vor dem 13. Lebensjahr).

Das zentrale Symptom ist aggressives Verhalten. Man unterscheidet zwischen „kalter“ und „heißer“ Aggression. Beide Formen aggressiven Verhaltens kommen häufig nicht in reiner Form vor, sondern überlappen sich.

■ **„Kalte“ Aggressionen**: Es finden sich verdeckte und geplante Handlungen, um einen materiellen Vorteil oder Machtgewinn zu erzielen. Die Vorteile aus dem Verhalten führen zu einer weiteren Verstärkung (zumindest mittelfristig). Es herrscht kein Leidensdruck, die Jugendlichen halten sich nicht für erkrankt. Es gibt Verbindungen zu psychopathischen Wesenszügen (oberflächlicher Charme, keine dauerhaften Beziehungen, keine Schuldgefühle oder Empathie, keine Angst, instabiler, antisozialer Lebensstil). Der Schweregrad der Störung des Sozialverhaltens ist größer, wenn psychopathische Züge hinzukommen.

■ **„Heiße“ Aggressionen**: Es besteht eine erhöhte Reizbarkeit und Impulse werden ohne genügende Handlungskontrolle offen und ungeplant ausgelebt. Die Jugendlichen haben oft eine geringe Frustrationstoleranz, auffällig sind auch kognitive Verzerrungen bei der Bewertung der Handlungen anderer. Das Verhalten wird trotz negativer Konsequenzen unbeirrbar weiterverfolgt.

■ **Komorbide Störungen**: Dies sind hyperkinetische und depressive Störungen sowie Angststörungen und substanzbezogene Störungen.

Die individuellen multifaktoriellen Ursachen bestimmen die multimodalen Therapiekonzepte. Die verschiedenen Unterformen dissozialen Verhaltens erfordern eine weitere therapeutische Anpassung.

10.9 Somatopsychische Störungen

Bei chronischen körperlichen Erkrankungen kommt es zu erhöhten psychosozialen Belastungen. Das Risiko für sekundäre psychische Erkrankungen steigt.

Als „chronisch" wird eine körperliche Erkrankung bezeichnet, wenn sie 1. mindestens ein Jahr vorliegt, 2. es zu funktionellen Einschränkungen kommt und 3. eine medizinische Behandlung notwendig ist. Diese Erkrankungen stehen in einer komplexen Wechselwirkung mit psychosozialen Faktoren. Die Therapiemotivation eines Jugendlichen kann z. B. stark beeinträchtigt werden – durch Scham, die eigene Erkrankung zu offenbaren oder durch zu geringe soziale und familiäre Unterstützung. Dies wiederum kann die Inanspruchnahme einer optimalen medizinischen Therapie erschweren. Eine aktive und problembezogene Krankheitsbewältigung (Coping[15]) sowie ausreichend Informationen über die Erkrankung, den Verlauf und deren therapeutische Beeinflussbarkeit führt zu psychischer Entlastung. In Abhängigkeit vom zeitlichen Verlauf einer Erkrankung kann dies auch durch Ablenkung und Verleugnung gelingen.

An besonderen Belastungen wird von den erkrankten Jugendlichen Folgendes beklagt:

- Regelmäßige Medikamenteneinnahme,
- Umgang mit den Symptomen im Alltagsleben,
- Fehltage in der Schule/am Ausbildungsplatz aufgrund von Arztbesuchen,
- die eingeschränkte Lebensperspektive und
- Umgang mit schmerzhaften, medizinischen Behandlungen.

Die gesamte Familie eines erkrankten Jugendlichen wird psychisch besonders belastet. Die Belastungen sind umso gravierender, je schwerer die Erkrankung ist, je länger sie dauert, je mehr Lebensbereiche beeinflusst werden und je schwerwiegender die Behandlung ist. Die Erkrankten haben ein erhöhtes Risiko für die Entwicklung von ▸ Angststörungen und ▸ depressiven Störungen.

Gesundheit im Sinne der WHO, nämlich u. a. die Abwesenheit von Krankheiten, kann bei chronischen Erkrankungen nicht erreicht werden. Von Bedeutung für den Erkrankten ist vielmehr die individuelle Bewertung der eigenen Situation. Forschungsergebnisse aus der Lebensqualitätsforschung weisen darauf, dass insbesondere die Kombination von körperlicher und psychischer Erkrankung zur **Beeinträchtigung der Lebensqualität** führt:

■ **Lebensqualität und ▸ Asthma bronchiale**: Psychosoziale Interventionsbausteine sind im Rehabilitationsprogramm integriert, weil eine gute Therapiemotivation den Verlauf der Krankheit günstig beeinflusst. Hochrisikopatienten werden dadurch früher erkannt und eine Behandlung der psychischen Begleitsymptomatik verbessert die Lebensqualität.

■ **Lebensqualität und ▸ Diabetes mellitus**: Die Erkrankten leben mit ständigen Blutzuckermessungen, angepassten Insulin-Injektionen, Diätmaßnahmen und einer kontrollierten körperlichen Aktivität, um akute Komplikationen und Spätfolgen zu vermeiden. Die Einhaltung des Behandlungsregimes fällt besonders Jugendlichen schwer. Bei Diabetikern gibt es im Jugendalter die meisten Compliance-Probleme[16].
Zu empfehlen ist ein präventiver, integrierter psychologischer Behandlungsansatz, bei dem durch Integration von psychosozialen Interventionen in einen multiprofessionellen Behandlungsansatz frühzeitig auf Fehlentwicklungen reagiert werden kann.

■ **Lebensqualität und Krebserkrankungen**: Die Mehrzahl der Krebserkrankungen bei Jugendlichen nimmt heute einen chronischen Verlauf. Die Art der Krebserkrankung beeinflusst die Bewälti-

15 Das Verhalten zur Bewältigung schwieriger Situationen wird als **Coping** bezeichnet und hat medizinisch entscheidende Bedeutung für den Verlauf vieler chronischer Erkrankungen. (Pschyrembel)

16 Compliance: So bezeichnet man die Bereitschaft des Patienten zur Zusammenarbeit mit dem Arzt, z. B. die Zuverlässigkeit, mit der therapeutische Anweisungen befolgt werden. (Pschyrembel)

gung und die psychosozialen Spätfolgen. Problematisch sind z. B. Hirntumore, Amputationen. Protektiv wirken eine gute soziale und familiäre Unterstützung. In der psychoonkologischen Betreuung unterscheidet man zwischen den Phasen der Diagnoseverarbeitung, der Akutbehandlung und der Rehabilitation.

■ **Lebensqualität und ▸ Mukoviszidose** (cystische Fibrose): Die psychosozialen Belastungen sind vielfältig, die Lebensqualität wird als eingeschränkt beschrieben, die Patienten sind im Vergleich zu Gesunden unzufriedener. Auch hier ist das Jugendalter das Alter mit der niedrigsten Compliance. Auch hier sind psychosoziale Interventionen hilfreich und werden solange notwendig bleiben, wie die Krankheit noch nicht heilbar ist.

Die Interventionsansätze umfassen eine psychosoziale Beratung, verhaltensmedizinische Ansätze und Patientenschulungsprogramme.

10.10 Somatoforme Störungen

Bei somatoformen Störungen werden **körperliche Beschwerden** mit organischen Ursachen begründet, **ohne** dass ein organpathologischer **Befund** vorliegt. Das subjektive Befinden und der medizinische Befund liegen weit auseinander und können nicht den Leidensdruck der Patienten erklären. Bei einer zeitlichen Nähe zwischen dem Erleben von Stressfaktoren und dem Auftreten der Symptomatik ergibt sich der Verdacht einer Beteiligung von psychologischen Faktoren. Zum Krankheitsbild gehört das wiederholte Einfordern körperlicher Untersuchungen beim Organmediziner. Bei einer Überweisung zur psychiatrischen Untersuchung kommt es zu erheblichen Widerständen, was die somatoformen Störungen zu den am schwierigsten zu behandelnden psychischen Störungen macht.

Das Spektrum der körperlichen Beschwerden liegt im Kindesalter bei Bauchschmerzen und Übelkeit; im Jugendalter treten zunehmend Kopf- und Muskelschmerzen auf. Im späten Jugend- und Erwachsenenalter stellen sich multiple körperliche Beschwerden ein. Bereits im Kindes- und Jugendalter angelegte somatoforme Störungen setzen sich ins Erwachsenenalter fort und führen häufig zu langjährigen, chronischen Verläufen. Es gibt Hinweise für eine transgenerationale Weitergabe somatoformer Störungen von Eltern auf ihre Kinder.

Die somatoformen Störungen werden in 7 Subtypen (ICD-10) differenziert:

- **Somatisierungsstörung**: Komplexe Störung über mindestens 2 Jahre mit mindestens 6 Symptomen aus mindestens 2 verschiedenen Gruppen und insgesamt 4 Symptombereichen (Magen-Darm, Herz und Gefäße, Harn- und Geschlechtsorgane sowie Haut und Schmerzsymptome).

- **Undifferenzierte Somatisierungsstörung**: Zeitdauer über 6 Monate, verringerte Symptomvielfalt im Vergleich zur Somatisierungsstörung.

- **Hypochondrische Störung**: Übertriebene Angst vor körperlichen Erkrankungen oder Entstellung, medizinische Untersuchungen werden als Rückversicherung eingefordert. Typisch ist auch eine extreme Beschäftigung mit dem eigenen Körper und eine Hypersensitivität. Normale körperliche Prozesse können als krankhaft fehlinterpretiert werden.

- **Als Körperdysmorphophobie** wird die Furcht vor bzw. subjektive Überzeugung von körperlichen Entstellungen bezeichnet. Viele Patienten fordern hartnäckig kosmetisch-chirurgische Eingriffe, die aber letztlich auch die Grundstörung nicht lindern können. Gelegentlich kann dies auch ein Symptom einer sich entwickelnden ▸ psychotischen (wahnhaften) Störung sein.

- **Die somatoforme autonome Funktionsstörung** wird auch als funktionale Störung bezeichnet. Beschwerden werden vorwiegend im vegetativen Bereich lokalisiert. Entweder kommt es zu objektivierbaren Phänomenen wie Herzklopfen, Schwitzen, Erröten, Zittern oder es finden sich subjektive Beschwerden wie flüchtige Schmerzen, Brennen, Schwere, Enge und Gefühle aufgebläht/auseinandergezogen zu werden, wobei der Patient dies einem Organ zuordnet. Weitere Beispiele sind Herzbeschwerden, Schluckauf, Hyperventilation und Reizdarm.

- **Anhaltende somatoforme Schmerzstörung**: Hier treten anhaltende ausgeprägte Schmerzen in Verbindung mit psychosozialen Stressoren oder intrapsychischen Konflikten auf.

- **Sonstige somatoforme Störungen**: Kloßgefühl, Schluckstörung, chronische Müdigkeit, rasche Erschöpfbarkeit u. a.

Es wurde eine hohe Kontinuität der somatoformen Störungen von der Adoleszenz bis ins Erwachsenenalter festgestellt. Studien zeigen, dass 30–50 % aller Termine in allgemeinärztlichen Praxen von Patienten mit somatoformen Störungen konsumiert werden.

10.11 Schizophrenien, wahnhafte und andere psychotische Störungen

Psychosen[17] aus dem schizophrenen Formenkreis sind komplexe Störungen der Persönlichkeit, kennzeichnend sind schwere Störungen des Realitätsbezugs. In Deutschland sind etwa 400.000 Menschen an Schizophrenie erkrankt.

Je kürzer die Krankheitsdauer bis zum Therapiebeginn, desto besser sind (klinischer) Therapieerfolg und die Langzeitprognose. In der Psychiatrie gibt es für die Dauer der unbehandelten Psychose einen eigenen Begriff „DUP", was die Wichtigkeit dieser Zeitspanne unterstreicht. Vonseiten der Psychiatrie wäre es daher hilfreich, Hinweise auch von Lehrern zu bekommen, um auffällige Schüler zeitnah genauer zu untersuchen. Gewisse Verhaltensauffälligkeiten gehören bei heranwachsenden Jugendlichen jedoch zum üblichen Entwicklungsverlauf und es ist daher schwierig, beginnende psychotische Erkrankungen davon abzugrenzen. Andererseits sind erfahrene Lehrer Experten für Jugendliche: **Sollte Ihnen etwas auffallen, nehmen Sie dies wahr und tauschen Sie sich mit Kollegen darüber aus[18].**

Die schizophrene Psychose entwickelt sich über **Vorstadien** (Prodromi), in denen soziale Defizite auftreten, auch depressive Symptome sind häufig.

Nach den Vorstadien folgt die **akute Phase** mit deutlich eingeschränktem Funktionsniveau.

In der **Remissionsphase** bilden sich die Symptome unter Therapie zurück. Selbstbild, Lebensplanung müssen aber individuell revidiert werden, was zum Ausgangspunkt von depressiven Symptomen führen kann (postpsychotische Depression). Diese sind ernst zu nehmen, denn die Mehrzahl der Selbsttötungen erfolgt in der postakuten Phase.

Es schließt sich die **Residualphase** mit Symptomen wie sozialem Rückzug, Antriebslosigkeit und Affektverflachung an. Dies kann in eine chronische Krankheit münden, die Symptome können trotz geeigneter Therapie bestehen bleiben.

17 Neurose und Psychose: Dies sind Begriffe unter denen mehrere Erkrankungen zusammengefasst werden:
Neurosen sind störende, teils chronische Einstellungen/Verhaltensweisen wie Ängste, Unsicherheiten, Depressionen. Es besteht Einsicht in die eigene Erkrankung.
Psychosen sind (schwere) psychische Störungen, die zu Veränderungen der Persönlichkeit und des Erlebens der Umwelt führen. Symptome: Halluzinationen, Wahnvorstellungen, abnormes Verhalten (Erregungs-/Hemmungszustände), bis zu völligem Persönlichkeitszerfall. Es besteht keine Einsicht in die eigene Erkrankung.

18 Steinhausen beschreibt das Verhalten von Jugendlichen im Vorstadium als sonderlingshaft, kontaktarm und beziehungsgestört.

Symptome

Je nach Lebensalter und Form der Schizophrenie überwiegen spezifische, unterschiedliche Symptome. Vereinfachend werden hier häufige Symptome im Jugendalter aufgezählt:

- **Wahnideen**: Hauptsächlich Beziehungs- und Beeinflussungsideen, Beeinträchtigungs- und Verfolgungsideen (z.B. Wahn das Wetter beeinflussen zu können oder mit Außerirdischen in Kontakt zu treten).

- **Ich-Störungen**: Erlebnisse (Wahrnehmungen), die das Ich-Gefühl in seiner Einheitlichkeit und Integration aufspalten oder stören. Die Schranke vom Ich zur Außenwelt kann durchlässig werden, d.h. Gedanken breiten sich aus und werden anderen zugänglich. Nicht nur Gedanken können von außen eingegeben (oder entzogen) werden, auch Motive, Gefühle, Bewegungen, Handlungen werden als von außen gelenkt wahrgenommen (durch technische Apparate, übersinnliche Phänomene).

- **Formale Denkstörungen**: Der Gedankenablauf ist nicht mehr schlüssig, Gedankenblockade, Gedankenabreißen, Entgleisungen des Gedankengangs, Zerfahrenheit des Denkens, faseliger Gesprächsduktus. Verbale und nonverbale kognitive Dysfunktionen, Aufmerksamkeits- und Gedächtnisstörungen finden sich auch schon bei beginnenden Schizophrenien.

- **Halluzinationen**: Trugwahrnehmungen (können auch bei anderen psychischen Erkrankungen auftreten), auch bereits im Kindesalter bei psychischen Belastungen oder körperlichen Ausnahmezuständen (hohes Fieber). Beispielsweise sprechen Stimmen aus bestimmten Körperteilen oder es werden Stimmen gehört, die über den Patienten reden.

- **Katatone Symptome**: Außerordentliche psychomotorische Erregungszustände oder gegensätzliche Phänomene mit Haltungsstereotypien. Erfolgt keine Reaktion auf eine äußere Ansprache, bezeichnet man dies als **Stupor**. Es handelt sich um eine Reaktionsunfähigkeit aus intrapsychischen Gründen.

- **Negativsymptome**: Mangel an Spontaneität, Aktivität und Initiative. Leistungseinbruch und sozialer Rückzug sind zu finden. Auch Sprachverarmung und verminderte nonverbale Kommunikation (Mimik, Blickkontakt, Stimmmodulation, Körperhaltung) gehören zu dieser Symptomgruppe.

In der Differenzialdiagnostik werden auch unterschiedliche, spezifische Zeiträume als Kriterium angeführt. Die Mindestdauer einer Vollsymptomatik liegt bei einem Monat (ICD-10, schizophrene Störungen). Man sollte daher nicht bei jeder Auffälligkeit sofort den schulpsychologischen Dienst einschalten.

Die psychotischen Symptome führen zusammen mit den kognitiven und sozialen Beeinträchtigungen zu **großen Problemen bei der Entwicklung** (z.B. Partnerfindung, Loslösung vom Elternhaus, Schulabschluss, Berufsausbildung).

Schule ist für viele Jugendlichen ein Ort, an dem sie sich an vielen Stunden des Tages aufhalten. Sie stellt die Lebenswelt dar, aus der sich die Erkrankten z.B. durch Wahnvorstellungen entfernt haben. Die Rückkehr zum „common sense", zur Akzeptanz der üblichen Regeln des Zusammenlebens, ist Aufgabe der therapeutischen Behandlung. Schule kann dies unterstützen, indem in dieser (gesunden) Lebenswelt **positive Erfahrungen** gemacht werden.

Die oben genannten schweren Störungen des Realitätsbezugs bei Psychosen lassen sich zwar sprachlich präzise beschreiben, das Verständnis des Gesunden hierüber bleibt jedoch rein kognitiv. Ein tieferes, emotionales Verstehen ist kaum möglich, wenn man selbst keine psychotischen Zustände erlebt hat. Dies kann einerseits einen gewissen professionellen Abstand zur Erkrankung erleichtern. Andererseits besteht die **Gefahr, dass die Einsicht des Lehrers** darüber, dass Erkrankte auch über längere Zeiträume nicht immer alle Regeln des Schulalltags einhalten können, **verblasst**.

10.12 Zwangsstörungen

Zwangsstörungen können als Zwangsgedanken, Zwangshandlungen oder Zwangsimpulse auftreten. Erscheinungsbild und Ausprägungsgrad sind sehr unterschiedlich, es gibt eine hohe Gefahr der Chronifizierung.

Die stereotyp wiederkehrenden, sich aufdrängenden Gedanken oder Handlungen empfindet der Betroffene als sehr quälend und persönlichkeitsfremd (ich-dyston). Der Erkrankte versucht erfolglos, die Zwänge zu unterdrücken, und verspürt Angst/Anspannung. Er empfindet diese meist als sinnlos und übertrieben, erkennt sie aber als eigene Handlungen bzw. Gedanken an. Die Erkrankten verbringen oft mehrere Stunden täglich mit ihren verborgenen Zwangsgedanken bzw. Zwangshandlungen, es entsteht ein hoher Leidensdruck.

■ **Zwangsgedanken** können jeden Bereich des Alltags umfassen, z. B.

- man könne sich blamieren, weil persönliche Schwächen anderen auffallen,
- man könne sich mit Krankheiten anstecken,
- man könne beim Autofahren jemanden verletzen,
- den Angehörigen könne etwas zustoßen.

■ **Zwangshandlungen** beziehen sich meist auf Wasch- bzw. Putzrituale, auf übertriebene Ordnung/Symmetrie und auf Zählrituale und Kontrollen zur Verhinderung von einem Unglück. Einige Beispiele sollen dies veranschaulichen:

- Mehrfach muss kontrolliert werden, ob die Tür abgeschlossen ist.
- Treppenstufen müssen gezählt werden, verschiedene Handlungen müssen z. B. dreimal oder neunmal durchgeführt werden.
- Handlungen müssen wiederholt werden, bis ein gutes/richtiges Gefühl in dem Moment dabei ist, z. B. beim Aufstehen aus dem Bett.
- Einigen Handlungen kann auch etwas Magisches anhaften, so können sich z. B. böse Gedanken auf die Kleidung übertragen, die dann gewechselt werden muss.

■ **Zwangsimpulse** drängen sich intensiv gegen den inneren Widerstand der Betroffenen auf, meist mit aggressiven oder sexuellen Inhalten. Es entsteht eine große Anspannung und Angst vor Kontrollverlust, der Impuls wird als sehr handlungsnah erlebt. Beispiele:

- Angst entsteht, Angehörigen etwas anzutun.
- Angst entsteht, homosexuell oder pädophil zu werden.

Zwangsstörungen beginnen oft im Kindes- oder Jugendalter, das mittlere Erkrankungsalter liegt bei 20 Jahren. Es gibt eine Komorbidität mit ▸ depressiven Störungen, dysthymen Störungen (depressive Verstimmungen), Panikstörungen, sozialen Phobien (▸ Angststörungen), ▸ Essstörungen und Alkoholabhängigkeit (▸ Suchtstörungen).

Bis zu 30 % der Patienten mit ▸ Schizophrenie erfüllen ebenfalls die Kriterien für eine Zwangsstörung. Die Zwangsstörung kann der Schizophrenie vorausgehen oder sich in deren Verlauf entwickeln.

Zwangsstörungen haben oft einen schweren und chronischen Verlauf. Bei Jugendlichen kommt es zu erheblicher Beeinträchtigung der psychosozialen Entwicklung. Wichtig sind eine konsequente Früherkennung und hoch individualisierte Therapie.

10.13 Störungen der Persönlichkeitsentwicklung (Persönlichkeitsstörungen)

Störungen der Persönlichkeitsentwicklung beginnen in der Kindheit oder Jugend. Die Diagnose einer Persönlichkeitsstörung wird im Jugendalter nur sehr zurückhaltend oder überhaupt nicht gestellt. Dies ist einerseits mit den geforderten Kriterien zur Klassifikation zu erklären. Eine Diagnose vor dem 16. Lebensjahr ist nur möglich, wenn eine Mindestzahl von Kriterien erfüllt ist. Andererseits wird eine stigmatisierende Wirkung befürchtet, die die weitere Entwicklung behindert. Die Persönlichkeit von Jugendlichen wandelt sich noch, sodass es nicht sinnvoll sein kann, von starren, unflexiblen Verhaltensmustern zu sprechen.

Ursachen: Persönlichkeitsstörungen entwickeln sich infolge von schwerwiegenden psychosozialen Belastungen oder gravierenden und wiederholt auftretenden traumatischen Erfahrungen (körperliche Misshandlungen, sexueller Missbrauch, Vernachlässigungen in der Kindheit, dysfunktionale Familienstrukturen, Psychopathologie der Eltern).
Der Kern von Persönlichkeitsstörungen liegt in stabilen Verhaltensmustern, die zu starren Reaktionen auf Lebensbedingungen führen. Es kommt zu Auffälligkeiten in allen Bereichen der Persönlichkeit (im Wahrnehmen, Denken, Fühlen) und in der Beziehungsgestaltung. Subjektives Leiden des Betroffenen bzw. seiner Umwelt sind die Folgen.

In der ICD-10 werden 9 Persönlichkeitsstörungen unterschieden:

Paranoide[19] Persönlichkeitsstörung
- Bei Zurückweisungen kommt es zu übertriebenen Empfindlichkeiten.
- Die Weigerung, Verletzungen zu verzeihen, führen zu ständigem Groll.
- Großes Misstrauen führt dazu, auch freundliche Handlungen anderer als feindlich zu interpretieren.
- Das streitsüchtige Bestehen auf eigenen Rechten ist nicht der Situation angepasst.
- An der Treue des Partners wird ständig ungerechtfertigt gezweifelt.
- Ständige Selbstbezogenheit aufgrund eines erhöhten Selbstwertgefühls.
- Ereignisse in der näheren Umgebung oder der ganzen Welt werden mit Verschwörungen erklärt.

Schizoide[20] Persönlichkeitsstörung
- Nur wenige Tätigkeiten bereiten Vergnügen.
- Emotionale Distanziertheit, flache Affektivität.
- Nur geringe Möglichkeiten, Gefühle anderen gegenüber zu zeigen.
- Gleichgültigkeit gegenüber Lob und Kritik.
- Geringes Interesse an sexuellen Erfahrungen mit einer anderen Person.
- Einzelgängerische Beschäftigungen.
- Übermäßige Beschäftigung mit eigenen Fantasien und Selbstbeobachtung (Introspektion).
- Mangel an vertrauensvollen Beziehungen und fehlender Wunsch nach solchen.
- Gesellschaftliche Regeln werden nicht befolgt, auch weil sie nicht erkannt werden.

Dissoziale Persönlichkeitsstörung
- Keine Beteiligung an den Gefühlen von anderen.
- Regeln, Normen und Verpflichtungen werden verantwortungslos missachtet.
- Beziehungen werden schnell eingegangen, haben aber längerfristig keinen Bestand.
- Geringe Frustrationstoleranz und niedrige Schwelle für Aggressionen und gewalttätiges Verhalten.
- Aus Erfahrungen und auch aus Bestrafungen kann nicht gelernt werden, da kein Schuldbewusstsein vorhanden ist.
- Neigung, andere zu beschuldigen bzw. sich bei Konflikten herauszureden.

19 paranoid: mit Wahnideen oder Wahnvorstellungen
20 schizoid: seelisch zerrissen

Emotional instabile Persönlichkeitsstörung

- Es kommt zu instabilen Stimmungen und impulsivem Handeln, ohne die Konsequenzen zu berücksichtigen.
- Wird das impulsive Verhalten kritisiert, kommt es zu gewalttätigem, explosivem Verhalten.
- Impulsivität und mangelnde Selbstkontrolle sind auch bei den Subtypen „impulsiver Typus" und „Borderline-Typus" (▸ siehe Kapitel 10.14) kennzeichnend. Beim letztgenannten ist oft zusätzlich das eigene Selbstbild gestört. Es wird ein Gefühl der chronischen inneren Leere beklagt. Unbeständige Beziehungen führen zu emotionalen Krisen mit Suiziddrohung oder selbstverletzendem Verhalten.

Histrionische[21] Persönlichkeitsstörung

- Theatralisches Verhalten, übertriebener Ausdruck von Gefühlen und Dramatisierung bezüglich der eigenen Person.
- Leichte Beeinflussbarkeit durch andere Personen oder Umstände.
- Oberflächliche und labile Affektivität.
- Andauerndes Verlangen nach Aufregung, Anerkennung, Aufmerksamkeit.
- Übermäßiges Interesse an körperlicher Attraktivität. Unangemessen verführerisch in Erscheinung und Verhalten.

Anankastische (zwanghafte) Persönlichkeitsstörung

- Perfektionismus behindert die Fertigstellung von Aufgaben. Ständige Beschäftigung mit Details, Regeln, Ordnung, Plänen.
- Zwischenmenschliche Beziehungen und Vergnügen werden vernachlässigt wegen unverhältnismäßiger Leistungsbezogenheit.
- Rigidität, Eigensinn und unbegründetes Bestehen auf der Unterordnung anderer unter die eigenen Gewohnheiten.
- Pedantisches Befolgen von Konventionen, Unflexibilität.

Ängstliche (vermeidende) Persönlichkeitsstörung

- Vermeidung von sozialen und beruflichen Aktivitäten, die zwischenmenschliche Aktivitäten voraussetzen. Es besteht Furcht vor Ablehnung in sozialen Situationen.
- Das Bedürfnis nach körperlicher Sicherheit führt zu einem eingeschränkten Lebensstil.
- Gefühle von Anspannung und Besorgtheit; Überzeugung von eigener Minderwertigkeit.

Abhängige Persönlichkeitsstörung

- Entscheidungen werden anderen überlassen.
- Unterordnung eigener Bedürfnisse, angemessene Ansprüche werden nicht geäußert.
- Angst verlassen zu werden, Gefühl nicht für sich selbst sorgen zu können.

Narzisstische Persönlichkeitsstörung

(gehört zur Kategorie „sonstige spezifische Persönlichkeitsstörungen") Die Betroffenen überschätzen sich, erwarten übermäßige Anerkennung und Bewunderung. Sie wirken arrogant und überheblich. In zwischenmenschlichen Beziehungen neigen sie dazu, den anderen auszunutzen, zeigen wenig Einfühlungsvermögen. Durch die starke Selbstidealisierung soll von der eigenen schwachen Struktur der Persönlichkeit abgelenkt werden. Es besteht die Angst, dass die eigene hilflose Bedürftigkeit offengelegt wird.

(Quelle: U. Rautenstrauch, Annedore-Leber-Berufsbildungswerk 2010)

21 Histrione (lat.): Schauspieler im Rom der Antike

10.14 Borderline-Persönlichkeitsstörung

Die Borderline-Störung wird den Persönlichkeitsstörungen zugeordnet[22]. Als Borderline-Störung bezeichnete man ursprünglich eine bestimmte Gruppe von Störungen an der **Grenzlinie (= Borderline) zwischen Neurose und Psychose**[23]. Recht bald erkannte man aber, dass diese Störungen in ihrer Gesamtheit als eigenständige Persönlichkeitsstörung zu sehen sind. Der Begriff Borderline hat somit zwar seine inhaltliche Bedeutung verloren, wurde aber trotzdem beibehalten. Die Borderline-Störung gehört inzwischen zu den am meisten verbreiteten psychischen Störungen.

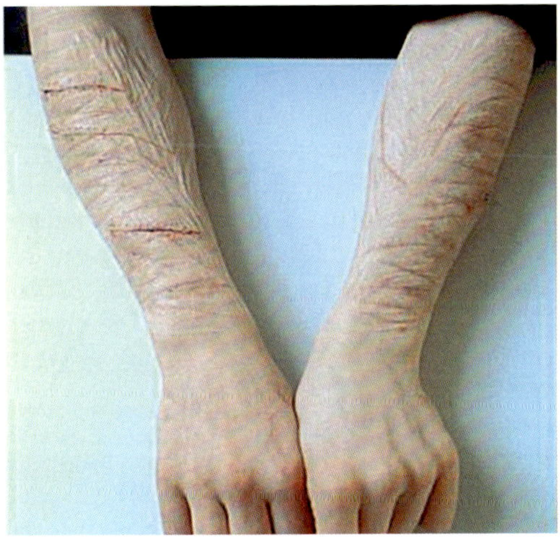

Symptome

Die Borderline-Störung (auch: Borderline-Syndrom) zählt zu den sogenannten **emotional instabilen Persönlichkeitsstörungen**. Die Betroffenen neigen dazu, Impulse ohne Berücksichtigung von Konsequenzen auszuagieren und leiden unter häufigen Stimmungsschwankungen. Ihre Fähigkeit, vorauszuplanen, ist gering und Ausbrüche intensiven Ärgers können zu explosivem, manchmal gewalttätigem Verhalten führen. Zudem sind das eigene Selbstbild und Zielvorstellungen unklar und gestört. Ihre Neigung zu intensiven, aber unbeständigen zwischenmenschlichen Beziehungen kann zu wiederholten emotionalen Krisen mit Suiziddrohungen/-versuchen oder selbstverletzenden Handlungen führen.

- **Symptome auf der körperlichen Ebene:** innerliche Hochspannung, Schlafstörungen, Alpträume, Konzentrationsstörungen, Taubheitsgefühle, innere Leere, Unwirklichkeitsgefühle, das Gefühl, vom Körper getrennt zu sein, Wahrnehmungen, Vorstellungen und Bilder, die ängstigen.

- **Symptome auf der emotionalen Ebene:** Gefühlswirrwar oder Gefühlsüberflutung, Niedergeschlagenheit, Hoffnungslosigkeit, Angstzustände, Schuld-, Scham-, Ekelgefühle, Wut und Ärger, rasche Stimmungsänderung zwischen Angst, Ärger und Depression, Schwierigkeiten, die Gefühle wahrzunehmen.

- **Symptome auf der gedanklichen Ebene:** Selbstabwertung bis Selbstvernichtung, Versagensgedanken, Schuldvorwürfe, Gedanken der Hilf- und Hoffnungslosigkeit, Schwarz-Weiß-Denken, Entweder-oder- und Alles-oder-nichts-Denken.

- **Symptome auf der Verhaltensebene:** sozialer Rückzug, Aufgabe von Kontakten, Aufgabe von beruflichen und Freizeitinteressen, Anklammerung und Vermeidung von Alleinsein, Beziehungskonflikte, Unfähigkeit, Hilfe anzunehmen, impulsive Handlungen, Selbstschädigung und Selbstverletzung, Selbsttötungsversuche.

(nach: I. Sender)

22 Vgl. Steinhausen

23 Neurose und Psychose: Dies sind Begriffe, unter denen mehrere Erkrankungen zusammengefasst werden:
Neurosen sind störende, teils chronische Einstellungen/Verhaltensweisen wie Ängste, Unsicherheiten, Depressionen. Es besteht Einsicht in die eigene Erkrankung.
Psychosen sind (schwere) psychische Störungen, die zu Veränderungen der Persönlichkeit und des Erlebens der Umwelt führen. Symptome: Halluzinationen, Wahnvorstellungen, abnormes Verhalten (Erregungs-/Hemmungszustände), bis zu völligem Persönlichkeitszerfall. Es besteht keine Einsicht in die eigene Erkrankung.

Ursachen

Letztendlich ist die Ursache nicht geklärt[24], es gibt verschiedene Erklärungsansätze. Hier wird nur kurz auf den lerntheoretischen Ansatz eingegangen: Bei der Entwicklung einer Borderline-Erkrankung geht man davon aus, dass sowohl biologische Einflüsse als auch persönliche Lernerfahrungen das Krankheitsbild prägen.

Biologische Faktoren: Darunter versteht man genetische Einflüsse oder ungünstige Bedingungen in der Schwangerschaft, die die Entwicklung des Gehirns und Nervensystems in der frühen Kindheit beeinträchtigen, z.B. Alkohol- und Drogenkonsum, Erkrankungen, die mit einer Medikamenteneinnahme einhergehen, oder psychiatrische Vorerkrankungen in der Familie.

Lernerfahrungen: Traumatische Erfahrungen hindern in einer nicht wohlwollenden Umwelt die Entwicklung der emotionalen Regulationsfähigkeit des Kindes. Zu den traumatischen Erfahrungen zählen körperliche und seelische Gewalt und darüber hinaus die Erfahrung, von den nahen Bezugspersonen überdauernd missachtet zu werden. Das Erleben, nicht angenommen zu werden, kann auf mehreren Ebenen zu Komplikationen führen: Das Kind macht zunächst die Erfahrung, dass es nicht richtig zu sein scheint, wie es die Welt erlebt und wie es sich fühlt. Es entwickelt kein Vertrauen in die eigene Wahrnehmung und kann seine Gefühle schlecht einschätzen. Damit sind die Voraussetzungen, spontan auf einen inneren Gefühlszustand zu reagieren, eingeschränkt. *Beispiele:* Wenn das Kind Ärger spürt, wäre die natürliche Reaktion darauf, Ärger zu zeigen – möglicherweise reagiert dieses Kind aber ängstlich oder traurig. Wenn es sich verletzt fühlt, wäre die natürliche Reaktion, diese Verletzung zu zeigen – möglicherweise wird es sich jedoch aufgrund der Angst vor Bestrafung gar nicht äußern. Die betreffende Person verliert so allmählich den Bezug zu der eigenen Gefühlswelt. Der unausgedrückte Gefühlszustand resultiert schließlich in einem körperlichen Spannungszustand. *(nach: I. Sender)*

Auswirkungen auf den Unterricht

Schülerinnen (es sind zumeist Mädchen) mit dem Krankheitsbild des Borderline-Syndroms drohen aufgrund der Heftigkeit ihrer Symptome zum großen Teil an den Alltagsanforderungen der Schule zu scheitern: Es gibt oft keinen stützenden und schützenden Rahmen, um den gravierenden Symptomen der Krankheit adäquat zu begegnen.

Lehrer sollten sich davor schützen, den Schüler durch intensive Betreuung oder Hilfsangebote bei der Bewältigung der „Probleme“ helfen zu wollen. **Wo selbst die medizinischen Fachkräfte oft an die Grenzen ihrer therapeutischen Möglichkeiten geraten, ist es vermessen zu glauben, mit Verständnis und pädagogischem Engagement helfen zu können!**

Wichtige Aufgabe der Lehrer bleibt es, die Symptome der Erkrankung zu kennen, um rechtzeitig intervenieren zu können. Die Intervention wird sich häufig darauf beschränken müssen, den Betroffenen zu verdeutlichen, dass sie aufgrund der massiven Verhaltensauffälligkeiten die Schule nicht länger besuchen können, bzw. dass sie sich erneut in ggf. stationäre Behandlung begeben müssen.

Wenn es in die Zeit von Abschlussprüfungen fällt[25] und der Schüler eine realistische Chance besitzt, die Prüfung zu bestehen, sollte die Schule abwägen, unter welchen Bedingungen ein Verbleib möglich ist, damit dieser Lebensabschnitt erfolgreich abgeschlossen werden kann.

Die Symptome der Borderline-Störung können auch den Sportunterricht deutlich beeinträchtigen, auch wenn es keine körperlich bedingten Besonderheiten für den Sport gibt.
(nach: Kimmig, 2006)

---

24 Siehe einleitender Text zu Kap. 10 Psychische Störungen

25 Die Erkrankung in ihrer ganzen Ausprägung tritt selten vor dem 14./15. Lebensjahr auf.

Methodische Hinweise für den Unterricht

- Die Ausprägung der Symptome kann sehr unterschiedlich sein: von weitgehend unauffälligem Verhalten nach erfolgreicher Behandlung bis zu völlig inakzeptablen Verhaltensweisen. Es sollte sicher gestellt sein, dass eine therapeutische Betreuung stattfindet (bzw. stattgefunden hat), ggf. vom schulpsychologischen Dienst Unterstützung anfordern.
- Zeigen Sie sich dem Jugendlichen stets freundlich und aufgeschlossen gegenüber. Die eigenen „Formtiefs" sollten man grundsätzlich nicht die Schüler spüren lassen, hier wird das besonders wichtig.
- Bei Schlaf- und Konzentrationsstörungen: Auch eine müde und verspätete Anwesenheit kann ein kleiner Erfolg sein, nämlich sich trotzdem aufgerafft zu haben, zum Unterricht zu kommen. Es droht das Symptom sozialer Rückzug. Begrüßen Sie den Jugendlichen freundlich; stellen Sie ihn mit seinen Konzentrationsstörungen nicht bloß (Leistungsentlastung).
- Bei Tendenzen zur Selbstabwertung: bei positiven schulischen Leistungen diese deutlich spiegeln. Z. B. kann man den Notenspiegel bei Klassenarbeiten mit dem Schüler erörtern, bei schlechten Leistungen Entlastung finden (Krankheit hindert an der Entfaltung der vollen Leistungsfähigkeit).
- Bei Tendenzen zum sozialen Rückzug bzw. zu Fehlzeiten: Versuchen Sie, in der Klasse eine gute Lernatmosphäre zu entwickeln. Arbeitsteilige Gruppenarbeit mit Hausaufgaben kann man so organisieren, dass die Arbeitsergebnisse direkt in der nächsten Woche/am nächsten Tag gebraucht werden. Gemeinsame Besuche von kulturellen Veranstaltungen, Klassenfahrten oder Betriebsbesichtigungen unterstützen eine enge Einbindung des betroffenen Jugendlichen in den Klassenverband.
- Bei einem ungünstigen Krankheitsverlauf oder sogar Suizid: Suchen Sie keinen „Schuldigen", z. B. die Schuld bei sich selbst. Den Krankheitsverlauf können Sie nicht beeinflussen.

10.15 Affektive Störungen

Bei einer affektiven Störung verändert sich als Hauptsymptom die Stimmung: meist Depression, seltener gehobene Stimmung (Manie). Depressive Reaktionen (verstanden als Anpassungsstörungen) treten auch bei Kindern und Jugendlichen auf. Es wird unterteilt in:

depressive Störungen	bipolare affektive Störungen

10.15.1 Depressive Störungen[26]

Man unterscheidet zwischen

- kurzfristig anhaltenden Reaktionen,
- (längeren) Episoden mit unterschiedlichen Schweregraden (leicht, mittel, schwer),
- einer chronischen Form (Dysthymie).

Reine depressive Störungen sind bei Kindern und Jugendlichen eher selten. Verbindungen zu anderen Krankheiten (= Komorbidität) gibt es am häufigsten zu ▸ Angststörungen. Depressive Störungen sind nach Steinhausen immer im Entwicklungskontext zu sehen:

■ Säuglingsalter: Nach länger anhaltender mangelnder Zuwendung und psychosozialer Deprivation[27] treten Weinen und protestierendes Schreien auf, schließlich Rückzug und Apathie, manchmal Schlafstörungen und Jaktationen[28].

■ Kleinkindalter: Gehemmtheit, Trennungsängstlichkeit, Antriebsminderung, eventuell als Folge von Zurückweisung durch die Eltern.

■ Mittlere Kindheit: Traurigkeit/Weinen unmittelbar nach elterlicher Zurückweisung. Depressiver Gesichtsausdruck, keine Fähigkeit der Wahrnehmung der eigenen Depression, Spielunlust, weniger Fantasie, sozialer Rückzug von familiären Bezugspersonen/Freunden, Einschlafstörungen, Appetitstörungen, Gewichtsverlust.

■ Spätes Kindesalter: Die kognitive Entwicklung ermöglicht eine Ableitung der Depression aus den jeweiligen Umständen, was zu niedrigem Selbstwertgefühl und Schuldgefühlen führen kann.

■ Adoleszenz: Die Depression verbindet sich mit übersteigerten/verzerrten Gefühlen der Sinnlosigkeit, des Versagens und der Schuld. Es zeigen sich die typischen Symptome des Erwachsenenalters (Grübeln, Suizidimpulse, Minderwertigkeitsgefühle).

Schwere depressive Störungen können mit anderen psychischen Störungen verbunden sein: ▸ Angststörungen, ▸ Zwangsstörungen, ▸ Essstörungen, ▸ Störungen des Sozialverhaltens, ▸ Suchtstörungen.

Die Ursachen von Depressionen sind noch ungenügend geklärt. Es lassen sich biologische Modelle (neuroendokrine, biochemische, genetische Hypothesen) und psychosoziale Modelle (psychoanalytische Theorie, verhaltenstheoretische Modelle, kognitionspsychologische Ansätze) unterscheiden.

Die Therapie bei einem Vollbild der Depression (= Major-Form) erfolgt meist stationär mit initial supportivem Charakter. Erst später – eventuell bei ambulanter Nachsorge – folgt eine stärker aufarbeitende, rekonstruktive Therapie. Das Ziel ist immer, eine dem Schweregrad und der Entwicklung angepasste Behandlung im Kontext der Familie bzw. Beziehungsumwelt zu realisieren.

Kimmig (2006) schreibt: Es ist für Lehrer auf den ersten Blick nicht leicht, zwischen normaler alltagsüblicher Traurigkeit und einer Depression zu unterscheiden, zumal im Schulalltag zunächst die lebhaften, extrovertierten Schüler ins Blickfeld geraten. Wegen des erhöhten Risikos für einen Suizid bzw. der Gefahr einer Chronifizierung der Symptome sind eine baldige Diagnose und Therapie wichtig.

26 Eingruppierung: Depressive Störungen werden unterschiedlich nach DSM-IV und ICD-10 klassifiziert.
27 Deprivation: Mangel, Entbehrung
28 Jaktationen: Hin- und Herwälzen des Kopfes/des Körpers als Bewegungsstereotypie

10.15.2 Bipolare Störungen und Manie

Bipolare affektive Störungen wurden früher auch als affektive Psychosen bezeichnet. Sie zeichnen sich durch depressive und manische Phasen aus. Eine Manie ist nicht einfach das Gegenteil einer Depression. Häufig zeigen sich auf einer gereizten Grundstimmung Symptome wie:

- (plötzlich) gesteigerte Gesprächigkeit
- Ideenflucht oder Hemmung des Gedankengangs, Größenideen
- massive Konzentrationsstörungen
- Verlust adäquaten Sozialverhaltens, abnorme Erleichterung oder Hemmung des Entschließens, Handelns, der Motilität[29]
- vermindertes Schlafbedürfnis

Die Krankheit hat einen periodischen Verlauf, Phasen der Krankheit wechseln mit freien Intervallen. Auch für Therapeuten handelt es sich um eine schwierige Klientel. Es werden Fälle berichtet, wonach Erkrankte in einer Hochphase die Kraft gesammelt haben, um sich umzubringen.

10.15.3 Berufliche Eingliederung

An Depression erkrankte Jugendliche werden zu einem großen Teil auch in ihrem weiteren Leben mit Rückfällen zu rechnen haben, was bei der Berufsfindung zu bedenken ist. Dienstleistungsberufe, die viele soziale Kontakte beinhalten, sind weniger, handwerkliche Berufe mehr geeignet *(nach: Kimmig, 2006)*.

10.15.4 Auswirkungen auf den Unterricht

Folgende Merkmale können im Unterricht festgestellt werden (nach Kimmig):

- Wechselnde Lern- und Leistungsfähigkeit (phasenhafter Verlauf), z. B. Verspätungen, Fehlzeiten bei besonderen Belastungssituationen.
- Zurückziehen aus sozialen Kontakten im Klassenverband, auch in den Pausen.
- Reduzierte Kommunikation, nahezu ausdrucksloses Gesicht, keine adäquate Reaktion auf Komik und Witz.
- Leistungsknick.
- Körpersprache: schlaffe Haltung, hängende Schultern, keinerlei Vitalität im Gangbild.
  Im Sportunterricht können diese Schüler (vor allem bei Mannschaftssportarten) plötzlich „explodieren“, um kurz danach im Klassenzimmer wieder im stereotypen emotionslosen Verhalten zu verharren.

Aufmunterungen seitens des Lehrers stürzen den Jugendlichen nur tiefer in sein depressives Loch. Vielmehr sollte dem Schüler gegenüber deutlich gemacht werden, dass man wahrgenommen habe, wie schlecht es ihm gehe, und anbieten, ihm bei der Vermittlung von professioneller Hilfe beizustehen.

Bei Schülern, die wegen einer Depression in ambulanter Behandlung sind, sollte der Lehrer informiert sein, wenn die medikamentöse Behandlung Auswirkungen auf die Bewältigung des Schulalltags hat, damit er dies bei Leistungsüberprüfung und Bewertung berücksichtigen kann (▸ Nachteilsausgleich).

10.15.5 Methodische Hinweise für den Unterricht

- Organisieren Sie unbemerkt von der übrigen Lerngruppe ein Gespräch unter vier Augen: „Mir ist aufgefallen, dass .... Ich mache mir Sorgen um Sie! Können Sie Ihr Verhalten erklären? Was können wir machen?“
- Da das familiäre Umfeld der depressiven Schüler oft ebenfalls hoch belastet ist, sollte sich der Lehrer in den Elterngesprächen zurückhaltend äußern und behutsam vorgehen. Das Bearbeiten der familiären Problematik bleibt der Therapie vorbehalten.
- Psychologische Unterstützung enttabuisieren.
- Das Ziel ist stetiger Schulbesuch. Dazu ist es notwendig, die Krankheitssymptome zu akzeptieren und auch allgemeine Regeln zu brechen. Die Reaktion auf Verspätungen des Schülers sollte positiv sein.

29 Motilität: Bewegungsvermögen

- Unterstützung vermitteln, z.B. zu Beratungsstellen, zur Jugendhilfe, zum schulpsychologischen Dienst, zu örtlichen Krisennotdiensten. Lehrer können im Rahmen einer möglichst vertrauensvollen Umgebung nur eine beratende Rolle einnehmen.

Berliner Krisendienst

- Absprachen, Informationsaustausch mit dem beteiligten Kollegium sind notwendig.
- Belastungsmomente reduzieren.
- Akzeptanz im Klassenverband für besondere Behandlung herstellen: „Ich bemühe mich um jeden von Ihnen ... keine Bevorzugung."
- Werden Medikamente eingenommen? Falls ja: Welches Verhaltensspektrum ergibt sich daraus bei regelmäßiger/unregelmäßiger/unkontrolliert selbst abgesetzter Medikation?
- Stets freundlich begrüßen und wertschätzen.
- Kreativität fördern, Freizeitangebote machen.
- Zunehmende Reduzierung der besonderen Behandlung, Integration in die Lerngruppe.

10.16 Posttraumatische Belastungsstörungen (PTBS)

Traumatische Ereignisse können zu verschiedenen psychosozialen Problemen führen. Neben einer posttraumatischen Belastungsstörung können auch Angststörungen, Depressionen, Verhaltensauffälligkeiten, Alkohol- und Drogenmissbrauch, Essstörungen, dissoziative, affektive, somatoforme, immunologische und sexuelle Störungen (siehe dort) auftreten. Eine PTBS[30] im Jugendalter ohne gleichzeitiges Vorhandensein von anderen Störungsbildern (= Komorbidität) ist selten.

Die PTBS ist eine verzögerte Reaktion auf traumatische Ereignisse. Die akute Belastungsreaktion kann nach wenigen Stunden oder Tagen in eine posttraumatische Belastungsstörung übergehen. Eine PTBS kann auch erst längere Zeit nach den Ereignissen auftreten. Der beste Prädikator ist das Ausmaß des dissoziativen Symptomanteils[31]. Hiermit wird ein Syndrom bezeichnet, das durch psychische Spaltungs- und Desintegrationsprozesse gekennzeichnet ist. Der Betroffene kann so die unmittelbare traumatische Erfahrung, die als überschwemmend erlebt wird, emotional und kognitiv verarbeiten.

Als andauernde Persönlichkeitsstörung wird eine chronische Verlaufsform bezeichnet. Neben traumaspezifischen Symptomen kommt es meist auch zu **Veränderungen in der Persönlichkeitsentwicklung**. Besonders bei chronischen Belastungen ist auch mit einer andauernden Persönlichkeitsveränderung zu rechnen.

Entwicklungsfolgen

Als Folgen eines Traumas kann sich die Einstellung zu Beziehungen verändern, es kommt zu sozialem Rückzug, Einzelgängertum oder auch antisozialen Tendenzen. Bisherige Entwicklungspfade gehen verloren, was zu Schulproblemen führen kann:

- Es kommt zu Entwicklungsblockaden und zu Störungen der Informationsaufnahme und -verarbeitung.
- Aufmerksamkeits- und Konzentrationsstörungen führen zu Schulversagen trotz ausreichender intellektueller Begabung.
- Es kann zu Störungen der Wahrnehmungsorganisation (Figuren legen, soziale Handlungsabfolgen erklären) kommen.
- Auch Störungen der taktilen Wahrnehmung und Diskrimination sind feststellbar.
- Gleichzeitig gibt es Störungen im vestibulären System (Gleichgewichtssystem), insbesondere im Raumempfinden.

Während weibliche Jugendliche eher mit gegen sich selbst gerichteten Symptome reagieren (Suizidalität, selbstverletzendes Verhalten, Somatisierungsneigung), attackieren männliche Jugendliche das soziale Umfeld und geraten mit Regeln/Gesetzen in Konflikt (Gewaltneigung, Alkohol, Drogen, Täterverhalten).

30 Engl.: posttraumatic stress disorder, PTSD
31 Siehe dissoziative Störungen Kap. 10.17

10.17 Dissoziative Störungen

Es handelt sich wie bei der ▸ posttraumatischen Belastungsstörung um eine stressbezogene psychiatrische Erkrankung. Die Entstehung ist im Kontext der **Verarbeitung traumatischer Lebenserfahrungen** zu sehen. Im Mittelpunkt steht eine Störung der integrativen Funktionen von Bewusstsein, Gedächtnis, Identität, Umweltwahrnehmungen. In der ICD-10-Klassifikation werden 2 Subtypen unterschieden:

dissoziative Bewusstseinsstörungen
Konversionsstörungen

Zu den dissoziativen Bewusstseinsstörungen zählen:

■ **Amnesie**: Erinnerungslücken, meist bezogen auf traumatische Ereignisse.

■ **Fugue**: Zielgerichtete Reisen mit/ohne Identitätsverlust. In der neuen Umgebung verhält sich die Person meist psychisch unauffällig.

■ **Stupor**: Erstarrung, Reglosigkeit mit Sprachverarmung ohne äußerlich erkennbare psychische und körperliche Aktivität bei wachem Bewusstsein, unter Umständen mit extremer innerer Anspannung.

■ **Depersonalisations- und Derealisationssyndrom**: Kennzeichnend sind Episoden von Entfremdungserleben, das sich auf das Selbst, den Körper oder die Umwelt beziehen kann. Das eigene Denken, die eigenen Vorstellungen oder Erinnerungen werden als fremd und unbekannt erlebt. Es gibt auch das Gefühl der Trennung von Teilen des Körpers oder der Entfremdung von Emotionen (roboterhaftes Empfinden). Es werden Empfindungen beschrieben, als ob man neben sich stünde und sich von außen beobachte. Die Betroffenen bekommen Angst, verrückt zu sein. Gemeinsam mit Depersonalisierungserfahrungen treten Derealisationsphänomene auf: Die Betroffenen empfinden die Umwelt als fremd, unbekannt oder verändert.

Bei Konversionsstörungen handelt es sich um eine fehlende oder beeinträchtigte körperliche Funktionalität (zumeist sensorisch oder motorisch), die zwar auf eine körperliche Erkrankung hinweist, aber psychisch bedingt ist. Die Störungen sind nicht vorgetäuscht oder absichtlich erzeugt. Es lässt sich zwischen 3 Subtypen differenzieren:

■ **Dissoziative Bewegungsstörungen**: Kennzeichnend ist ein partieller oder vollständiger Verlust der Bewegungsfähigkeit von Extremitäten, z.B. Unfähigkeit, ohne Hilfe zu stehen oder zu gehen.

■ **Dissoziative Krampfanfälle** haben eine große Bandbreite: Ohnmachten sowie eine Symptomatik ähnlich einem Grand-mal-Anfall (▸ Epilepsie) bis zu Ausdrucksformen mit einem Überstrecken des ganzen Körpers[32].

■ **Dissoziative Sensibilitäts- und Empfindungsstörungen** sind bei Jugendlichen seltener. Sie äußern sich durch Verlust normaler Hautempfindungen, durch Seh-, Hör- oder Riechverluste. Auffällig ist der häufig geringe Leidensdruck im Vergleich zur Schwere der Symptome.

Bei allen dissoziativen Störungen fehlen körperliche Erkrankungen, welche die Symptomatik ausreichend erklären können. Als diagnostisches Ausschlusskriterium ist dies nach neueren neurobiologischen Untersuchungen jedoch nicht mehr geeignet, da pathophysiologische Mechanismen nachgewiesen wurden.
Es ist eine signifikante Häufung mehrerer psychiatrischer Erkrankungen und anderer medizinischer Diagnosen festzustellen. Unterschiedliche Diagnosen aus unterschiedlichsten Störungsbereichen können als Hinweis für das Vorliegen einer dissoziativen Störung verstanden werden. Die dissoziativen Symptome sind häufig im Zusammenhang mit anderen Störungen anzutreffen, insbesondere mit der ▸ posttraumatischen Belastungsstörung und der ▸ Borderline-Persönlichkeitsstörung.

32 Genannt „Arc de cercle“

10.18 Autismus/ASS

10.18.1 Überblick

Kennzeichnend für Autismus (oder eine Autismus-Spektrum-Störung, ASS) ist eine hochgradige interpersonelle Kontaktstörung in folgenden 3 Bereichen:

Kommunikation
Kontakt- und Sozialverhalten
Interessen und Handlungen

Individuell unterschiedlich ist die Kombination der Störungsbereiche und deren Ausprägungen.

Konkrete Beeinträchtigungen
Die KMK listet folgende Beeinträchtigungen[33] auf:

- die kommunikative Aufnahme-, Verarbeitungs- und Darstellungsfähigkeit
- die Fähigkeit, ein Gegenüber zu erkennen und sich auf Beziehungen einzulassen
- die Fähigkeit, Kommunikationsangebote zu verstehen
- die Bereitschaft, Kommunikation und Interaktion zuzulassen und herzustellen
- die Selbsteinschätzung und das Zutrauen
- die Selbstbehauptung und die Selbstkontrolle
- die Fähigkeit, sich auf Anforderungen einzustellen
- das situations-, sach- und sinnbezogene Lernen
- die Durchhaltefähigkeit im Lernprozess
- die Übernahme von Handlungsmustern

Symptome
Einige Verhaltensbeispiele sollen die möglichen Schwierigkeiten verdeutlichen. Nicht jeder autistische Jugendliche zeigt alle typischen Symptome:

- Vermeiden von Blick- und Körperkontakt
- Drehen von Gegenständen
- Bizarre Bewegungen
- Zeigen von Wünschen durch Hinführen
- Keine Reaktion bei Ansprache
- Auffällige Sprache/Echolalie
- Kein kreatives Spiel
- Kein Spiel mit anderen Kindern
- Unangemessenes Lachen und Kichern
- Fixierung auf spezielle Themen
- Verweigerung von Veränderungen
- Keine Angst vor realen Gefahren
- Außergewöhnliche Teilbegabungen

Selbstverständlich gibt es wie bei allen Menschen auch **Stärken**. Menschen mit einer autistischen Erkrankung gelten als:

- pünktlich
- zuverlässig
- gutmütig
- aufrichtig und ehrlich

Autismus ist eine psychiatrische Diagnose und hat somit auch einen subjektiven Aspekt: Der Untersucher entscheidet, ob Symptome vorhanden sind oder nicht. So kann es vorkommen, dass Menschen im Verlauf ihres Lebens unterschiedlich psychiatrisch diagnostiziert werden. Den „typischen" autistischen Menschen[34] gibt es nicht, es handelt sich immer um eine individuelle, summative Diagnose. Die **Störungsbilder**, die unter der Bezeichnung Autismus zusammengefasst werden, **liegen weit auseinander**.

Die beiden „Eckpfeiler[35]", nämlich der frühkindliche Autismus (Kanner-Syndrom) und die autistische Persönlichkeitsstörung (Asperger-Syndrom) werden zunächst beschrieben. Viele Betroffene liegen diagnostisch dazwischen, sodass zusammenfassend von einer Autismus-Spektrum-Störung (ASS) gesprochen wird.

33 In: Empfehlungen zu Erziehung und Unterricht von Kindern und Jugendlichen mit autistischem Verhalten, KMK 2000

34 Begrifflichkeit: Man sollte sich angewöhnen, auch bei dieser Erkrankung nicht vom „Autisten" zu sprechen, sondern von einem „Menschen mit einer autistischen Erkrankung". Als Mensch mit z. B. einem Alkoholproblem möchten Sie auch nicht als „der Alkoholiker ist schon im Wartezimmer" angekündigt werden. Der Mensch steht im Zentrum!

35 Der Vergleich mit einem Eckpfeiler hinkt insofern, als auch Menschen außerhalb der „Pfeiler" existieren, bei denen die Symptome geringer sind, die also den Übergang zu keiner Beeinträchtigung darstellen.

Ursachen

Die Ursachen sind nicht abschließend erforscht; es handelt sich wohl um hirnorganische Störungen. Am Sozialverhalten der Eltern gegenüber dem Kind liegt es sicher nicht.

10.18.2 Frühkindlicher Autismus (Kanner-Syndrom)

Der frühkindliche Autismus ist eine tief greifende Entwicklungsstörung, die bereits vor dem 30. Lebensmonat diagnostizierbar ist. Geschätzt wird eine Häufigkeit von 5.000 autistischen Kindern und Jugendlichen im Alter zwischen 5 und 15 Jahren (4–5 von 10.000 Kindern[36]). Wesentliche Kennzeichen der Störung sind:

- Qualitative Beeinträchtigungen der zwischenmenschlichen Beziehungen: z. B. fehlender Blickkontakt, Abwehr von körperlicher Nähe.
- Beeinträchtigungen der Kommunikation und der Fantasie.
- Ein deutlich eingeschränktes Repertoire von Aktivitäten und Interessen: zwanghaftes Bestehen auf Gleicherhaltung der Umweltbedingungen mit Panik und Angst bei Veränderungen, mannigfaltige stereotype Verhaltensweisen, d. h. sich wiederholende Bewegungen, Äußerungen und Haltungen.
- Besondere Sprachauffälligkeiten: Nach verzögerter Sprachentwicklung lernen die Kinder erst spät, die eigene Person mit „ich" zu bezeichnen. Die erlernte Sprache wird oft nicht kommunikativ benutzt und ist durch sprachliche Neubildungen (Neologismen) und durch Dysgrammatismus gekennzeichnet. 50 % der autistischen Kinder entwickeln keine Sprache auf der Bedeutungsebene.
- Die Intelligenzentwicklung ist häufig gestört: Bei ca. 50 % der autistischen Menschen sind die geistigen Fähigkeiten eingeschränkt.
- Annähernd ein Drittel der Betroffenen entwickelt bis zum frühen Erwachsenenalter ein Anfallsleiden (▸ Epilepsie).

Unter dem Gesichtspunkt der Integrationsmöglichkeit kann man den frühkindlichen Autismus nach dem erreichten Entwicklungsniveau unterteilen. Die Höhe dieses Niveaus wird beeinflusst durch Merkmale wie das Ausmaß des autistischen Rückzugs, durch Sprachauffälligkeiten, das erreichte Leistungsniveau und das Vorhandensein besonderer Fertigkeiten. Dabei lassen sich grundsätzlich 3 Stufen differenzieren:

■ **Autistische Menschen mit hohem Entwicklungsniveau** sind zurückgezogen, kontaktgestört und haben reduzierte soziale Fertigkeiten, besitzen aber durchschnittliche, manchmal überdurchschnittliche intellektuelle oder sprachliche Fähigkeiten. Sie können sich später von der Kontaktstörung etwas befreien, bleiben aber auffällig im sprachlichen Bereich, im Denken und im Sozialverhalten. Beispielsweise sprechen sie gestelzt und beachten gesellschaftliche Konventionen wenig.

■ **Autistische Menschen mit mittlerem Entwicklungsniveau** sind in ihren Intelligenzleistungen oft eingeschränkt, ziehen sich stärker zurück und sprechen entweder gar nicht, sehr reduziert oder schwer verständlich. Sie zeigen später deutliche emotionale Auffälligkeiten sowie vielfach Stereotypien und zwanghaftes Verhalten.

■ **Autistische Menschen mit niedrigem Entwicklungsniveau** weisen ähnliche Merkmale auf wie die mittlere Gruppe, haben aber noch deutlichere Defizite im intellektuellen Bereich (etwa vergleichbar den Schweregraden einer mittleren bis schweren geistigen Behinderung) sowie in der Wahrnehmung und in der Motorik. Auch im Jugendlichen- und Erwachsenenalter bleiben Intelligenzminderung, Stereotypien, zum Teil fehlende Sprachentwicklung und zahlreiche Verhaltensauffälligkeiten bestehen.

10.18.3 Autistische Persönlichkeitsstörung (Asperger-Syndrom)

Auch hier steht die qualitative Beeinträchtigung der sozialen Interaktion und Kommunikation im Vordergrund. Sehr charakteristisch sind die **hochspezialisierten Sonderinteressen** der Be-

36 Neuere Untersuchungen berichten von einer Häufigkeit von 17/10.000 Kindern.

troffenen (z. B. Auswendiglernen von Fahrplänen, hochspezifische Interessen für das Wetter oder den Schmelzpunkt aller Metalle). Die Sprache ist früh und vollständig ausgebildet, besitzt aber (manchmal) keinen kommunikativen Charakter. Die kognitive Entwicklung ist normal. Im frühen Erwachsenenalter kann die Unterscheidung zwischen annähernd normal begabten Personen mit ▸ frühkindlichem Autismus und solchen mit Asperger-Syndrom schwierig sein, da die Verhaltensweisen sich ähneln.

Es überwiegt deutlich das männliche Geschlecht (3- bis 4-mal häufiger). Insgesamt steigt die Zahl der Diagnosen mit Autismus[37]. Vermutlich sind die intellektuell mehr begabten Kinder früher übersehen worden. Ein Indiz hierfür ist, dass heute nur noch ca. 25–50 % aller Kinder mit Autismus als zusätzlich geistig behindert gelten, gegenüber früher 75 %.

Es ist durchaus möglich, dass ein gering ausgeprägtes Asperger-Syndrom zunächst nicht diagnostiziert wird. Erst in höheren Klassenstufen gibt es zunehmend Probleme, wenn die Anforderungen zur sozialen Kompetenz höher werden: Es gibt Gruppenarbeiten, Aufsätze in Form von Interpretationen, Beschreibungen, eigene Beurteilungen. Auch die Erwartungen an Selbstständigkeit und Organisationsfähigkeit steigen. Die Betroffenen unterscheiden sich zunehmend von den Mitschülern. Oft leiden sie an ihrer Andersartigkeit und Isolation.

10.18.4 Berufliche Eingliederung

Eine berufliche Eingliederung ist vor allem abhängig von dem erreichten Leistungsniveau und der Sprachentwicklung. Etwa 20 % der Betroffenen gehören zu der Gruppe mit hohem Entwicklungsniveau. Für sie kommt später u. a. eine Ausbildung in einem Berufsbildungswerk (BBW) oder in einer sonstigen Reha-Einrichtung infrage; Übergänge auf den Arbeitsmarkt sind dann möglich. Eine sogenannte **Arbeitsassistenz** als begleitende Vertrauensperson in Schule und Betrieb kann als kommunikative Brücke unterstützen.

Für autistische junge Menschen mit mittlerem oder niedrigem Entwicklungsniveau ist eine Beschäftigung in der Werkstatt für Menschen mit Behinderung (WfbM) anzustreben.

1–2 % der Betroffenen sind im Erwachsenenalter fast unauffällig, etwa 15 % bewegen sich im Grenzbereich zur psychopathologischen Auffälligkeit, bis 25 % bleiben weiterhin auffällig, lassen sich aber relativ gut in beschützenden Institutionen betreuen, bei ca. 60 % muss die Prognose als schlecht bis sehr schlecht bezeichnet werden, d. h., sie sind stets auf fremde Hilfe angewiesen. Etwa die Hälfte der schwerer beeinträchtigten Personen muss langfristig in betreuenden Institutionen untergebracht werden (z. B. Einrichtungen bzw. Wohngruppen für Menschen mit geistiger Behinderung).

Grundsätzlich eher wenig geeignet sind Berufe und Tätigkeiten, die Gruppen- oder Teamarbeit erfordern, die mit Publikumsverkehr oder wechselnden Aufgaben verbunden sind. Dagegen lassen sich ausgeprägte Sonderinteressen und -fähigkeiten auch im Hinblick auf Ausbildung und Beruf nutzen. Autistische junge Menschen können sich nur äußerst schwer auf neue Situationen und Bedingungen einstellen. Insofern sind prinzipiell Berufe und Tätigkeiten gut geeignet, bei denen Arbeiten in gewohnter Weise, täglich gleich bleibend und in ruhiger, vertrauter Umgebung ausgeführt werden.

Es wird deutlich, dass eine erfolgreiche – auch schulische – Förderung entscheidend für die Lebensperspektive der Betroffenen ist. Diese können nicht selbst Unterstützung einfordern, sie sind angewiesen auf die Mitmenschen. Die Erwartungen an die beteiligten Lehrer liegen hier darin, eine wirksame Förderung zu realisieren bzw. zu organisieren.

37 Statistiken sprechen von 8/10.000 Menschen mit Asperger-Symptom; 36/10.000 mit anderen atypischen autistischen Störungen.

10.18.5 Auswirkungen auf den Unterricht

Hinweis: Eine Unterscheidung zwischen Kanner-Syndrom, Asperger-Symptom und anderen atypischen autistischen Störungen ist im Hinblick auf Auswirkungen auf den Unterricht nicht trennscharf durchzuführen, wenngleich sich die schulischen Situationen sehr unterscheiden können. Die intellektuelle Leistungsfähigkeit der Jugendlichen kann zwischen dem Förderstatus geistige Entwicklung und der Fähigkeit zum Besuch eines Gymnasiums liegen.

Anzustreben ist, dass möglichst viele autistische Jugendliche an integrativen Maßnahmen teilnehmen, da **durch das gemeinsame Lernen** mit nicht autistischen Jugendlichen soziale Anregungen und **Entwicklungsanreize** im sozialen und emotionalen Bereich gegeben sind[38]. Das breite Spektrum der autistischen Syndrome zeigt sich auch in der Schule. Eine Auflistung von allgemeinen Hinweisen soll im Unterricht Orientierung geben:

- Grundsätzlich sind autistische Menschen **lernfähig** und können durch jahrelange Förderung die Symptome verringern. Es gibt eine kontinuierliche Entwicklung auch im Erwachsenenalter. In Stresssituationen und bei Überforderungen verschlechtert sich das Krankheitsbild (eventuell Auftreten von Autoaggression, kurzen Lautäußerungen, Aggressionen).
- Lehrpersonen sind meist beliebt, weil sie als Leitende konkrete Anweisungen geben, was dem Jugendlichen mit ASS bei der Lebensbewältigung in der Klasse hilft. Verhalten diese sich jedoch nicht in solcher Weise entlastend, so reagieren die Jugendlichen oft mit Ablehnung.
- Ein feinfühliges Erkunden des Machbaren ist notwendig, um Unter- und Überforderungen zu vermeiden.
- Die aktive Aufnahme von **Kommunikation ist oft erschwert** bzw. gelingt überhaupt nicht. Aufgrund des besonderen Sprachgebrauchs autistischer junger Menschen (komplizierte, symbolische Ausdrucksweise, Echolalie) kann es zu Missverständnissen kommen. Nicht sprechende autistische Schüler können im Unterricht mit Panik/Wut reagieren, wenn der Lehrer noch keinen Zugang zu ihren Kenntnissen und Fähigkeiten gefunden hat.
- Eine oftmals gestelzte Sprache, motorische und soziale Ungeschicklichkeit, Gutgläubigkeit und Naivität verstärken die Gefahr, zum Außenseiter und Mobbingopfer zu werden. Die Betroffenen können darauf mit Phasen von Depressionen/Aggressionen reagieren, die auch zu schlechten schulischen Leistungen führen.
- Es fällt ihnen schwer, **Veränderungen** und Abweichungen vom Gewohnten anzunehmen. Bei z. B. Gruppenarbeit kann eine unsymmetrische Anordnung von Gegenständen (Tische, Stühle, Arbeitsmaterial) für sie Chaos bedeuten. Verlässlichkeit und Sicherheit sind zur Entlastung notwendig.
- Autistische Schüler hantieren eventuell mit Lernmaterialien, ohne deren eigentliche Funktion oder Zusammenhänge zu erkennen.
- Die gestörte Wahrnehmungsverarbeitung kann auch zu Schwierigkeiten bei der Orientierung im Klassenraum führen. Die Jugendlichen fassen zur Orientierung die Wände o. a. an. Die **Orientierungsschwierigkeiten** können sich ausdehnen auf Schulgebäude, Schulhof, wechselnde Klassenräume, Cafeteria, Toiletten, Sportstätten, Klassenfahrten.
- Manchmal haben die Schüler ein **schlechtes Zeitgefühl**. Pausensituationen müssen strukturiert und für Toilettengänge muss mehr Zeit eingeplant werden.
- Es fällt ihnen schwer, Mimik oder Ironie von anderen Personen richtig einzuordnen bzw. zu verstehen.
- Geraten die Betroffenen an ihre Grenzen, bieten häufig nur Toiletten einen ruhigen Zufluchtsort.
- Pausen, die stets unstrukturiert erscheinen, können als besonders belastend empfunden werden. Hilfreich ist **ein ruhiger Raum als**

38 Die Jugendlichen brauchen eine Teilhabe am Unterricht, denn sie bietet zahlreiche Anregungen zum Abbau der Kontaktstörungen. Vgl. Empfehlungen zu Erziehung und Unterricht von Kindern und Jugendlichen mit autistischem Verhalten, KMK 2000.

Rückzugsmöglichkeit (auch vor den Mitschülern), aber auch die Einbeziehung durch Klassenkameraden.
Beispiel für ein kommunikatives Missverständnis: Einige Schüler stehen zusammen und beschließen, in die Cafeteria zu gehen. Alle gehen hin, nur der „Autist" nicht, denn er glaubt, nicht angesprochen gewesen zu sein. Hier muss der Lehrer dafür sorgen, dass auch bei den Mitschülern ein Verständnis für die Kommunikationsschwierigkeiten aufgebaut wird.

Praxistipp

Prüfen Sie, ob es möglich ist, einen Schüler besonders zu beauftragen: Ein gelungenes Beispiel erlebte ich in einer Lerngruppe mit Jugendlichen und nur einer Schülerin. Die junge Frau entwickelte „mütterliche" Gefühle für den Schüler mit ASS und sorgte erfolgreich dafür, dass er nicht geärgert wurde und immer orientiert war.

- Die Leistungen können in verschiedenen Fächern sehr unterschiedlich sein und auch innerhalb eines Fachs an verschiedenen Tagen sehr differieren. Der Betroffene scheint im Unterricht wenig Aufmerksamkeit zu zeigen und gilt schnell als desinteressiert, faul und dumm, was für den Schüler sehr frustrierend ist.
- Text- bzw. Sachaufgaben können eine Hürde sein, weil es schwierig ist, wesentliche Informationen von unwesentlichen zu unterscheiden. Hilfreich sind konkrete Aufgabenstellungen.

Literaturtipp

Hilfreich ist hier die Handreichung „Textoptimierung von Prüfungsaufgaben" von Frau Schlenker-Schulte und Frau Wagner von der Universität Halle-Wittenberg (erhältlich zum Download unter www.fst.uni-halle.de). Es werden darin kurze, klare Vorgaben auf Satz-, Text - und Wortebene gemacht, die eigentlich speziell für Gehörlose entwickelt wurden, jedoch allen Schülern das Verständnis erleichtern.

- Eine erfolgreiche inklusive Beschulung kann misslingen, wenn nicht akzeptiertes Verhalten dominiert (z.B. Selbststimulation, Autoaggression, Aggression). Sinnvoll erscheint es, Schwerpunktschulen zu bilden, in denen alle notwendigen Kompetenzen gebündelt werden.
- Eine erfolgreiche Förderung kann misslingen, wenn die Unterstützungssysteme aus dem Sekundarstufe-I-Bereich nicht nahtlos in der Sekundarstufe II weitergeführt werden. Eine gute Förderung ist eine *individuelle* Förderung, bei der der Lehrer unbedingt Verbindung zur bisherigen Förderlinie herstellen muss. Auch die Eltern als beste Kenner und oftmals auch Therapeuten des Jugendlichen sollten im Förderteam mitwirken.

10.18.6 Methodische Hinweise für den Unterricht

Je stärker die Beeinträchtigungen ausgeprägt sind, desto mehr braucht man professionelle Unterstützung für eine optimale Förderung. Methodisch gibt es verschiedene Förderkonzepte, die individuell angepasst bzw. gemischt werden müssen. Um einen Einblick zu geben, wird hier der TEACCH-Ansatz kurz vorgestellt.

TEACCH

"Treatment and Education of Autistic and related Communication handicapped Children" Entwickelt wurde es in den 1960er-Jahren in den USA und basiert auf lerntheoretischen und verhaltenstheoretischen Grundlagen.

Es gelten die folgenden Prinzipien:

- Autismus erkennen und verstehen. Es geht um das Verstehen des Menschen, nicht um das bloße Antrainieren von Verhaltensweisen.
- Partnerschaft mit den Eltern. Als Kontrast zu Bettelheims psychoanalytischem Ansatz wird hier eine verhaltenstherapeutische Position eingenommen. Das Verhalten der Eltern ist nicht die Ursache für Autismus.

- Streben nach dem Optimum, nicht nach Heilung bietet Entlastung für alle Beteiligten.
- Individuelle Diagnostik als Basis für individuelle Förderung.
- Ganzheitlichkeit.
- Strukturierung der Fördersituation. Dies bezieht sich auf Raum, Zeit und Abfolge von Ereignissen, Arbeitsorganisation, Aufgaben und Tätigkeiten, Routinen. Der autistische Mensch kann so in Fördersituationen lernen, zu verstehen und angemessen zu reagieren.
- Kognitive Psychologie und Lerntheorie.
- Es werden gezielt Prinzipien genutzt, nach denen jeder Mensch lernt.
- Orientierung an den Stärken.
- Langfristig angelegte Hilfen.

(nach: Häußler 2005, zitiert in „Autismus und Schule")

Inwiefern nun die hoffentlich „langfristig angelegten Hilfen" in der Sekundarstufe II vorhanden oder notwendig sind, ist sicher unterschiedlich. Je weniger ausgeprägt die gestörten Bereiche, desto wahrscheinlicher wird das Gelingen einer inklusiven Beschulung.

Maßnahmen

Es folgt eine Sammlung von Maßnahmen, deren Anwendung im Unterricht ohne therapeutische Unterstützung möglich ist:

- Man sollte sich kurz und klar ausdrücken (nicht blumig sprechen).
- Ein Smalltalk fordert vom Betroffenen viel Konzentration, daher besser unterlassen. Ironie, mehrdeutige Äußerungen, Sprichwörter und **Redewendungen sollte man meiden.**
  Beispiel: Eine Äußerung wie „ich könnte dir den Kopf abreißen" kann schockieren, weil sie wörtlich genommen wird.
  Ein weiteres Negativbeispiel: Im Rahmen einer Klassenfahrt stellt der Lehrer fest, dass „um 18 Uhr hier die Bürgersteige hochgeklappt werden". Für den Autisten ist es beängstigend unklar, ob und wie ein Erreichen der Unterkunft nach 18 Uhr überhaupt noch möglich ist. Ohne ein Verständnis für die Problematik kann die autistische Reaktion als störend, frech oder böse fehlinterpretiert werden.
- Gleichmäßiges und somit **berechenbares Verhalten** des Lehrers ist wichtig: Launen werden vom Autisten nicht verstanden.
- Bei Mitteilungen darauf achten, dass die Aufmerksamkeit auf den Lehrer gerichtet ist. Den Schüler namentlich ansprechen, sonst reagiert er eventuell nicht auf Anweisungen. Günstig ist ein Sitzplatz, den der Lehrer bei Bedarf schnell und ohne besondere Beachtung der übrigen Schüler erreichen kann.
- Wenn der Schüler etwas mitteilt, darauf achten, dass er den Gesprächspartner ansieht. Die Erkrankten schauen oft in eine völlig andere Richtung, was falsch interpretiert werden kann.
- Je geringer die **Umgebungsreize** sind (z.B. Geräuschpegel, motorische Unruhe in der Gruppe) und je eindeutiger und klarer die Lehrerimpulse sind, desto besser kann sich der Schüler konzentrieren und am Unterricht beteiligen.
- Autistische Schüler brauchen **vertraute Strukturen:** Tische, Stühle, Arbeitsmaterialien sollten sich stets am gleichen Platz befinden, die Sitzordnung in der Klasse sollte sich möglichst nicht ändern. Stundenpläne nicht so häufig variieren, die Fächerabfolge sollte vorhersehbar sein, Kontinuität auch beim Lehrpersonal.
  Problembeispiel: Eine neue Baustelle auf dem Schulweg verhindert das Erscheinen des Schülers im Unterricht.
- Sollen Tische und Stühle für eine Gruppenarbeit im Klassenraum verschoben werden, sollte dies angekündigt bzw. mit dem Schüler geübt werden, um eine Stresssituation zu vermeiden.
- Für Gruppenarbeit sollten der Schüler in eine ruhige Gruppe eingebunden werden. Sicherstellen, dass die Regeln für die Gruppenarbeit auch dem autistischen Jugendlichen deutlich sind. Es kann vorkommen, dass Gruppenarbeit eine klare Überforderung darstellt: Dann unauffällig (für die übrigen Schüler) ausweichen auf Partner- oder Einzelarbeit.
- Hilfreich sind kleine, übersichtliche Klassenräume in ruhiger Umgebung über längere Zeiträume und Fächergrenzen hinweg.
- Betroffene äußern nur selten eigene Bedürfnisse oder Gefühle. Werden sie nicht verstanden, so neigen sie zum Rückzug. Eine **Einzelaufforderung** kann dankbar als Hilfe aufgenommen werden.

Beispiel: Zu Beginn der Stunde haben alle Schüler die passenden Bücher/Unterlagen auf dem Tisch, nur der autistische Jugendliche nicht. Was wie Verweigerung oder Desinteresse wirkt, gilt hier nicht – eine persönliche, kurze, klare, freundliche Aufforderung vonseiten des Lehrers genügt und der Unterricht kann beginnen.

- Verhaltensregeln müssen dem autistischen Schüler eventuell gesondert erklärt werden.
- Autisten können nur schwer Gefühle ausdrücken bzw. erkennen (Empathiestörung). **Gestik und Mimik müssen eventuell erklärt werden,** um Missverständnisse zu vermeiden. Die Betroffenen lügen kaum, erkennen kaum Ironie und sind motorisch häufig ungeschickt (Ausnahme: bei Sonderinteressen).
- Aufgrund **schwerfälliger Motorik beim Schreiben** hierfür mehr Zeit einplanen, eventuell die Aufgaben im Umfang reduzieren o. Ä. (▸ Nachteilsausgleich). Eine kurze, schriftliche Zusammenfassung des Unterrichtsstoffs hilft bei Konzentrationsschwierigkeiten.
- Es sollte geübt werden, was schwer fällt: beispielsweise die Beschreibung von Personen, deren Persönlichkeiten, mögliche Gedanken, Eigenschaften.
- Betroffene Schüler reagieren eventuell nach Aufforderung **mit zeitlicher Verzögerung.** Schülern eine gewisse Zeitspanne (z. B. 7 Sekunden) zum Reagieren lassen (bei Antwort auf Frage, Gang zur Tafel, Pausenklingel, Arbeitsmaterialien auf den Tisch legen). Es kann auch vorkommen, dass sie mehrfach aufgefordert werden müssen.
- Viele reagieren empfindlich auf Licht-, Lärm- oder Geruchsbelästigungen. Daher: indirekte Beleuchtung, Schallschutzdecken, Teppichboden, kein aufdringliches Parfum benutzen.
- Finden Sie heraus, ob es stereotype Themen und **Vorlieben** gibt und überlegen Sie, ob diese sich eignen, um einen individuellen **Zugang zum Lernen** zu schaffen. (Aber: Es besteht auch die Gefahr, Stereotype zu verstärken. Ebenso können Zwänge auftreten, die sich dann verstärken.) In Stresssituationen kann ein Rückzug in die Spezialinteressen ablenken und beruhigen.
- Es besteht eine Körperwahrnehmungsstörung: Leichtes Schulterklopfen wird häufig als unangenehm und schmerzhaft empfunden. Falls nötig, dann eher mit etwas Druck. **Im Zweifelsfall nicht berühren!**
- Manche Betroffene nehmen ihre Umwelt nur zweidimensional wahr, d. h., sie sehen kaum Tiefen. Damit kann es zu Orientierungsproblemen bei der **Raumwahrnehmung** kommen (beim Treppengehen treten sie stampfend auf, fassen die Wand nach Betreten eines Raums an). Einigen helfen hier Spezialbrillen. Dies ist besonders bei Raumänderungen, im Sportunterricht, bei Ausflügen zu berücksichtigen.
- **Im Sportunterricht** können Gruppenspiele wie Fußball, Handball problematisch werden, da die schnell wechselnden Situationen (Mannschaftstaktik) zu einer Überforderung führen. Es ist im Einzelfall zu prüfen, ob eine Befreiung vom regulären Schulsport bzw. Schwimmunterricht notwendig ist.
- Auch beim autistischen Schüler bewirken Erfolge eine wichtige Steigerung des Selbstvertrauens.

Beachte: Ein individuelles Förderkonzept ist für eine optimale Förderung notwendig und kann nicht vom Lehrer allein verwirklicht werden. Es bedarf einer Unterstützung von Fachleuten für die Förderung von Menschen mit Autismus/ASS.

10.19 ADHS

Aufmerksamkeits- und Hyperaktivitätsstörungen (ADHS, auch ADS genannt) soll es bei etwa 3–5 % der Schulkinder geben. Es gibt auch Beiträge, die bis zu 16 % postulieren. Etwa ein Viertel der Kinder sind behandlungsbedürftig, davon haben zwei Drittel auch als Erwachsene Probleme mit innerer Unruhe und entsprechende Biografien (wechselnde Freundeskreise, häufige Arbeitsplatzwechsel, Wohnortwechsel). Die Betroffenen verteilen sich im Verhältnis 6 : 1 Jungen zu Mädchen, im Erwachsenenalter kommt es zu einer Angleichung mit etwa 1 : 1 Männer zu Frauen. Es gibt keine signifikanten Stadt-Land-Unterschiede.

10.19.1 Überblick

Ursachen

Die Ursachen sind nicht endgültig erfasst, vermutlich gibt es biologische, konstitutionelle und auch genetische Faktoren. Nikotin- und Alkoholabusus während der Schwangerschaft kann ein Auslöser sein. Es liegt eine Störung der Hirndurchblutung und des Hirnstoffwechsels vor: Eine verminderte cerebrale Durchblutung, eine Fehlverteilung im Glucoseumsatz, Funktionsstörung im Synapsenbild und Fehlsteuerung im Neurotransmitterwechsel gehören zum medizinischen Erklärungsvokabular. Lokalisiert wird die Fehlfunktion im Bereich des Frontalhirns: Hier wird die motorische Erregung kontrolliert, beeinflusst werden die selektive Aufmerksamkeit und die emotionale Steuerung.

Entsprechend diesen Ursachen wurde ein multimodaler Therapieansatz[39] entwickelt, der in der wissenschaftlichen Forschung zunehmend umstritten ist, da die Ursachen auch in den folgenden Bereichen gesucht werden.

- Hirnforschung: Es besteht von Anfang an ein interaktives Verhältnis zwischen Anlage und Umwelt. Primär sind die Ursachen für das abweichende Verhalten nicht im Gehirn zu finden, sondern in den von der Norm abweichenden Entwicklungsbedingungen (spezifische Erfahrungen, psychische Belastungen).

- Kulturtheorie: Der Anstieg der Erkrankungen wird in Beziehung zum kulturellen Wandel gesehen. Eine rasante Beschleunigung der Lebensverhältnisse und ausgeweiteter Medienkonsum führen zu hoher Sinnesreizung und permanentem Gefühl der Erregung, oft mit ungerichtetem Beschäftigungszwang. Es dominieren zahllose sensorische Erfahrungsoberflächen, die keine inneren (Entwicklungs-)Spuren hinterlassen. Das Gefühl für Zeit und Raum, für Zukünftiges und Vergangenes geht verloren. Dies führt zu innerer Leere und der kompensatorischen Absicht einer intensiven Reizsuche. Es entsteht ein sich verstärkender Kreislauf aus gesteigertem Ablenkungsbedürfnis und zunehmendem Sensibilitätsverlust.

- Psychoanalyse: Es finden sich Zusammenhänge zwischen ADHS und lebensgeschichtlich erheblichen Belastungen, die auf strukturelle Mängel in der Persönlichkeitsentwicklung verweisen. Hyperaktivität kann als Flucht aus nicht ertragbaren inneren Spannungen gedeutet werden.

Das Störungsbild[40] zeigt 3 Untertypen:

den Mischtypus (ADHS)
den vorwiegend unaufmerksamen Typ (ADS)
den vorwiegend impulsiven Typus (HI)

Symptome

Kennzeichnend sind bei allen 3 Typen in sehr unterschiedlicher Ausprägung:

- Konzentration ist nur unter großer Kraftanstrengung möglich, immer kontextabhängig, große Reizoffenheit. Es gibt Konzentrationstests, dabei z. T. einzeln gute Leistungen, aber im Klassenverband zeigt sich problematisches Verhalten.

39 Multimodale Therapie: Therapie mit Kombination aus Psychotherapie, Verhaltenstherapie und medikamentöser Therapie

40 Störungsbild gemäß DSM-IV. Siehe auch Kap. 10.19.4 Abgrenzung zu anderen Klassifikationssystemen

- Die Feinmotorik (z. B. Schreiben) ist gestört.
- Der Wahrnehmungsstil ist oberflächlich, abtastend, nur kurze Dauerwahrnehmungsphasen.
- Kleiner „Arbeitsspeicher", viele Wiederholungen (8–18) sind erforderlich, um regelhafte Abläufe zu verinnerlichen, kaum Lernen aus Erfahrungen.
- Beeinträchtigtes Realitätsbewusstsein und entsprechend eingeschränkte Handlungsplanung.
- Die Entwicklung des Selbstbewusstseins ist wegen der vielen sozialen Probleme beeinträchtigt, ein Sich-selbst-Überdenken erst verspätet möglich. Betroffener ist von eigenen Handlungen überrascht.
- Geringe Frustrationstoleranz, Vermeidungsstrategien (Flucht), Suche nach schnellen Belohnungen, ein Abwarten ist kaum möglich.
- Mangelhafte autonome Verhaltenskontrolle, negatives Selbstkonzept und sozial unerwünschte Verhaltensweisen (z. B. unentwegtes Reden, Beleidigungen).
- Das Einhalten von Zeitfenstern fällt schwer. (z. B. ist keine Sicht auf spätere Belohnung möglich).
- Das verbale Arbeitsgedächtnis ist unterentwickelt: Normal entwickelte 3- bis 5-Jährige sprechen beim Spielen mit, bis zum 10. Lebensjahr wird dieses Sprechen dann verinnerlicht. Bei ADHS fehlt diese Selbst-Strukturierungshilfe, Verhalten wird impulsiv.
- Emotionen und Motivation sind labil und auf äußere Verstärker angewiesen. Entwicklungen sind zeitlich verzögert.
- Verspätet ist auch die Fähigkeit, eigene Gedankengänge zu analysieren.
- Selbstkontrolle erst mit ca.18 Jahren entwickelt, Egozentrismus. Kein Perspektivwechsel (sonst ab 12 Jahren entwickelt).
- Häufig schwache Leistungen in Schule und Ausbildung, soziale Probleme mit Erwachsenen und Jugendlichen.
- Tieferer Schlaf, abweichendes Essverhalten, abweichende Thermoregulation, häufig sehr kitzelig.
- **Stärken:** bei hoher Motivation gute Leistungen. Gerechtigkeitssinn, sehr sensibel in sozialen Situationen (Mag mich mein Gesprächspartner wirklich?), nicht nachtragend.

Die anspruchsvolle Differenzialdiagnose kann nur durch Fachleute erfolgen. Conners legt den Beteiligten u. a. einen Fragebogen vor. Folgende Fragen werden Vater/Mutter/Lehrern gestellt und jeweils ist das Ausmaß der Aktivität beim betroffenen Kind/Jugendlichen zu kennzeichnen:

Fragebogen nach Connors (an Vater/Mutter/Lehrer)

Aktivität	**Ausmaß** 0 überhaupt nicht 2 ziemlich 1 ein wenig 3 sehr stark			
	0	**1**	**2**	**3**
Unruhig oder übermäßig aktiv				
Erregbar, impulsiv				
Stört andere Kinder				
Bringt angefangene Dinge nicht zu Ende, kurze Aufmerksamkeitsspanne				
Ständig zappelig				
Unaufmerksam, leicht abgelenkt				
Erwartungen müssen umgehend erfüllt werden, leicht frustriert				
Weint leicht und häufig				
Schneller und ausgeprägter Stimmungswechsel				
Wutausbrüche, explosives und unvorhersagbares Verhalten				

10.19.2 Therapien

Die Verhaltensauffälligkeiten zeigen sich meist schon im Kindergarten, in der Schule sind sie häufig nicht einfach kompensierbar. Die Diagnose ADHS wurde in den letzten Jahren sehr häufig gestellt bzw. der Verkauf der üblichen Medikamente (Ritalin[41] u. a.) hat exponenzielle Zuwachsraten. Es drängt sich der Verdacht auf, dass Kinder so lediglich ruhig gestellt werden.

Eine **Pharmakotherapie** als Grundlage kann notwendig sein, die Medikamente sollten aber nur durch Neurologen, nicht durch Kinderärzte ohne spezielle Fortbildungen verschrieben werden (nötig ist immer EEG, vierteljährliche Blutkontrolle wg. Leberwerten; etwa 5 % sprechen nicht auf Medikamente an).

Medikamente können helfen, um im Rahmen einer **Psychoedukation** bleibende Verhaltensänderungen zu erreichen. Eine Beratung von Eltern, Lehrern und anderen Bezugspersonen ist notwendig. Gestützt werden die Maßnahmen durch patientenzentrierte Behandlungselemente, das sind sonderpädagogische und verhaltenstherapeutische Maßnahmen wie Aufmerksamkeitstraining, Selbstverbalismus[41], Selbstmanagement, Zeitmanagement, Skill-Training, Neurofeedback[42].

Für die Schule ist es wichtig zu wissen, ob Medikamente genommen werden, da z. B. ein plötzlich abweichendes Verhalten (weil die Medikamente nicht eingenommen wurden) sonst nicht richtig gedeutet werden kann. Es kann auch vorkommen, dass Medikamente eigenmächtig abgesetzt werden, weil man lieber ohne Medikamente auskommen möchte. Man sollte mit dem Jugendlichen und den Eltern einvernehmlich nach Lösungen suchen.

Eine erhöhte Müdigkeit kann ein Hinweis auf eine falsche medikamentöse Einstellung sein. Jugendliche berichten auch davon, dass es Probleme bei der Verschreibung der Medikamente geben kann, wenn das 18. Lebensjahr erreicht ist: Krankenkassen wollen die Kosten nicht mehr übernehmen. Bei problematischen Jugendlichen sollte die Schulakte eingesehen bzw. mit der abgebenden Schule Kontakt aufgenommen werden.

Die eingangs erwähnten ergänzenden Sichtweisen bei der Ursachenforschung bleiben nicht folgenlos für die therapeutischen Maßnahmen (multimodaler Therapieansatz, s. o.). Für die Schule bedeutet dies, sich *nicht nur* an einem Defekt im Gehirn zu orientieren, dem mit Medikamenten und einem speziellen Verhaltensmanagement (s. o.) begegnet werden muss, sondern die **gesamte Persönlichkeitsentwicklung** zu berücksichtigen. Bei einem ausgeprägten Störungsbild leiden die Jugendlichen unter den Symptomen, auch wenn sie dies nicht immer zugeben können.

10.19.3 Abgrenzung zu anderen Förderschwerpunkten

- Förderschwerpunkt Lernen (▸ Kap. 3): Aufgrund des Krankheitsbildes kann es zu Lernschwierigkeiten kommen. Differenzialdiagnostisch ist eine Abgrenzung mithilfe von Tests möglich.

- Förderschwerpunkt emotionale und soziale Entwicklung (▸ Kap. 2): Es ist für den Umgang mit dem Betroffenen bedeutsam, dass keine „normale“ Verhaltensauffälligkeit vorliegt, da hierbei ein **sehr unterschiedlicher pädagogischer Ansatz** zugrunde gelegt werden muss (siehe dazu Kap. 2.6 Methodische Hinweise für den Unterricht).

41 Pharmakotherapie: verbreitet mit Ritalin (Wirkstoff Methylphenidat), wird seit 1937 für Schulkinder verwendet, sehr wirksam, ohne Gewöhnung, keine Toleranzentwicklung. Der gleiche Wirkstoff ist auch enthalten in: Concerta, Equasym, Medikinet, Medikinet Retard, Ritalin LA, Generika.

42 Selbstverbalismus: Sprich mit dir!

43 Neurofeedback: spezielles Konzentrationstraining (vgl. Biofeedback www.dgbfb.de)

10.19.4 Abgrenzung zu anderen Klassifikationssystemen

Bei Steinhausen[44] gehört das Krankheitsbild zur Gruppe der hyperkinetischen Störungen. Die Klassifikation kann nach ICD-10 oder nach DSM-IV erfolgen:

- **Hyperkinetisches Syndrom (HKS) nach ICD-10**
Definierende Merkmale: früher Beginn, die Kombination von überaktivem, wenig moduliertem Verhalten mit deutlicher Unaufmerksamkeit und Mangel an Ausdauer bei Aufgabenstellungen sowie situationsunabhängige und zeitstabile Verhaltenscharakteristika.
Häufige, zusätzlich mögliche Symptome: Emotionale und dissoziale Störungen, Lern- und Leistungsstörungen.
Auch im Zusammenhang mit HFS (= frühkindlich entstandener, neuropsychologischer Hirnfunktionsstörung) möglich. Begleitmerkmale: Distanzstörung in sozialen Beziehungen, Unbekümmertheit in gefährlichen Situationen, die impulsive Missachtung sozialer Regeln, Lernstörungen, motorische Ungeschicklichkeit.

- **ADHD (Attention Deficit Hyperactivity Disorder) nach DSM-IV**
Stärker verhaltensorientiert, schließt größeren Kreis betroffener Patienten ein, berücksichtigt 3 Untertypen: den Mischtyp (ADHS) – den vorwiegend unaufmerksamen Typ, popularisiert als Aufmerksamkeitsdefizitstörung (ADS) – den vorwiegend impulsiven Typ (HI).
Den koexistenten Subtypus mit Störung des Sozialverhaltens gemäß ICD-10 gibt es hier nicht (separate Diagnose).
Es soll Zusammenhänge zur Gruppe der sogenannten Messies geben. Dies sind Menschen, die unter chronischer Unordnung, Desorganisation und der Anhäufung von eigentlich wertlosen Gegenständen leiden (keine Verwahrlosung).

10.19.5 Methodische Hinweise für den Unterricht

Man kann grundsätzlich zwischen 2 verschiedenen Situationen unterscheiden:

1. Möglichkeit: Der Schüler zeigt einige der beschriebenen Verhaltensweisen, es liegt jedoch **bisher keine spezifische Behandlung** oder Untersuchung vor: Spiegeln Sie dem Schüler in einer ruhigen Phase sein Verhalten. Wenn er sich selbst nicht versteht und ein Leidensdruck besteht, kann man versuchen, den Jugendlichen zu überzeugen, sich an eine Spezialambulanz für Aufmerksamkeitsstörungen im Erwachsenenalter (z. B. an einer größeren Klinik) zu wenden.
2. Möglichkeit: Der Schüler ist in **Behandlung.** In diesem Fall sind Maßnahmen im Rahmen von sogenanntem Verhaltensmanagement für die Schule geeignet. Die folgenden Vorschläge dazu sind nicht alle für jeden und immer anwendbar. Hilfreich sind Einfühlungsvermögen und Kenntnisse über die individuellen Ausprägungen der Symptome:

- Setzen Sie in ruhigem, freundlichen, aber bestimmten Ton fest, welches Verhalten Sie erwarten.
- Teilen Sie nach Möglichkeit morgens schon mit, was an diesem Tag an Lernaufgaben/Ausbildungsinhalten geplant ist. Ob in Form eines Wochenplans oder einer speziellen Liste ist im Einzelfall zu entscheiden. Nichts fordert mehr Widerstand, als wenn immer noch und noch eine Arbeit gefordert wird. Der ADHS-Jugendliche ist auf **klare Strukturen** angewiesen.
- Während des Tages geben Sie immer nur eine Anordnung; äußern Sie immer nur eine Frage/Bitte. Lassen Sie den Jugendlichen den Inhalt wiederholen, um sich zu vergewissern, ob er alles verstanden hat. Lassen Sie ihn bei einer speziellen Liste abhaken.

44 Steinhausen: Psychische Störungen bei Kindern und Jugendlichen, München 2006

- Gehen Sie nicht auf verbales Motzen oder Verweigern ein wie „ist mir doch egal" oder „macht doch den Mist allein". Thematisieren Sie die Missbefindlichkeit. Wiederholen Sie den Satz gegebenenfalls, aber ruhig.
- Manchmal hilft es auch, wenn Sie mitbrummeln oder parallel reden. Ein Lachen kann auch Spannung lösen!
- Bei Kritik oder einer Erörterung im Hier und Jetzt bleiben. Nicht die fehlgeschlagenen Arbeiten der letzten Woche erneut einbringen.
- Fordern Sie nur das Wesentliche, meckern Sie nicht an jeder Kleinigkeit herum. Es kostet Sie unnötig Kraft. Erinnern Sie dabei an klare Absprachen.
- Sprechen Sie dem Jugendlichen für seine Anstrengungen und Bemühungen ein **Lob** aus. Unterscheiden Sie dabei genau, ob das Resultat/Handlungsergebnis lobenswert ist oder die gezeigte Anstrengungsbereitschaft.
  Beispiel: „Ich verstehe, dass du mit dem Ergebnis nicht zufrieden bist" oder auch „Aufgrund der vielen Fehler ist das Ergebnis nicht optimal. Aber du hast dir sehr viel Mühe gegeben. Wenn du dranbleibst, wird es immer besser."
- Loben oder strafen Sie nicht extrem, das ruft nur extreme Reaktionen hervor.
- Bei großer Erregung des Jugendlichen versucht man, diese zu verringern: Blickkontakt wegnehmen, Stimme senken. Wenn Sie den Kopf etwas zur Seite neigen, wirken Sie weniger aggressiv. Geben Sie dem Jugendlichen ggf. eine kurze Auszeit. Das können Sie auch beim Abfragen von Lerninhalten anwenden: Fragen Sie dabei ohne gleichzeitiges Kritisieren am Stoff entlang. Besprechen Sie nachher in Ruhe die Qualität. Bezug: Anstrengungsbereitschaft vs. Handlungsergebnis.
- Arbeiten Sie auch mit **nonverbalen Methoden.** Wenn der Jugendliche nicht aufmerksam ist oder unruhig: Gehen Sie hinter ihn, berühren Sie ihn an der Schulter oder drehen Sie ihn sanft in die gewünschte Richtung oder fassen Sie ihn am Arm. Achten Sie auf langsame Bewegungen, sonst erschreckt sich der Jugendliche unter Umständen. (Vorsicht: Dies nur, wenn Sie den Jugendlichen gut kennen, sonst könnten sich daraus auch Handgreiflichkeiten entwickeln oder der Schüler bezichtigt Sie der sexuellen Belästigung.)
- **Verbal** setzen Sie allenfalls ein kurzes Signal, wie „Halt" „Stopp". Vermeiden Sie Adverbien wie „ständig, immer, nie". Die hört der Jugendliche vielleicht schon, seitdem er denken kann. Diese Signalwörter ändern nichts, lösen eher Widerstand aus.
- Rasches, direktives Eingreifen ist das Gebot bei Streitigkeiten zwischen Jugendlichen. Dabei ist es müßig, die ganze Wahrheit herauszufinden. Trennen Sie die Streithähne, verschaffen Sie beiden eine kurze Auszeit. Wenn beide wieder ruhig sind, gehen Sie zur Tagesordnung über. Unmittelbares verbales Aufarbeiten ist wenig sinnvoll. Thematisieren Sie das Problem zu einem späteren Zeitpunkt.
- Wenn Sie ein Grundsatzgespräch führen müssen, nennen Sie zuerst etwas Positives, dann erst das Negative. Verwenden Sie nicht das Wort „aber" – stattdessen: „Ich finde, du gibst dir in der letzten Zeit in der Ausbildung viel Mühe und ich wünsche mir, dass du bei der Bearbeitung der Aufgabe XY ...".
- Ein Jugendlicher kann nicht mehr erzogen werden, aber er kann durchaus noch am Modell lernen. Unterschätzen Sie nicht Ihre Vorbildfunktion bezüglich Zeiteinteilungen, Ordnung u.a. Sie haben durchaus die Aufgabe der Supervision oder auch eine Coachfunktion (Trainerfunktion).
- Nehmen Sie bestimmte Verhaltensweisen nicht persönlich. Denken Sie immer mal wieder daran, dass der Jugendliche oft von seinem eigenen Verhalten überrascht wird, weil er es z.T. nicht steuern kann. In der Vergebung zeigt sich der Meister.
- Berücksichtigen Sie immer wieder, dass ein ADHS-Jugendlicher in seiner Persönlichkeitsentwicklung um 30% verzögert sein kann, d.h., ein 16-Jähriger kann sich auf der Stufe eines 11- bis 12-Jährigen befinden.

Ergänzend zum Verhaltensmanagement und der Überwachung der medikamentösen Therapie sollte die Schule entsprechend den neuen Erklärungsansätzen

- sozialpädagogische Unterstützung anbieten,
- das Lernen lehren (Reizreduktion, Vorbereitung auf Klassenarbeiten),
- Anleitung zur Freizeitgestaltung bieten und
- gegebenenfalls psychologische Beratung vermitteln.

Praxistipp

Wenn Sie einen auffälligen Jugendlichen neu in der Klasse haben, sollten Sie möglichst bald das Gespräch unter vier Augen suchen, bevor Sie pädagogische Strafen aufgrund des Fehlverhaltens verhängen müssen. Sprechen Sie den Jugendlichen auf seine Erkrankung an und verabreden Sie mit ihm hilfreiche Maßnahmen: Akzeptanz des Jugendlichen, nicht seines Verhaltens, Absprache von individuellen Maßnahmen.
Wenn akut keine Teilnahme am Unterricht mehr möglich ist, dem Jugendlichen vorschlagen, einmal über den Flur oder den Schulhof zu gehen. Verdeckte Absprachen sind auch denkbar: Aufforderung, zum Sekretariat zu gehen, um Kreide/ Papier zu holen. (Schulrechtlich gesehen sind Sie natürlich weiterhin aufsichtspflichtig.)

Praxistipp

Bleiben Sie bitte offen für jeden, den Sie neu kennenlernen. Es gibt riesige Unterschiede innerhalb der Diagnose ADHS. Menschen passen nicht immer gut in die „Erkrankungsschubladen“ hinein. Besonders wenn psychische Aspekte eine Rolle spielen, kann es schwierig werden. Im Zusammenhang mit ADHS hat der Lehrer es manchmal mit außergewöhnlichen Persönlichkeiten zu tun.

Grundlagen für das Kapitel 10 waren

Dr. A. Kimmig: Chronische Krankheiten im Schulalter. Informations-CD. vertrieb@interklinikschule.de Tübingen 2006

H.-C. Steinhausen: Psychische Störungen bei Kindern und Jugendlichen. München 2006

Erfahrungen des Kollegiums der Annedore-Leber-Oberschule, Berlin www.aloberlin.de, und der Mitarbeiter des Annedore-Leber-Berufsbildungswerks, Berlin www.albbw.de. Beratende Unterstützung zu Kapitel 10 insbesondere von Hr. Gmelin.

Fachseminar „Sonderpädagogische Fachrichtungen" (Arbeitsergebnisse), Berlin

J. Fegert/A. Streeck-Fischer/H. Freyberger (Hrsg.): Kompendium Adoleszenzpsychiatrie. Stuttgart 2011

G. Hilff: Psychische Störungen – Auswirkungen auf den Unterricht. in: Kimmig, Chronische Krankheiten im Schulalter. Tübingen 2006

Dr. I. Brown: Mutismus - Leitlinien für Pädagogen – wie geht man das Problem an? www.mutismus.de (dt. Übersetzung Michael Lange), 2002

Essex County Council, Learning Services Directorate, Psychology and Assessment Service: Mutismus – Leitlinien für Schulen. www.mutismus.de (dt. Übersetzung Michael Lange), 1997

H. Janke, Erfahrungsbericht Kind mit Mutismus. in: Netzwerk behindertes Kind www.forum.enbeka.de

U. Rautenstrauch: Weiterbildungsseminar zu Persönlichkeitsstörungen im Annedore-Leber-Berufsbildungswerk, Berlin 2010

I. Sender, in: www.borderline-treffpunkt.de

Fachtagung „Autismus und Schule" November 2006, eine Veröffentlichung des VDS Verband Sonderpädagogik Landesverband Berlin e.V. www.vds-in-berlin.de, mit Beiträgen u. a. von Dr. Schirmer, Prof. Dr. Ackermann, Dr. Häußler, Fr. Rabe, Dr. Preißmann

Fachkundige Beratung zu Autismus von D. Marschall, Arbeitsassistentin bei ISB Gesellschaft für Integration, Sozialforschung und Betriebspädagogik gGmbH

Dr. M. Martin: Autismus, in: Online-Handbuch für „Teilhabe durch berufliche Rehabilitation", Bundesagentur für Arbeit 2004

I. Finck/S. Ohder: Schüler mit autistischem Syndrom. in: H. Eberwein (Hrsg.), Behinderungen und Lernprobleme – Basiswissen und integrationspädagogische Arbeitshilfen. Stuttgart 2002

Kultusministerkonferenz: Empfehlungen zu Erziehung und Unterricht von Kindern und Jugendlichen mit autistischem Verhalten. Beschluss der KMK vom 16.06.2000

Prof. Dr. B. Ahrbeck: Hyperaktivitäts- und Aufmerksamkeitsstörungen. Theoretische Kontroversen und praktische Folgen, in: Sonderpädagogik in Berlin, VDS Verband Sonderpädagogik Landesverband Berlin e.V. www.vds-in-berlin.de, Heft 3/09

K. Hensel/S. Ohder von Autismus Deutschland e.V., Hamburg, http://w3.autismus.de: weiterführende Informationen

Dipl. Psych. Fr. Gerlach: Vortrag zu ADHS im Annedore-Leber-Berufsbildungswerk, Berlin 2005

www.ebba.kompetenzplus.de

www.foerderschwerpunkt.de

www.rehadat.de

11

Differenzierung

11 Differenzierung

Die Forderung nach individueller Förderung bezieht sich auf alle Schüler, unabhängig von einem sonderpädagogischen Förderbedarf. Ein differenziertes, individualisiertes Unterrichtsarrangement ist hierfür erforderlich. Erfolgreiche Inklusion wird nicht von einigen „sonderpädagogischen Experten“ „herbei gezaubert“, sondern ist eine Entwicklungsaufgabe für die ganze Schule. Differenzierung ist dabei ein wirksames Werkzeug.

11.1 Äußere Differenzierung

Wenn eine Schule mehrzügig gegliedert ist und neue Schüler mit sonderpädagogischem Förderbedarf aufgenommen werden, so sollte man sich Gedanken zur Klassenaufteilung machen:

- Nicht sinnvoll erscheint es, im Sinne der Inklusion alle Schüler mit sonderpädagogischem Förderbedarf in eine Klasse „zu stecken“.
- Wenn mehrere Schüler mit körperlichen Einschränkungen zur Unterstützung einen Schulhelfer o.Ä. brauchen, so kann es sinnvoll sein, einige in einer Klasse zu bündeln, um Ressourcen möglichst intensiv zu nutzen.
- Bei Gehörlosen kann ein Dolmetscher, im günstigsten Fall ein Gebärdensprachlehrer, mehrere Schüler gleichzeitig betreuen.
- Nicht sinnvoll ist es, Sehgeschädigte und Hörgeschädigte gemeinsam zu unterrichten. Für die Sehgeschädigten weicht man methodisch oft auf auditive Medien aus (▸ Kap. 6) und für Hörgeschädigte sind es Visualisierungen, die häufig genutzt werden sollten (▸ Kap. 5).
- Schüler mit autistischen Störungen sollten nicht mit Schülern des Förderschwerpunkts emotionale/soziale Entwicklung bzw. mit Störungen des Sozialverhaltens gemeinsam unterrichtet werden, da Erstere ziemlich schutzlos gegenüber eventuellen Sticheleien und Mobbing sind.
- Problematisch kann auch der gemeinsame Unterricht von Schülern mit ADHS und Jugendlichen mit dem Förderschwerpunkt emotionale/soziale Entwicklung bzw. mit Störungen des Sozialverhaltens sein. Bei Ersteren muss der Lehrer Beleidigungen schon mal ignorieren und besonnen am Konzept des Verhaltensmanagements festhalten, während von Letzteren einzufordern ist, die gültigen Regeln stets einzuhalten. Auch untereinander kann es zwischen diesen Schülern zu handgreiflichen Missverständnissen kommen.
- Schüler mit psychischen Erkrankungen sollten eher einzeln auf die Klassen verteilt werden, denn von einer Bündelung sind keine Vorteile zu erwarten. So ist eine eventuelle Beeinflussung des Unterrichtsklimas z.B. durch eine größere Gruppe von Schülern mit Depressionen für niemanden hilfreich.
- Bei Schülern mit dem Förderschwerpunkt geistige Entwicklung muss keineswegs eine leistungsschwache Klasse ausgewählt werden, denn es findet ohnehin zieldifferenter Unterricht statt, der im Rahmen der inneren Differenzierung organisiert wird.
- Es sind auch Situationen denkbar, in denen 2 Schüler mit ähnlichem Förderbedarf in einer Klasse sich gegenseitig gut unterstützen. Dies führt zu einer Entlastung der Lehrenden.

11.2 Innere Differenzierung

Innere Differenzierung ist eine alte Forderung aus der Reformpädagogik, die jetzt akut wird. Lehrerzentrierter Unterricht, der an alle die gleichen Anforderungen stellt, welche in gleicher Zeit im Wesentlichen unter gleichen Bedingungen bewältigt werden sollen, ist unzulänglich. Lehrer wünschen sich leistungshomogene Klassen, weil viele Schüler mit offeneren Unterrichtsarrangements nicht umgehen können. Die Problemlage ist unstrittig, aber die Lösung kann nur in einem – eventuell auch für den Lehrer mühsamen – Erlernen von Selbstständigkeit und Verantwortungsübernahme für den Lernprozess auf Schülerseite liegen.

Methodische Hinweise für den Umgang mit Schülern mit sonderpädagogischem Förderbedarf sind in diesem Buch im Rahmen der einzelnen Kapitel bzw. Förderschwerpunkte aufgelistet. Die methodischen Maßnahmen für den gemeinsamen Unterricht werden vom Lehrer stets mit Blick auf die gesamte Lerngruppe ausgewählt. Dies ist ein sehr anspruchsvoller Prozess bei der Unterrichtplanung.

Das folgende Schema (ursprünglich entwickelt von Klafki und Stöcker) kann als Ordnungsraster die Möglichkeiten bei der Planung veranschaulichen und als Orientierung dienen.

1. Es dient der Kontrolle, denn es kann deutlich machen, in welchen Bereichen ein Lehrer seinen Unterricht bereits differenziert gestaltet. Es zeigt dann einem Lehrer, der eine solche Kontrolle des eigenen Unterrichts vornimmt, z. B. Anhäufungen im Bereich der „Festigung“ und „Anwendung“.
2. Es dient der Anregung, weil es verdeutlicht, wo überall Differenzierungsmöglichkeiten bestehen.

11.3 Ordnungsraster zur inneren Differenzierung

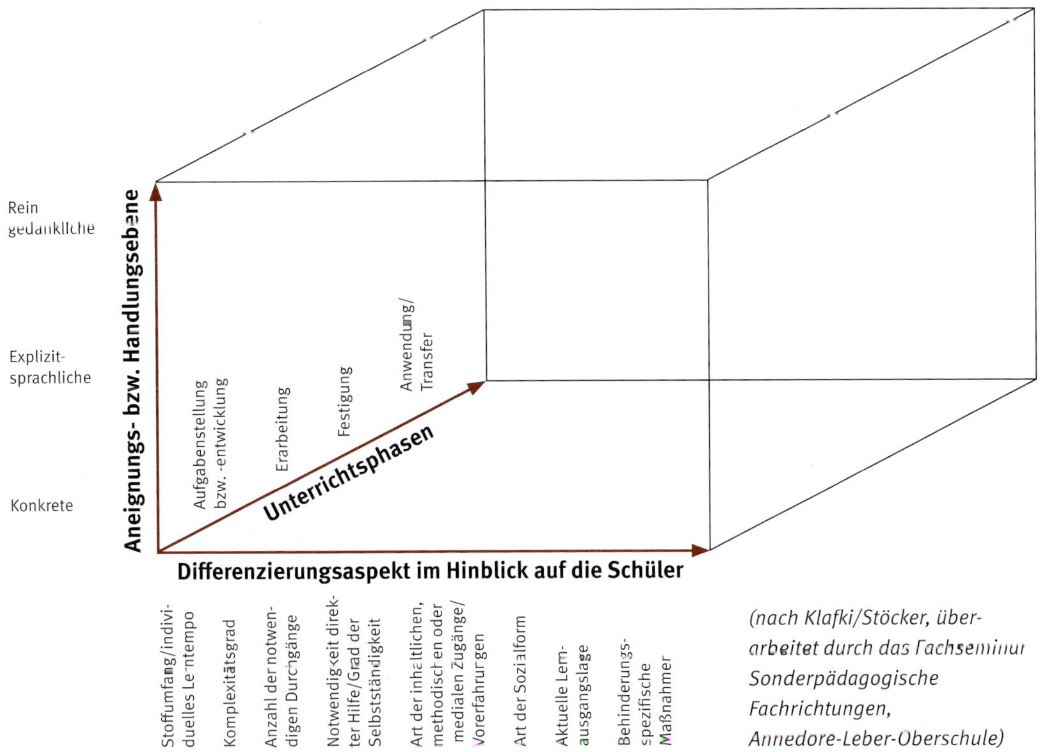

(nach Klafki/Stöcker, überarbeitet durch das Fachseminar Sonderpädagogische Fachrichtungen, Annedore-Leber-Oberschule)

Dimension A: Unterrichtsphasen

In allen Phasen des Unterrichts (Aufgabestellung/Erarbeitung/Festigung/Anwendung, Transfer) kann Differenzierung stattfinden.

Dimension B: Differenzierungsaspekt im Hinblick auf die Schüler

Zahlreich sind die Gesichtspunkten für eine Differenzierung mit Bezug zu Stärken/Schwächen der Schüler(-gruppen).

Dimension C: Aneignungs- bzw. Handlungsebene

Die Aneignung kann auf verschiedenen Aneignungs- und Handlungsebenen erfolgen. Der Lern- und Aneignungsprozess wird als ein mehrstufiger Handlungsvorgang verstanden. Die 3 hier unterschiedenen Hauptstufen (innerhalb derer weitere Differenzierungen möglich und ggf. notwendig sind) lassen sich folgendermaßen kennzeichnen:

- Auf einer 1. Hauptebene, der konkreten Aneignungs- bzw. Handlungsebene, geht der Schüler mit konkreten Dingen oder mit gegenständlichen/bildhaften Repräsentanten konkreter Dinge um (z.B. Klötze statt realer Dinge) oder er vollzieht bzw. simuliert Handlungszusammenhänge (z.B. in einem Rollenspiel, durch einen Herstellungsprozess). Er begleitet solche konkreten Vollzüge ggf. durch verlautbartes oder inneres Sprechen. Sprache ist hier noch ganz in den konkreten Vollzug eingebettet. Sie ist aber nicht bewusster und reflektierter Versuch, den konkreten Vollzug sprachlich möglichst genau darzustellen, aus der Distanz zum Vollzug heraus zu strukturieren oder zu begründen.
- Auf der 2. Hauptebene, der explizit-sprachlichen Aneignungs- bzw. Handlungsebene, werden die konkreten Vollzüge der 1. Aneignungsebene vom Schüler zunächst in verlautbare Sprache und dann in „innerem Sprechen" dargestellt, analysiert, strukturiert. Im Verhältnis zur 1. Aneignungsebene wird auf dieser 2. Stufe ein erster Abstraktionsschritt vollzogen.
- Die 3. Hauptebene, die rein gedankliche Aneignungs- bzw. Handlungsebene, ist dadurch gekennzeichnet, dass die verlautbarten oder nicht verlautbarten sprachlichen Erklärungen, die der Lernende auf der 2. Stufe noch braucht, nicht mehr notwendig sind. Die geistigen Handlungen/Operationen können jetzt rein gedanklich, also abstrakt vollzogen werden.

Hinweis: Besonders bei Lernbeeinträchtigungen, z.B. im Zusammenhang mit dem ▸ Förderschwerpunkt Lernen, ▸ Förderschwerpunkt emotionale/soziale Entwicklung oder der ▸ Autismus-Spektrum-Störung kann es hilfreich sein, sich in der Aneignungs- und Handlungsebene in Richtung der unteren Hauptebene zu orientieren.

Grundlagen waren

W. Klafki: Neue Studien zur Bildungstheorie und Didaktik; daraus: Innere Differenzierung des Unterrichts (zusammen mit H. Stöcker, S.173 ff.), Weinheim 1996

Fachseminar „Sonderpädagogische Fachrichtungen" (Arbeitsergebnisse) sowie Hinweise von Hr. Assfalg (Hauptseminarleitung gewerbliche Lehrerausbildung, Berlin)

12

Nachteilsausgleich

12 Nachteilsausgleich

Der Nachteilsausgleich dient der Herstellung von **Chancengleichheit**[1]. Sonderpädagogischer Förderbedarf liegt vor, wenn Schüler in ihren Entwicklungs-, Lern- und Bildungsmöglichkeiten so eingeschränkt sind, dass sie im Unterricht ohne zusätzliche sonderpädagogische Maßnahmen nicht hinreichend gefördert werden können. Beim sogenannten Feststellungsverfahren (für einen sonderpädagogischen Förderbedarf) wird geprüft ob ein Bedarf und wie diesem entsprochen werden kann. Ein Anspruch auf einen Nachteilsausgleich wird daraus abgeleitet, dass Schüler ihr tatsächliches Leistungsvermögen sonst nicht realisieren können.

Ein Nachteilsausgleich **setzt nicht die Leistungsanforderungen herab,** sondern gleicht durch Veränderung der äußeren Bedingungen Nachteile aus. Im Unterricht kann er durch spezifische Hilfsmittel oder methodische Maßnahmen umgesetzt werden. In den gesetzlichen Verordnungen werden hierzu Vorschläge gemacht, Maßnahmen nachfolgend beispielhaft aufgelistet:

- Zusätzliche Bearbeitungszeit (bis zu 50 % mehr sind üblich), zusätzliche Pausen
- Technische Hilfsmittel (Computer mit Braillezeile, Lupen, taktile Karten)
- Textoptimierung von Aufgaben (z. B. bei Schülern mit dem Förderschwerpunkt Hören, siehe auch ▸ Literaturtipp in Kap. 5)
- Alternative Präsentation von Aufgaben/Lösungen
- Räumliche Veränderungen (zur Optimierung von Licht, Akustik)
- Personelle Unterstützung (Ambulanzlehrer, Schulhelfer, Gebärdendolmetscher)
- Exaktheitstoleranz (z. B. bei motorischen Einschränkungen)
- Leistungsnachweise mündlich statt schriftlich oder umgekehrt
- Klinikunterricht/Hausunterricht
- Reduzierung von Hausaufgaben

Im Rahmen z. B. von Förderkonzepten der jeweiligen Schulen können Grundsätze hierüber beschlossen werden. Wenn Sie einen Nachteilsausgleich gewähren, müssen Sie dies mit der Schulleitung abstimmen. Auch innerhalb der Klasse sollten die Maßnahmen von allen akzeptiert werden. Ein Nachteilsausgleich darf nicht zu einer Bevorzugung führen. Eine Kultur des Dialogs und der Fürsorge ist notwendig. Ein Vermerk über einen erhaltenen Nachteilsausgleich ist im Zeugnis nicht zulässig.

Entschließt sich eine Schule, gestützt auf Verordnungen auf Landesebene, im Rahmen des Nachteilsausgleichs die Leistungsanforderungen herabzusetzen (z. B. bei Abiturprüfungen für Schüler mit LRS), so muss dies im Zeugnis vermerkt werden.

1 „Niemand darf wegen seiner Behinderung benachteiligt werden." Grundgesetz, Artikel 3, Abs. 3, Satz 2; „Die Vorschriften über Hilfen für behinderte Menschen zum Ausgleich behinderungsbedingter Nachteile oder Mehraufwendungen (Nachteilsausgleich) werden so gestaltet, dass sie unabhängig von der Ursache der Behinderung der Art oder Schwere der Behinderung Rechnung tragen." SGB IX (Rehabilitation und Teilhabe behinderter Menschen) § 126, Abs. 1

Beispiele für technische Hilfsmittel: Lupe, Braillezeile

Die jeweils gültigen Bestimmungen in den einzelnen Bundesländern zum Nachteilsausgleich verändern sich ständig. Aktuelle Informationen kann man über die Interessenverbände erhalten. So findet sich z. B. unter www.bvl-legasthenie.de vom Bundesverband Legasthenie und Dyskalkulie e. V. die Möglichkeit, zwischen allen Bundesländern zu wählen und sich die jeweiligen gesetzlichen Regelungen anzeigen zu lassen.

Grundlagen waren

Kultusministerkonferenz: Grundsätze zur Förderung von Schülerinnen und Schülern mit besonderen Schwierigkeiten im Lesen und Rechtschreiben oder im Rechnen, Beschluss vom 4.12.2003 in der Fassung vom 15.11.2007

Verschiedene Verordnungen auf Länderebene

www.bildungspolitik-schulpolitik.de (20.08.2011)

www.bildungsserver.de

13

Förderplanung

13 Förderplanung

Im Rahmen der Inklusion wird eine optimale Förderung für jeden Schüler gefordert, sodass sich daraus auch die Forderung eines individuellen Förderplans für jeden Schüler ableiten ließe. Die Kultusministerkonferenz beschließt am 20.10.2011 zum inklusiven Unterricht: "Individuelle Lernplanungen und Förderpläne sind für eine erfolgreiche inklusive Bildung unverzichtbar. Eine inklusive Unterrichtsgestaltung beruht auf einer den Lernprozess begleitenden pädagogischen Diagnostik und einer kontinuierlichen Dokumentation der Lernentwicklung." Daher wird hier zunächst erläutert, wie ein Förderplan aufgebaut ist und genutzt werden kann. Anschließend erfolgen Überlegungen zur Umsetzung in die Sekundarstufe II.

13.1 Förderung mit Plan

In den derzeitigen Förderschulen ist ein Förderplan Grundlage der sonderpädagogischen Förderung. Ein individueller Förderplan ist als interne Arbeitsgrundlage zu verstehen. Es geht um die Verschriftlichung einer gemeinsamen Strategie (= definierte Ziele, abgestimmte Arbeitsaufträge) zur Förderung eines Schülers.

Zeitlich vorangestellt liegt die individuelle Diagnostik. Beim Übergang in die Sek. II werden die meisten Förderbedarfe zwar bereits festgestellt worden sein, aufgrund der ständigen, individuellen Entwicklung des Jugendlichen (auch im Zusammenhang mit einer eventuellen sonderpädagogischen Förderung) ist jedoch eine regelmäßige, systematische Aktualisierung notwendig.

Die beteiligten Lehrer, Schulhelfer u.a. kommen mit ihren eigenen Beobachtungen und Befunden in das Förderplangespräch. Es findet ein Abgleich mit der vorausgegangenen Förderplanung statt und es kommt zu einem Austausch über den Ist-Zustand, der Soll-Zustand wird entwickelt. Als Ergebnisse werden Förderschwerpunkte und Förderziele gemeinsam festgelegt und im Förderplan protokolliert.

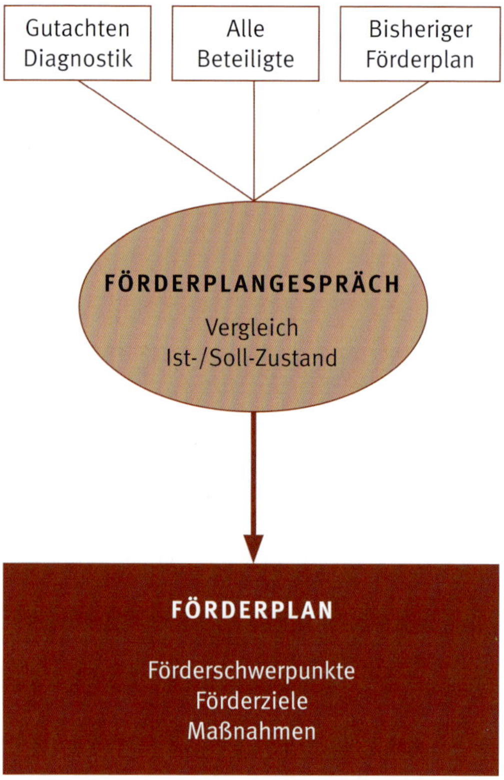

Kriterien und Standards eines Förderplans[1]

- Fachlich und sachlich richtig bezogen auf Theorien des Lernens und der Entwicklung, fachrichtungsspezifische Didaktik und Methodik und somit relevant für den Unterricht.
- Vielschichtig hinsichtlich Entwicklungsstand, Stärken und Förderbedarf, Förderzielen, konkreten Förderangeboten und -situationen.
- Begrenzt und Schwerpunkt setzend: zeitliche Befristung, Begrenzung der aktuellen Förderziele und somit individuell.
- Gewinnbringend kommunizierbar: Einbindung aller an der Förderung Beteiligten, auch Eltern und Schüler.
- Dokumentierend und evaluierbar.

Am Ende des Kapitels (▸ Seite 160) findet sich ein Beispiel für einen individuellen Förderplan (IFP) für ein Kind einer 5. Klasse.

13.2 Entwicklung einer schuleigenen Fördersystematik

Entschließt sich das Kollegium einer Schule, mit Förderplänen zu arbeiten, sind zahlreiche Fragen zu beantworten, um die Systematik an die Gegebenheiten der Schule anzupassen:

■ Soll in Papierform oder digital am Computer gearbeitet werden?

Die Informationen müssen leicht und schnell zugänglich sein. Gibt es mehrere Schulgebäude und ein internes Schulnetzwerk, so ist eine digitalisierte Fassung von Vorteil. Auf diese Weise ist es möglich, zu Hause am Computer daran zu arbeiten, ohne Ordner mitzunehmen. Der Datenschutz ist in jedem Fall zu beachten. Im Fall von großen Schuleinheiten könnte eine Datenbank effektiv sein. Eine bereits bestehende Datenbank könnte erweitert werden. Eine Sicherung der Daten gegen Verlust muss sichergestellt sein.

■ Wer arbeitet mit den Förderplänen? Abgleich der Einschätzungen

Die Begrifflichkeiten müssen den Beteiligten bekannt sein (sind dies ausschließlich Lehrer oder auch Lehrwerkmeister, Praktikumsbetriebe, Schulhelfer?). Einschätzungen sollten abgeglichen sein. Beispiele: Herrscht Einigkeit darüber, was unter unpünktlichem Verhalten verstanden wird? Wann sind Verhaltensauffälligkeiten/Schulleistungen nicht mehr akzeptabel? Wann ist ein Verhalten als unauffällig zu bewerten?

■ Welche Angaben sind uns wichtig?

Beispiele: Stärken/Schwächen, soziales Umfeld, ärztliche Gutachten, festgestellte sonderpädagogische Förderbedarfe, bisherige Schulleistungen/Noten, Verspätungen, vereinbarte Ziele, vereinbarte Maßnahmen, Überprüfung der Maßnahmen

■ Wie oft und zu welchen Anlässen wird an den Plänen gearbeitet?

Beispiele: im Zusammenhang mit den Zeugniskonferenzen, monatlich, wöchentlich, bei besonderen Anlässen

■ Wer ist zuständig?

Die Pläne/Informationen müssen aktualisiert, Vereinbarungen dokumentiert werden. Es muss die Zuständigkeit geklärt werden, damit keine Informationen verloren gehen.
Was geschieht mit der „Schülerakte", wenn der Schüler die Schule verlässt?

■ In welcher Form wird der Schüler an der Förderplanung beteiligt?

Nimmt er an allen/einigen Sitzungen teil? Erfolgt eine Gegenüberstellung von Selbst- und Fremdeinschätzung? Werden mündliche/schriftliche Vereinbarungen mit dem Schüler getroffen?

Die pädagogische Situation an den Regelschulen in der Sekundarstufe II unterscheidet sich erheb-

1 Nach Widlak/Witt (2005) und Melzer (2007), zitiert in „Unterricht und Förderung von Schülern mit schwerer und mehrfacher Behinderung", S. 171

lich von derjenigen an den Förderschulen. Vereinfachend lässt sich sagen, dass (Fach-)Lehrer vergleichsweise viele und große Klassen mit einem hohen fachlichen Anspruch in den zahlreichen Unterrichtsfächern zu unterrichten haben. Da eine qualitative Verschlechterung der Förderung für die Schüler mit sonderpädagogischem Förderbedarf einerseits nicht akzeptabel ist und andererseits die Ressourcen fehlen, um alle Schüler in der Qualität der Förderzentren zu fördern, muss hier nach neuen Lösungen gesucht werden.

Hilfreich wäre eine flexible Systematik, die dem jeweiligen Förderbedarf angepasst wird. Ausgehend vom Grundgerüst eines Förderplans (Diagnostik, Ziele, Maßnahmen, Evaluation), müssten nur bei Bedarf die sonderpädagogischen Unterstützungssysteme involviert werden. Als Orientierung zur Entwicklung einer eigenen schulischen Fördersystematik kann das Verfahren der Annedore-Leber-Oberschule (Berufsschule mit sonderpädagogischer Aufgabe, Berlin) dienen. Dazu liegen nachfolgend Beispiele vor, siehe ▸ Seite 158 „Anamnesebogen Förderplanung“. Als Grundlage für das Förderplangespräch ist der „Beurteilungsbogen für die Förderplanung (Fachlehrer)“ (▸ Seite 159) nützlich, da er die Beobachtung des Lehrers lenkt. Der Bogen wird vom Klassenlehrer an die Fachlehrer ausgegeben. Er wird umlaufend (ausschließlich in Papierform) von den beteiligten Kollegen ausgefüllt und im Förderplangespräch ausgewertet. Mithilfe des Beurteilungsbogens können Schüler eine Selbsteinschätzung vornehmen und mit jener der Lehrer (= Fremdeinschätzung) abgleichen. Die Ergebnisse der mindestens halbjährlichen Absprachen werden digitalisiert dokumentiert und können im schulinternen Verwaltungsnetzwerk passwortgeschützt von den beteiligten Kollegen eingesehen und bearbeitet werden.

13.3 Mögliche Probleme bei der Einführung

- Problem des Berufsbildes: Die Regelschullehrer haben sich bewusst für ihre Schulform bzw. Fächer entschieden und wurden entsprechend ausgebildet. Nun werden plötzlich nachträglich zusätzliche Arbeitsschwerpunkte festgelegt. Der Regelschullehrer soll Aufgaben eines Sonderpädagogen übernehmen.
- Problem der Förderkompetenz: Die Kollegien sind für diese Tätigkeiten nicht ausgebildet worden.
- Problem Konkurrenz zur etablierten Förderkultur: In jeder Schule werden Probleme mit/von Schülern kommuniziert, große und kleine Probleme gelöst, pädagogische Gespräche geführt, Kontakte mit Eltern hergestellt. Je erfolgreicher dies geschieht, desto überflüssiger erscheint eine zusätzliche Fördersystematik.
- Problem der steigenden Arbeitsbelastung: Älter werdende Kollegien treffen auf erhöhte Stundenverpflichtungen bei wachsenden gesellschaftlichen Problemlagen, die von den Schulen mit bewältigt werden sollen.
- Problem der Überzeugung: Das vage „Heilsversprechen“ von Entlastung bei zukünftiger Unterrichtsplanung und -durchführung konkurriert mit einer sofortigen, zusätzlichen Arbeitsbelastung – für die Erstellung von Anamnesedaten, die neuen Fördergespräche und deren Dokumentation.
- Problem der Datenerfassung: Selbst derjenige Kollege, der wichtige Informationen über Schüler systematisch dokumentiert und den Beteiligten zugänglich machen möchte, steht vor dem Problem, dass er an diese Informationen herankommen muss. Es gibt keine Übergaberegularien von der Sek. I zur Sek. II und die Erfordernisse des Datenschutzes müssen selbstverständlich berücksichtigt werden.
- Problem Arbeitsrecht: Eine Dienstanweisung zur allgemeinen, verpflichtenden, ständigen Erstellung von Förderplänen könnte als zusätzliche, qualitativ anspruchsvolle, dienstliche Tätigkeit dargestellt werden und müsste mit dem Personalrat abgestimmt werden. Die Forderung nach erhöhter Entlohnung erscheint naheliegend.

13.4 Mögliche Vorteile einer Fördersystematik

- Systematische Förderung: Es wird niemand übersehen, auch die ruhigen, zurückgezogenen Schüler nicht, denn auch für diese werden manchmal umfassende Hilfen notwendig.
- Wichtige Informationen für die pädagogische Arbeit: Je mehr Schüler ein Lehrer unterrichtet, desto schwieriger wird es für ihn, über jeden Schüler gut informiert zu sein. Ein direkter Austausch mit dem Klassenlehrer ist zum Teil bei großen Schulen/Kollegien kaum möglich, weil man nicht zur selben Zeit am selben Ort ist. Der Zugriff über ein Intranet erleichtert hier den Informationsaustausch auch bei wechselnden Klassenzusammensetzungen, Vertretungsunterricht und Lehrerwechsel.
- Schnelle Gefahrenabwehr: Wichtige Informationen z. B. über Erkrankungen stehen allen beteiligten Lehrern unmittelbar zur Verfügung.
- Entwicklungsverläufe erkennen und planen: Schulisch relevante, individuelle Veränderungen vollziehen sich langsam und brauchen entsprechende Steuerungsinstrumente.
- Erfolgreiche pädagogische Arbeit: Wenn Schüler merken, dass Lehrer informiert sind und sich absprechen, wächst die Akzeptanz – und die Neigung zu Unterrichtsstörungen verringert sich.
- Fundierte Kommunikation mit Eltern, Praktikumsbetrieben, Ausbildungspartnern: Erfahrungen mit dem Schüler in verschiedenen Situationen gehen nicht verloren und können genutzt werden.
- Realistische Selbsteinschätzung der Schüler: Mithilfe eines ▸ Beurteilungsbogens, der nicht nur den Lehrern (zur Fremdeinschätzung), sondern auch den Schülern (zur Selbsteinschätzung) ausgehändigt wird, können falsche Vorstellungen z. B. über das eigene Leistungsverhalten korrigiert werden, gemeinsame Absprachen werden dokumentiert.
- Schüler übernehmen Mitverantwortung für ihre Entwicklung: Die Ziele von Förderplänen können auch mit den Schülern individuell ausgewählt und evaluiert werden.
- Zukünftiges: Die besonderen Probleme bei Übergängen zwischen verschiedenen Schulen/Schulformen könnten mithilfe einer bundesweit einheitlichen (nicht gleichen) Datenbank gelöst werden. Beginnend im vorschulischen Bereich können alle Wohnortwechsel, Übergänge zwischen verschiedenen Schulformen, Klinikaufenthalte u. a. zeitnah begleitet werden, sodass es keine Unterbrechung in der Förderung geben müsste. Der Aufwand für Anamnese und Dokumentation wird so minimiert. Vorgaben zum Datenschutz wären selbstverständlich zu beachten.

Grundlagen waren

Staatsinstitut für Schulqualität und Bildungsforschung (Hrsg.): Unterricht und Förderung von Schülern mit schwerer und mehrfacher Behinderung. München 2010

J. van Buer/O. Zlatkin-Troitschanskaia: Kompetenzentwicklung in der beruflichen Vorbereitung und Ausbildung; Optimierung alltäglicher Diagnostik zur Steuerung von beruflichen Lehr-Lern-Prozessen durch teilstandardisierte Instrumente. In: Studien zur Wirtschaftspädagogik und Berufsbildungsforschung aus der Humboldt-Universität zu Berlin, Bd 7.1/7.2. Berlin 2005

Schulprogramm der Annedore-Leber-Oberschule www.aloberlin.de, S. 33 ff., Berlin 2006

C. Melzer: Wie können Förderpläne effektiv sein und eine professionelle Förderung unterstützen? in: Zeitschrift für Heilpädagogik, S. 212 ff., Heft 6/2010

Kress/Rattay/Schlechter/Prof. Dr. Schneider: Individuell fördern – Das Praxisbuch. Donauwörth 2010

V. East/L. Evans: Von A wie ADS bis Z wie Zerebralparese. Bergedorfer Förderschulpraxis. Buxtehude 2007

Kultusministerkonferenz: Inklusive Bildung von Kindern und Jugendlichen mit Behinderungen in Schulen. Beschluss vom 20.10.2011

Erfahrungen des Kollegiums der Annedore-Leber-Oberschule, Berlin

<table>
<tr><th colspan="3">Anamnesebogen Förderplanung</th></tr>
<tr><td>Name</td><td>Vorname</td><td>Geburtsdatum</td></tr>
<tr><td>Klasse</td><td colspan="2">Klassenlehrer/-in</td></tr>
<tr><td>Schulabschluss</td><td colspan="2">Schullaufbahn</td></tr>
<tr><td>Angaben zur Behinderung</td><td colspan="2"></td></tr>
<tr><td>Kompetenzprofil
Lernvoraussetzungen/ Lernbereitschaft
Besonderheiten/ Bemerkungen</td><td colspan="2"></td></tr>
<tr><td>Förderziele</td><td colspan="2"></td></tr>
</table>

Zeitraum	Stärken und Schwächen	Ziele	Maßnahmen	Ziele überprüft am: Ziele erreicht?
BV 1. Halbj.				
BV 2. Halbj.				
Ausbildung 1. Halbj.				
2. Halbj.				
3. Halbj.				
4. Halbj.				
5. Halbj.				
6. Halbj.				
7. Halbj.				
8. Halbj.				

Beurteilungsbogen für die Förderplanung (Fachlehrer)

Frau / Herr .... aus der Klasse .... wird wie folgt eingeschätzt:

Klassenlehrer/in: ....(rot) Ausbildungshalbjahr ....

Fachlehrer/in:	schwarz	grün	blau	grau	orange

Kriterien	STÄRKE			SCHWÄCHE		
Individual- und Sozialverhalten	1	2	3	4	5	6
... ist kompromissfähig						
... setzt sich mit Kritik angemessen auseinander						
... hält Regeln, Arbeitsanweisungen und Absprachen ein						
... verhält sich Lehrern & Schülern gegenüber angemessen						
... bringt sein Wissen in die Gruppe ein						
... kann sich über den geforderten Zeitraum konzentrieren						
... äußert Kritik angemessen						
... arbeitet trotz Misserfolg konzentriert weiter						
... geht mit Materialien sorgfältig um						
Lernverhalten und Leistungsfähigkeit	1	2	3	4	5	6
Mündliche Mitarbeit: arbeitet immer aktiv mit						
Mündliche MA: aktive Mitarbeit ist qualitativ hochwertig						
Aussprache ist deutlich, Stimme gut verständlich						
Sachverhalte werden präzise, fachsprachl. korrekt dargestellt						
Sprachverständnis: auch kompl. Beiträge werden verstanden						
Sachverhalte werden präzise schriftlich korrekt dargestellt						
Leseverständnis: Beiträge werden verstanden						
Aufträge werden in der vorgegebenen Zeit geschafft						
Arbeitseinstellung zum Unterricht	1	2	3	4	5	6
... heftet Materialien strukturiert ab						
... erledigt regelmäßig seine Hausaufgaben						
... hat seine Arbeitsmaterialien dabei						
... holt versäumte / nicht verstandene Inhalte nach						

Individuelle Besonderheiten:

Bitte nutzen Sie auch die Rückseite für weitere Ergänzungen!

Förderplan für: ________

Persönliche Stärken und Schwächen	Besondere Rahmenbedingungen	federführend/zuständig ab

Relevante Förderbereiche	Maßnahmen/Ziele, Fristen, Akteure	Ergebnisfeststellung, Datum, Paraphe
☐ Arbeitsverhalten ☐ Sozialverhalten ☐ Lesekompetenz ☒ Rechtschreibkompetenz ☒ Deutsch: .... ☐ Englisch: .... ☐ Mathematik: .... ☒ Fach: Physik/Informatik ☐ Fach: .... ☐ Fach:	☒ Förderstunden ☐ Förderworkshop ☐ Schüler helfen Schülern ☐ Zuweisung eines Tutors/Mentors/Paten ☐ Externe Diagnose ☐ Externe Förderung ☐ Externe Nachhilfe ☐ Regelmäßiges Beratungsgespräch ☐ Gespräch mit den Erziehungsberechtigten ☒ Computer-AG ab 27.01.09 Naujock Details: gezielte Förderung mit Lernserver- Materialien in unserer neuen LRS-Gruppe ab Herbst 09; 27.05.09 König	

Datum und Stellungnahme/Unterschrift der/s Schülerin/s	Datum und Stellungnahme/Unterschrift der Erziehungsberechtigten	Datum und Stellungnahme/Unterschrift externer Förderinstanzen

14 Schlussbetrachtungen

Übergreifend über die einzelnen Erkrankungen und Behinderungen zeigt sich, dass die Zukunft für Lehrkräfte in der **Teamarbeit** liegt. Verschiedene Professionen mit unterschiedlichsten Gehaltsstufen müssen erfolgreich zusammenarbeiten, um erfolgreich zu fördern. Dies allein ist schon eine Herausforderung. Wann erhalten Lehrkräfte im Verlauf ihrer Ausbildung wirksame Anleitung zum erforderlichen Kompetenzerwerb?

Immer wieder wurde in diesem Buch erläutert, dass die individuellen Ausprägungen einer Behinderung sehr unterschiedlich sind. Die einfache Zuweisung zu einem Krankheitsbild ist für die individuelle Förder-Arbeit zu ungenau. Daher gibt es mittlerweile Bestrebungen, auf eine **Zuordnung zu einem Förderschwerpunkt** ganz zu verzichten. „Entkategorisierung" ist der universitäre Begriff dafür. Für die betroffenen Lehrkräfte erscheint dies eher problematisch, angesichts der Schwierigkeiten, die Förderung bei Schul- und Schulformwechseln schnell fortzusetzen. Jede Kategorie ist besser als keine Information! Notwendige hilfreiche Regularien für eine informative Übergabe sind nicht vorhanden. Datenschutz muss sicherlich berücksichtigt werden, darf aber eine kompetente Förderung nicht unterbinden. Es könnte pragmatisch mit Selbstauskünften der Jugendlichen (Fragebogen, Kompetenzmappe, Ich-Buch, Portfolio) gearbeitet werden, was aber von den abgebenden Schulen entsprechend vorbereitet werden müsste[1]. Lehrkräfte haben die Möglichkeit, die Schülerakte von jener abgebenden Schule anzufordern, in der die bisherigen sonderpädagogischen Fördermaßnahmen protokolliert sind. Es können so jedoch einige Wochen vergehen, bis die notwendigen Informationen beim neuen Klassenlehrer ankommen.

Die Verwirklichung von Inklusion wird häufig unter der Prämisse gesehen, dass keine zusätzlichen Kosten anfallen (dürfen), schließlich werden ja auch Förderschulen geschlossen. Es besteht die Gefahr, dass Inklusion schon aus diesem Grund misslingt. Die erforderliche „flächendeckende" Kompetenzerweiterung der Lehrerschaft ist weder schnell noch kostenneutral umzusetzen! Ungeklärt ist, wie die übrigen Fachkräfte und Unterstützungsmaßnahmen aus den Förderzentren herausgelöst und verteilt werden können. Pragmatische Lösungen, bei denen förderintensive Behinderungsarten ausgenommen werden (z. B. schwere und mehrfache Behinderungen), verbieten sich eigentlich vom Grundgedanken der Inklusion her. Da wäre es ehrlicher, von einer „Intensivierung der Integrationsbemühungen" zu sprechen. Eltern müssen unbedingt weiterhin die Möglichkeit haben, die Schulform (Regel- oder Förderschule) zu bestimmen. So kann institutionellen Fehlentwicklungen entgegengewirkt werden.

Sicher ist auch deutlich geworden, welche **Vielfältigkeit** das Fachgebiet der Sonderpädagogik aufweist. Es unterteilt sich für den Studierenden in sogenannte Fachrichtungen, von denen zwei gewählt werden müssen (z. B. Lernbehinderten- und Hörgeschädigtenpädagogik). In der Vergangenheit leiteten sich daraus Arbeitsschwerpunkte an den Förderschulen ab. Angesichts der Inklusionsbestrebungen erscheint dieses Konzept nicht mehr funktional, da die fachlichen Bedarfe insbesondere in der Sekundarstufe II breiter ge-

1 Die Agentur für Arbeit schickt beim Abgang eines Schülers vom Förderzentrum dessen Klassenlehrer einen mehrseitigen Beurteilungsbogen, der als Grundlage für Reha-Maßnahmen dient.

fächert und die Zielgruppe ausschließlich Jugendliche sind. Aus diesem Grund kann dieses Buch **auch für Sonderpädagogen** (= mit nur zwei Fachrichtungen) hilfreich sein. Die fachliche Struktur der universitären Ausbildung von Sonderpädagogen muss mittelfristig angepasst werden.

Etwa 95 Prozent der Schülerschaft hat keinen sonderpädagogischen Förderbedarf, ist aber von den Maßnahmen zur Umsetzung der Inklusion dennoch erheblich betroffen. So macht man sich kaum Gedanken darüber, wie die Akzeptanz von Behinderten bei **nicht behinderten Jugendlichen** erhöht werden kann. Ohne deren Akzeptanz bzw. Mithilfe gelingen weder Integration noch Inklusion. Und da sind wir plötzlich in der Mitte der Gesellschaft und bei uns selbst: **Sind wir bereit** und darauf vorbereitet, die „Behinderten“ aus den spezifischen Betreuungsinstitutionen herauszuholen und uns aktiv mit um sie zu kümmern?

Eine gelungene inklusive Beschulung könnte weitere sekundäre Vorzüge entfalten:

- Ein toleranter, menschlicher Umgang mit „Behinderten“ ist eine gute Übung, um kompetent auch mit anderen „Randgruppen“ umzugehen.
- Die häufige eingeengte Orientierung am Notendurchschnitt wird erweitert. Mitmenschen werden differenzierter wahrgenommen. Dies ist kein Luxus, sondern Voraussetzung für eine funktionierende, demokratische Gesellschaft.

Für Anregungen und Verbesserungsvorschläge sind Verlag und Autor stets dankbar.

Sachwortverzeichnis

A

B

C

D

R

S

T

U

V

W

Z

Bildquellenverzeichnis

Archiv-klar/Reto Klar, Buxtehude: S. 34

as-illustrationen, Alexander Schmitt, Rimpar: S. 38

Berliner Krisendienst: S. 128

Corbis – Germany, Düsseldorf: S. 43/2 (Gabe Palmer)

Deutscher Blinden- und Sehbehinderten-verband e.V., Berlin: S. 51, 151 (A. Friese)

dpa Picture-Alliance GmbH, Frankfurt a. M.: S. 66 (dpa-Report); 95

Fotolia Deutschland, Berlin, © www.fotolia.de: S. 7 (SIGTRIX); 50 (Martin Valigursky); 72 (Andrzij Tokarski); 118 (Hunta)

Getty Images, München: S. 43/1 (Stockbyte)

Grafische Produktionen Neumann, Rimpar: S. 62

Hinz, Manfred, Berlin: S. 94

images.de, Berlin: S. 101 (Schulten)

Institut für Deutsche Gebärdensprache, Universität Hamburg: S. 45

Kress, Karin u. a: Individuell fördern – Das Praxisbuch. Auer Verlag, AAP Lehrerfachverlage GmbH, Donauwörth: S. 160

Microsoft Clipart Gallery: S. 35, 70

Myschker, Norbert: Verhaltensstörungen bei Kindern und Jugendlichen, Erscheinungsformen – Ursachen – Hilfreiche Maßnahmen. W. Kohlhammer GmbH Stuttgart, 6. Auflage 2008, S. 52: S. 11

Oser, Liliane, Hamburg: S. 27

Steinhausen, Hans-Christoph, aus: Psychische Störungen bei Kindern und Jugendlichen. 7. Auflage 2010 © Elsevier GmbH, Urban & Fischer, München: S. 98

toonpool.com GmbH, Berlin: S. 49 (Christian BOB Born); 61 (Volkertoons); 109 (puvo)

Universität zu Lübeck: S. 123